Truth of The Stock Tape

Explained Completely by Top Trader

盘口真规则

顶级交易员深入解读

[美] 江恩（William D. Gann）/原著
魏强斌/译注

经济管理出版社
ECONOMY & MANAGEMENT PUBLISHING HOUSE

图书在版编目（CIP）数据

盘口真规则：顶级交易员深入解读 /(美) 江恩原著；魏强斌译注. —北京：经济管理出版社，2018. 10
ISBN 978-7-5096-5983-0

Ⅰ. ①盘… Ⅱ. ①江… ②魏… Ⅲ. ①股票交易—基本知识 Ⅳ. ①F830.91

中国版本图书馆 CIP 数据核字（2018）第 205894 号

策划编辑：勇　生
责任编辑：刘　宏
责任印制：黄章平
责任校对：张晓燕

出版发行：经济管理出版社
（北京市海淀区北蜂窝 8 号中雅大厦 A 座 11 层　100038）
网　　址：www. E-mp. com. cn
电　　话：(010) 51915602
印　　刷：三河市延风印装有限公司
经　　销：新华书店
开　　本：787mm×1092mm/16
印　　张：19.25
字　　数：353 千字
版　　次：2018 年 12 月第 1 版　2018 年 12 月第 1 次印刷
书　　号：ISBN 978-7-5096-5983-0
定　　价：78.00 元

凡购本社图书，如有印装错误，由本社读者服务部负责调换。
联系地址：北京阜外月坛北小街 2 号
电话：(010) 68022974　　邮编：100836

Many times the reading of a book
has made the fortune of a man
has decided his way in life.

To use books rightly is to go to them for help;
To appeal to them when our knowledge and power fail;
To be led by them into wider sight and clear conception of our own.

——**Ralph Waldo Emerson**

导言　成为伟大交易者的秘密

◇ **伟大并非偶然！**

◇ **常人的失败在于期望用同样的方法达到不一样的效果！**

◇ **如果辨别不正确的说法是件很容易的事，那么就不会存在这么多的伪真理了。**

金融交易是全世界最自由的职业，每个交易者都可以为自己量身定做一套盈利模式。从市场中“提取”金钱的具体方式各异，而这却是金融市场最令人神往之处。但是，正如大千世界的诡异多变由少数几条定律支配一样，仅有的“圣杯”也为众多伟大的交易圣者所朝拜。现在，我们就来一一细数其中的最伟大代表吧。

作为技术交易（Technical Trading）的代表性人物，理查德·丹尼斯（Richard Dannis）闻名于世，他以区区2000美元的资本累积了高达10亿美元的利润，而且持续了十数年的交易时间。更令人惊奇的是，他以技术分析方法进行商品期货买卖，也就是以价格作为分析的核心。但是，理查德·丹尼斯的伟大远不止于此，这就好比亚历山大的伟大远不止于建立地跨欧、亚、非的大帝国一样，理查德·丹尼斯的“海龟计划”使得目前世界排名前十的CTA基金经理有六位是其门徒。“海龟交易法”从此名扬天下，纵横寰球数十载，今天中国内地也刮起了一股“海龟交易法”的超级风暴。其实，“海龟交易”的核心在于两点：一是“周规则”蕴含的趋势交易思想；二是资金管理和风险控制中蕴含的机械和系统交易思想。所谓“周规则”（Weeks' Rules），简单而言就是价格突破N周内高点做多（低点做空）的简单规则，“突破而做”（Trading as Breaking）彰显的就是趋势跟踪交易（Trend Following Trading）。深入下去，“周规则”其实是一个交易系统，其中首先体现了“系统交易”（Systematic Trading）的原则，其次体现了“机械交易”（Mechanical Trading）的原则。对于这两个原则，我们暂不深入，让我们看看更令人惊奇的事实。

巴菲特（Warren Buffett）和索罗斯（Georgy Soros）是基本面交易（Fundamental Investment & Speculation）的最伟大代表，前者2007年再次登上首富的宝座，能够时隔

多年后再次登榜，实力自不待言，后者则被誉为“全世界唯一拥有独立外交政策的平民”，两位大师能够“登榜首”和“上尊号”基本上都源于他们的巨额财富。从根本上讲，是卓越的金融投资才使得他们能够“坐拥天下”。巴菲特刚踏入投资大门就被信息论巨擘认定是未来的世界首富，因为这位学界巨擘认为巴菲特对概率论的实践实在是无人能出其右，巴菲特的妻子更是将巴菲特的投资秘诀和盘托出，其中不难看出巴菲特系统交易思维的“强悍”程度。套用一句时下流行的口头禅“很好很强大”，恐怕连那些以定量著称的技术投机客都要俯首称臣。巴菲特自称85%的思想受传于本杰明·格雷厄姆的教诲，而此君则是一个以会计精算式思维进行投资的代表，其中需要的概率性思维和系统性思维不需多言便可以看出“九分”！巴菲特精于桥牌，比尔·盖茨是其搭档，桥牌游戏需要的是严密的概率思维，也就是系统思维，怪不得巴菲特首先在牌桌上征服了信息论巨擘，随后征服了整个金融界。以此看来，巴菲特在金融王国的“加冕”早在桥牌游戏中就已经显出端倪！

索罗斯的著作一大箩筐，以《金融炼金术》最为出名，其中他尝试构建一个投机的系统。他师承卡尔·波普和哈耶克，两人都认为人的认知天生存在缺陷，所以索罗斯认为情绪和有限理性导致了市场的“盛衰周期”(Boom and Burst Cycles)，而要成为一个伟大的交易者则需要避免受到此种缺陷的影响，并且进而利用这些波动。索罗斯力图构建一个系统的交易框架，其中以卡尔·波普的哲学和哈耶克的经济学思想为基础，“反身性”是这个系统的核心所在。

还可以举出太多以系统交易和机械交易为原则的金融大师们，比如伯恩斯坦（短线交易大师）、比尔·威廉姆（混沌交易大师）等，太多了，实在无法一一述及。

那么，从抽象的角度来讲，我们为什么要迈向系统交易和机械交易的道路呢？请让我们给出几条显而易见的理由吧。

第一，人的认知和行为极易受到市场和参与群体的影响，当你处于其中超过5分钟时，你将受到环境的催眠，此后你的决策将受到非理性因素的影响，你的行为将被外界接管。而机械交易和系统交易可以极大地避免这种情况的发生。

第二，任何交易都是由行情分析和仓位管理构成的，其中涉及的不仅是进场，还涉及出场，而出场则涉及盈利状态下的出场和亏损状态下的出场，进场和出场之间还涉及加仓和减仓等问题。此外，上述操作还都涉及多次决策，在短线交易中更是如此。复杂和高频率的决策任务使得带有情绪且精力有限的人脑无法胜任。疲累和焦虑下的决策会导致失误，对此想必每个外汇和黄金短线客都是深有体会的。系统交易和机械交易可以流程化地反复管理这些过程，省去了不少人力成本。

第三，人的决策行为随意性较强，更为重要的是每次交易中使用的策略都有某种程度上的不一致，这使得绩效很难评价，因为不清楚N次交易中特定因素的作用到底如何。由于交易绩效很难评价，所以也就谈不上提高。这也是国内很多炒股者十年无长进的根本原因。任何交易技术和策略的评价都要基于足够多的交易样本，而随意决策下的交易则无法做到这一点，因为每次交易其实都运用了存在某些差异的策略，样本实际上来自不同的总体，无法用于统计分析。而机械交易和系统交易由于每次使用的策略一致，这样得到的样本也能用于绩效统计，所以很快就能发现问题。比如，一个交易者很可能在1、2、3……21次交易中，混杂使用了A、B、C、D四种策略，21次交易下来，他无法对四种策略的效率做出有效评价，因为这21次交易中四种策略的使用程度并不一致。而机械交易和系统交易则完全可以解决这一问题。所以，要想客观评价交易策略的绩效，更快提高交易水平，应该以系统交易和机械交易为原则。

第四，目前金融市场飞速发展，股票、外汇、黄金、商品期货、股指期货、利率期货，还有期权等品种不断翻出新花样，这使得交易机会大量涌现，如果仅仅依靠人的随机决策能力来把握市场机会无异于杯水车薪。而且大型基金的不断涌现，使得单靠基金经理临场判断的压力和风险大大提高。机械交易和系统交易借助编程技术“上位”已成为这个时代的既定趋势。况且，期权类衍生品根本离不开系统交易和机械交易，因为其中牵涉大量的数理模型运用，靠人工是应付不了的。

中国人相信人脑胜过电脑，这绝对没有错，但也不完全对。毕竟人脑的功能在于创造性解决新问题，而且人脑的特点还在于容易受到情绪和最近经验的影响。在现代的金融交易中，交易者的主要作用不是盯盘和执行交易，这些都是交易系统的责任，交易者的主要作用是设计交易系统，定期统计交易系统的绩效，并做出改进。这一流程利用了人的创造性和机器的一致性。交易者的成功，离不开灵机一动，也离不开严守纪律。当交易者参与交易执行时，纪律成了最大问题；当既有交易系统让后来者放弃思考时，创新成了最大问题。但是，如果让交易者和交易系统各司其职，则需要的仅仅是从市场中提取利润！

作为内地最早倡导机械交易和系统交易的理念提供商（Trading Ideas Provider），希望我们策划出版的书籍能够为你带来最快的进步。当然，金融市场没有白拿的利润，长期的生存不可能夹杂任何的侥幸，请一定努力！高超的技能、完善的心智、卓越的眼光、坚韧的意志、广博的知识，这些都是一个至高无上的交易者应该具备的素质。请允许我们助你跻身于这个世纪最伟大的交易者行列！

Introduction Secret to Become a Great Trader!

◇ Greatness does not derive from mere luck!

◇ The reason that an ordinary man fails is that he hopes to achieve different outcome using the same old way!

◇ There would not be so plenty fake truths if it was an easy thing to distinguish correct sayings from incorrect ones.

Financial trading is the freest occupation in the world, for every trader can develop a set of profit-making methods tailored exclusively for himself. There are various specific methods of soliciting money from market; while this is the very reason that why financial market is so fascinating. However, just like the ever-changing world is indeed dictated by a few rules, the only "Holy Grail" is worshipped by numerous great traders as well. In the following, we will examine the greatest representatives among them one by one.

As a representative of Techincal Trading, Richard Dannis is known worldwide. He has accumulated a profit as staggering as 1 billion dollar while the cost was merely 2000 bucks! He has been a trader for more than a decade. The inspiring thing about him is that he conducted commodity futures trading with a technical analysis method which in essence is price acting as the core of such analysis. Never the less, the greatness of Richard Dannis is far beyond this which is like the greatness of Alexander was more than the great empire across both Europe and Asia built by him. Thanks to his "Turtle Plan", 6 out of the world top 10 CTA fund managers are his adherents. And the Turtle Trading Method is frantically well-known ever since for a couple of decades. Today in mainland China, a storm of "Turtle Trading Method" is sweeping across the entire country. The core of Turtle Trading Method lies in two factors: first, the philosophy of trendy trading implied in "Weeks' Rules"; second, the philosophy of mechanical trading and systematic trading implied in fund management and risk control. The so-called "Weeks' Rules" can be simplified as simples rules that going long at high and short at low within N weeks since price breakthrough. While Trading as breaking illustrates trend following trading. If we go deeper, we will find that "Weeks' Rules" is a trading system in nature. It tells us the principle of systematic trading and the principle of mechanical trading. Well, let's just put these two principles aside and look at some amazing facts in the first place.

The greatest representatives of fundamental investment and speculation are undoubtedly Warren Buffett and George Soros. The former claimed the title of richest man in the world in 2007 again. You can imagine how powerful he is; the latter is accredited as "the only civilian who has independent diplomatic policies in the world". The two masters win these glamorous titles because of their possession of enormous wealth. In essence, it is due to unparalleled financial trading that makes them admired by the whole world. Fresh with his feet in the field of investment, Buffett was regarded by the guru of Information Theory as the richest man in the future world for this guru considered that the practice by Buffett of Probability Theory is unparallel by anyone; Buffett' wife even made his investment secrets public. It is not hard to see that the trading system of Buffett is really powerful that even those technical speculators famous for quantity theory have to bow before him. Buffet said himself that 85% of his ideas are inherited from Benjamin Graham who is a representative of investing in a accountant's actuarial method which requires probability and systematic thinking. The interesting thing is that Buffett is a good player of bridge and his partner is Bill Gates! Playing bridge requires mentality of strict probability which is systematic thinking, no wonder that Buffett conquered the guru of Information Theory on bridge table and then conquered the whole financial world. From these facts we can see that even in his early plays of bridge, Buffett had shown his ambition to become king of the financial world.

Soros has written a large bucket of books among which the most famous is *The Alchemy of Finance*. In this book he tried to build a system of speculation. His teachers are Karl Popper and Hayek. The two thought that human perception has some inherent flaws, so their students Soros consequently deems that emotion and limited rationality lead to "Boom and Burst Cycles" of market; while if a man wants to become a great trader, he must overcome influences of such flaws and furthermore take advantage of them. Soros tried to build a systematic framework for trading based on economic ideas of Hayek and philosophic thoughts of

Karl Popper. Reflexivity is the very core of this system.

I may still tell you so many financial gurus taking systematic trading and mechanical trading as their principles, for instance, Bernstein (master of short line trading), Bill Williams (master of Chaos Trading), etc. Too many. Let's just forget about them.

Well, from the abstract perspective, why shall we take the road to systematic trading and mechanical trading? Please let me show you some very obvious reasons.

First. A man's perception and action are easily affected by market and participating groups. When you are staying in market or a group for more than 5 minutes, you will be hypnotized by ambient setting and ever since that your decisions will be affected by irrational elements.

Second. Any trading is composed of situation analysis and account management. It involves not only entrance but exit which may be either exit at profit or exit at a loss, and there are problems such as selling out and buying in. All these require multiple decision-makings, particularly in short line trading. Complicated and frequent decision-making is beyond the average brain of emotional and busy people. I bet every short line player of forex or gold knows it well that decision-making in fatigue and anxiety usually leads to failure. Well, systematic trading and machanical trading are able to manage these procedures repeatedly in a process and thus can save lots of time and energy.

Third. People make decisions in a quite casual manner. A more important factor is that people use different strategies in varying degrees in trading. This makes it difficult to evaluate the performance of such trading because in that way you will not know how much a specific factor plays in the N tradings. And the player can not improve his skills consequently. This is the very reason that many domestic retail investors make no progress at all for many years. Evaluation of trading techniques and strategies shall be based on plenty enough trading samples while it's simply impossible for tradings casually made for every trading adopts a variant strategy and samples accordingly derive from a different totality which can not be used for calculating and analysis. On the contrary, systematic trading and mechanical trading adopt the same strategy every time so they have applicable samples for performance evaluation and it's easier to pinpoint problems, for instance, a player may in first, second... twenty-first tradings used strategies A, B, C, D. He himself could not make effective evaluation of each strategy for he used them in varying degrees in these tradings, but systematic trading and mechanical trading can shoot this trouble completely. Therefore, if you want to evaluate your trading strategies rationally and make quicker progress, you have to take systematic trading and mechanical trading as principles.

Fourth. Currently the financial market is developing at a staggering speed. Stock, forex, gold, commodity, index futures, interest rate futures, options, etc., everything new is coming out. So many opportunities! Well, if we just rely on human mind in grasping these opportunities, it is absolutely not enough. The emergence of large-scale funds makes the risk of personal judgment of fund managers pretty high. Take it easy, anyway, because we now have mechanical trading and systematic trading which has become an irrevocable trend of this age. Furthermore, derivatives such as options can not live without systematic trading and mechanical trading for it involves usage of large amount of mathematic and physical models which are simply beyond the reach of human strength.

Chinese people believe that human mind is superior to computer. Well, this is not wrong, but it is not completely right either. The greatness of human mind is its creativity; while its weakness is that it's vulnerable to emotion and past experiences. In modern financial trading, the main function of a trader is not looking at the board and executing deals—these are the responsibilities of the trading system—instead, his main function is to design the trading system and examine the performance of it and make according improvements. This process unifies human creativity and mechanical uniformity. The success of a trader is derived from tow factors: smart idea and discipline. When the trader is executing deals, discipline becomes a problem; when existing trading system makes newcomers give up thinking, creativity becomes dead. If, we let the trader and the trading system do their respective jobs well, what we need to do is soliciting profit from market only!

As the earliest Trading Ideas Provider who advocates mechanical trading and systematic trading in the mainland, we hope that our books will bring real progress to you. Of course, there is no free lunch. Long-term existence does not merely rely on luck. Please make some efforts! Superb skill, perfect mind, excellent eyesight, strong will, rich knowledge—all these are merits that a great trader shall have to command. Finally, please allow us to help you squeeze into the queue of the greatest traders of this century!

译者序
江恩者，交于易

最初做交易的时候，看了一些江恩理论的相关书籍，但是这些书籍基本上都不是江恩本人的著作。在长年的交易实践中这些东西逐渐被淘汰了，因此对江恩理论并无太多的在意，也没有太高的评价。这就是一个从肯定到否定的过程，直到这两年有机会直接阅读江恩的一些原著，才发现他在很多问题上的见解比 Jesse Livemore（J. L.）更为透彻，因此才发现很多所谓江恩理论的书籍其实并没有抓住江恩理论的实质。这就是否定之否定的阶段，三段论其实体现了“易”的原则。

江恩强调“周期”和“点位”，周期可以用均线来表现，但是江恩更倾向于用时间本身来体现。他研究了修正走势所花的时间，这点与罗伯特·雷亚以及 J.L.的思路类似，他们都想要通过统计手段对修正走势的时间和幅度分布做出一个“正态分布曲线”，这样他们就能大概率地预判出上涨趋势中的回调以及下跌趋势中的反弹什么时候会结束。这种思路其实是非常科学的，至少符合统计学的原理。虽然“黑天鹅”事件会让这种思路失效，但如果配合严格的止损，那么就可以在利用大概率事件的同时，限制小概率事件带来的负面冲击。

江恩注重从时间上去找规律，这种规律可以通过今天的“大数据挖掘”手段去实现，其实体现了技术分析统计化的科学进程。但是，我们在解读江恩理论的时候则更多地喜欢从玄学的角度出发，因此在理解时间周期的时候会偏离更加符合科学的路径。

早年在学习江恩理论的时候，更倾向于寻找“神奇的数字和日期”，这些做法会有一些收获，但是真正的交易实践和盈利是靠不住这些东西的。这就是一个理论大师和一个实践巨匠的鸿沟。在学习理论的时候，我们要从少到多，从无知到博学，这个过程是必然的；在实践理论的时候，我们要由博返约，从博学到超能，这个过程也是必然的。**先做加法，再做减法，这是任何领域登顶者都要经历的两个阶段。**

在学习江恩理论的时候，我们喜欢做加法，这是正常的过程，我们会对江恩理论的所有方面都感兴趣，都会花时间去钻研，从江恩的时间周期理论到市场几何学。

不过，当你落实到实践时你可能会发现，江恩在《华尔街选股术》当中提出的“24条永恒的交易法则”是最有价值的部分，在这个部分他更加系统地表达了他自己的策略基础。在《盘口真规则》当中，江恩常常提到“金字塔顺势加码”的问题，这是最大的亮点之一；在《盘口真规则》当中，他还提出了“筹码”这一极其重要的分析因素，也对我有很大的启发。

易者，变异者也！阴阳之变，不可计数！市场之变，也不可计数！市场体现了阴阳，体现了易的本质。交易者，与市场相交也！**交易者，与易相交也！**江恩理论的本质在于强调周期与点位的二元性，周期与点位就是阴阳。周期者，隐而不见则为阴！点位者，显而有形则为阳！

因此，**江恩者，交于易**。从周期和点位入手去解读江恩，可以真正落地到实践中，可以少走弯路。把握周期和点位，落实于“截断亏损，让利润奔跑”，这才是江恩理论与交易实践的最佳结合。

一家之言，偏颇之处还请大家斧正赐教！

魏强斌

2017 年 12 月 12 日　初稿　内罗毕

2018 年 2 月 12 日　二稿　仰　光

2018 年 4 月 2 日　三稿　成　都

原著序
温故知新

Receive my instruction，and not silver；
And knowledge rather than choice gold.
For wisdom is better than rubies，
And all the things that may be desired
Are not to be compared to it!

再也没有什么主题像投资理财一样，与我们的俗世幸福如此紧密相关了。我将在本书阐述这个话题，读者也能够从中获得足够的收获。

在美国，大众在理财上犯下了许多愚蠢至极的错误，以至于亏掉了大笔财富。为什么会有这么糟糕的结局呢？因为缺乏专业知识的支持。

这与大众在生活中其他方面的认真态度形成了相当大的反差：微恙时，他们会寻找专业医生的意见；修理厨房下水管道时，他们会雇用水管工人。但是，他们却经常在缺乏准备的情况下，将数千美元的资金投入到一家自己根本不了解公司的股票上。这样的鲁莽行为，除了带来金钱的损失，还能怎样呢？

我将秉持职业精神，为你提供交易方面的专业教导。医生无法让人永生不死，也不会让你避免所有常见病，但是在你得病时，他会基于专业知识提供帮助。这些专业知识都是多年学习和积累的结果。

同样，我也提供不了一个完美的交易系统，但是可以给你一些受用无穷的交易法则。如果你能够恪守这些法则，那么就能在交易中无往不胜。

一位作者如果将赚钱放在第一位，将作品的质量放在其次的位置，那么他就永远写不出蜚声世界的优秀作品。同样，一位推销员如果对产品没有信心，那么他也无法成功地销售它。

本书的理论和法则是我多年交易实践的总结，我对它们深具信心，因此敢在这里公开它们。

我写作本书的目的在于提炼出自己的实践经验，并形成系统的基本理论体系。这些东西源自20多年来的持续实践，期间冷暖自知，每一个成功的交易者都会走过同样的道路。本书讲的都是干货，令你耳目一新的东西，而不是毫无用处的高谈阔论。

建议大家将本书认真阅读几遍，将每个章节和每张图表研究透彻，因为每次阅读都会让你从中收获到新的感悟。

就算我只能让很少的一部分人远离错误的投机之路，迈向成功投机的坦途，那我的付出也是有价值的，回报也算得上是甚丰！

W. D. 江恩

目 录

第一篇 交易前的准备

很多老股民至今仍然记得，深圳原野公司“春种一粒粟，秋收万颗子”的广告。正是这则广告，让怀着财富梦想的投资者日夜排队抢购该公司股票。深圳原野公司曾经创造了很多个第一，但是最令投资者难以接受的是，深圳原野公司成为了新中国证券市场建立以来发生的第一起上市公司欺诈案。引导预期，管理筹码，这就是主力要做的两件大事。

截短亏损是重要的，也是必要的。重要是因为风险回报率，必要是因为人的心智存在犯错的可能性，这种可能性永远不可能被消灭。这是卡尔·波普的重要观点，也是索罗斯的重要观点。

耐心的前提是有具体的交易规则。规则是准绳，按照规则操作就是有耐心，就是果断，不按照规则操作就是急躁，就是犹豫。行为本身是中性的，关键看与规则是否相符。

第二篇 如何交易

成为金融交易赢家的概率很小，但是一旦成功其回报是巨大的。其间需要投入巨大的精力和时间，若非痴迷于此，很难成功。如果只是想要尽快挣到钱，最好不要从事这个行业，否则你欲哭无泪、后悔不迭是必然的。

如果价格上涨时，大众存在分歧，则顺势做多；如果价格下跌时，大众存在分歧，则顺势做空；如果价格上涨时，大众一致看涨，则观望或者做空；如果价格下跌时，大众一致看跌，则观望或者做多。

图表提供了对趋势的确认而不是预判，提供了时机。作为趋势交易者，跟随比预判更为重要。如果一定要高效地预判，也需要借助于驱动面/基本面分析和心理分析，而不是技术分析。

当股价跌到极端低价区域时，我们要停止做空，人弃我取。当股票处于这一区域时，我们需要密切关注，等待数月的时间，直到浮动筹码清理干净，主力开始吸筹。当股价处于这一区间时，我们有足够的时间赶在股票上涨前买入。牢记一句话：黎明之前最黑暗，日正中天之后就下落了。

学会解读龙虎榜，可以帮助你更好地掌握股性！怎样解读呢？最简单也是最有效的方法就是将价量走势与龙虎榜结合起来揣摩，记住筹码和预期。龙虎榜提供了许多关于筹码的信息。

只有股价活跃，你才有赚大钱的机会，兑现盈利要在派发期，当主力派发完成之后，你必须寻找新的活跃股。股价的波动是由人推动的，因此股价体现了参与者的性格和实力。年轻人比老年人更为活跃，但同时也更容易犯错，但是老年人已经步入暮年，很难恢复到年轻的状态了，老的股票也是如此。我们要操作纽交所那些交投活跃、波幅巨大的龙头股，这样才能赚到大钱。

判断趋势有很多方法，N 字结构、幅度法以及常用的均线法和趋势线法等，任何具体的方法都是有漏洞的，因此需要配套一些过滤手段和保护手段。保护手段当中有止损单，有资金管理和资产配置等。对于投机者而言，止损单是必不可少的。

股市心理学是每一个投机者和投资者都应该研究的。筹码和预期是投机的两个关键研究对象，其中预期就是股市心理学的主题之一。

第三篇 研判股票强弱态势

观察和比较不同板块的强弱态势对于交易者而言是非常重要的功课。如果我们想要在股票市场中有所成就，就必须跟上潮流和热点，抓住龙头股。那么具体如何操作呢？从每只股票板块中挑选出几只代表性股票，分别绘制其月度股价走势图和年度股价走势图。

第 30 章　象鼻虫与棉花价格的故事 …………………………………… 175

政府与市场的关系，是投机者需要搞清楚的一个问题，否则就会被政府的市场干预行为所误导，认为这些干预行为能够改变趋势。如果政府的行为根本地改变了农产品的供给面或者需求面，那么就对价格趋势造成了重大影响。否则，就不足以改变价格趋势。

第 31 章　交易小麦和玉米 ……………………………………………… 177

分析农产品期货的大势，有五个心得在这里提一下：第一，产量周期非常重要，比如白糖的宿根蔗效应带来的产量周期等。第二，主产地的气象灾害往往带来大行情。第三，原油的大趋势。第四，宏观经济的通胀形势。第五，季节性因素，这个因素比起产量周期的决定性因素差远了。

第 32 章　筹码吸纳和派发区域的甄别 ………………………………… 181

江恩根据经验认为筹码集中交换先于趋势变化。你如何看待突然的基本面重大变化所引发的价格趋势转折呢？按照江恩尖状顶部和底部的分析，筹码集中交换其实发生在趋势转折之后。

附录 1　经纪商的选择 …………………………………………………… 189

附录 2　本书指数和股价走势图表 ……………………………………… 191

附录 3　只有大的波动才能为你带来大的利润 ………………………… 211

附录 4　经济周期中的板块轮动 ………………………………………… 223

附录 5　“直接进攻+间接进攻”突破模式 …………………………… 235

附录 6　进场的常见策略 ………………………………………………… 241

第一篇
交易前的准备

No man can learn what he has not preparation for learning, However near to his eyes is the object. A chemist may tell his most precious secrets to a carpenter, and he shall be never the wiser—the secrets he would not utter to a chemist for an estate.

——**Emerson**

美国在 1917 年被迫卷入了对德国的战争中，从各个渠道得到的消息都出乎意料的一致——“我们还未做好战争的准备”。因为在宣战之前，威尔逊总统采取了“作壁上观”（Watchful Waiting）政策，并未对战争进行任何充分的准备，以致当我们宣布对德国开战的时候显得匆忙。

成功源于充分而科学的准备。

缺乏充足的准备，就会让事情变得更加困难。战争如此，交易也是如此。当我们从事任何职业时，如律师、医生、工程师以及其他任何专业岗位，都需要花费 2~5 年的时间去学习和实习，这就是准备的过程。换而言之，在他们以职业谋生之前，他们必须花费一段不短的时间去做充分的准备。

但是，更多的情形却是大众通常在毫无准备的前提下，就踏入了华尔街。他们没有进行任何的学习和研究，就自认为完全能够胜任陌生的事务，所以他们最终遭到挫败是毫不让人意外的。

如果交易者们，无论是从事投资还是投机，如果轻信任何小道消息和媒体报道，以及所谓的“内幕信息”，则最终成功的概率为零。**如何才能成为一个成功的交易者呢？只有恪守一套建立在科学基础上、经过认真设计的交易策略才能够最终成功。**所谓的科学基础主要与供求相关。舍此而无他，只有这样的道路是能够成功的，其他的捷径不过是旁门左道而已，只会让你误入歧途。

什么是交易的“科学基础”呢？细的方面就不赘述，我认为交易的“科学基础”只有一个，那就是博弈论。如果再扩展一点的话，还包括概率论和统计学。现代主流宏观经济学饱受人诟病，正如技术分析遭受大量非议，症结都在于缺乏坚实的微观基础。这个微观基础就是博弈论。

我曾经在华尔街学习和工作了20多年，这样的经历使得我有能力为读者提供完整的解决方案。具体来讲，我能给大家提供什么呢？一套讲解清楚并且极其实用的交易法则，同时还有运用指南。倘若你能够恪守这套法则，并认真践行我给出的运用指南，那么必然迈上通向成功之路。

一个人只有愿意向历史学习，从中吸取经验教训，才能获得大成就。一分汗水，一分收获，美好的东西都需要付出相应的努力。成功需要时间、金钱和学识的浇灌。

我最喜欢的格言之一是“为何不向历史学习？”。这句话出自战略大师李德·哈特之口。

第1章

什么是盘口解读

对于股票交易者而言，正确高效地解读盘口则是极其艰巨的工作，如果你能够恰当地解读盘口，那么市场运行的实相就距离你很近了。

——江恩

所谓的盘口解读就是通过研究股票的行情报价单，也就是股价的波动，进而判断出未来走势的强弱。在盘口解读的基础上，交易者做出买卖决策。高超的盘口解读能力，即便在股性呆滞、缺乏明确趋势的时候，也能够准确判断出未来的走势。

"盘口"有广义与狭义之分，广义的盘口包括一切类型和时间框架下的价量走势，狭义的盘口则只包括日内分时图的各种数据。

从更广泛的程度上来讲，盘口解读其实属于一种心理过程，其中包括了感官与推理。在盘口解读的过程中，我们在观察的同时也在运用直觉思考的能力。这种直觉思考的能力很难通过语言文字来刻画和描述，因为背后的原因并不是十分清晰，现在的科学还难以对此做出充分的解释，人们通常称之为"盘感"。

什么是盘感呢？我们经常听到交易者们说"我基于盘感买卖股票"。我个人认为对于盘感的最佳定义是"快速推理"，简单来讲就是有意识地进行推理，但是一刹那就完成了这一推理过程，并且一下子就知道了结果。果断采取行动是利用盘感的最佳方式，不要陷于思考的停顿中，也不要去追问原因，这是一个优秀的盘口解读者应该做到的。

盘感是对走势规律的经验性沉淀和直观感受。对于新手而言，切不可妄称盘感；对于老手而言，切不可停留于盘感。人的天性中有许多导致亏损的心理特征，新手容易将这些东西误认为是盘感，或者与有效的经验混淆起来。同时，在交易之初需要科学地学习，需要明确地反馈，而追求盘感实际上是妨碍了这一过程。对于老手而言，盘感是粗糙的经验，需要进一步量化，才能够接受更加科学的检验和进一步改善。盘感的最大问题在于缺乏稳定性、一致性和可证伪性。

股票的走势其实体现了整个经济中各个行业板块的运行趋势。**股票的走势是先行指标，是商业和普罗大众预期和情绪的集中体现。股市是经济的晴雨表，是商业运行的风向标。因此，无论是经济学家还是商人都应该关注股市的变化。**而对于股票交易者而言，正确高效地解读盘口则是极其艰巨的工作，**如果你能够恰当地解读盘口，那么市场运行的实相就距离你很近了。**

盘口解读需要一些什么专业素养呢？简单来讲，盘口解读要求顽强的毅力和理性而冷静的心智。具体来讲，交易者要排除传言和消息的干扰，一旦清晰地洞察到了市场的实相和趋势，就要保持坚定，除非趋势出现了变化，否则不要朝令夕改，恍如浮萍。当然，交易者能够恰当而准确地解读盘口只是第一步，做出明智的判断后还需要果敢的勇气去执行，而这则是我要讨论和阐述的另外一个主题，将在后续章节中展开。

第2章

能够在华尔街挣钱吗或者说能够战胜股市吗

要想从市场上挣到钱，那么就必须向那些曾经让我们赔钱的人学习。

——江恩

你在股市中一定听到过这样的说法："在华尔街淘金的100个人当中，有99个人都是亏钱的。"当然，你可以反过来理解这句话，在100个人当中至少有1个人是在股市上挣了钱的。那么我对本章标题提出问题的答案是什么呢？**华尔街是能够被战胜的，前提是我们需要采纳一些严谨而科学的策略**，通过它精选股票，那么在股市上无论是投资还是投机都是能够持续盈利的。

一旦进入股市，你就面临一个分叉口：将一次次市场的教训当作是心态问题的反馈，还是策略问题的反馈。简单来讲，你将失败归咎于心态，还是方法。没有方法谈心态，那是空中楼阁，毫无用处。但是，你很快就会发现，大多数人都将失败归咎于心态。如果你是一个从来没有练过综合格斗的病弱书生，试问你站在职业 MMA（综合格斗，Mixed Martial Arts）拳台上时，满满的自信能够让你取胜吗？

如何才能战胜市场呢？那就是交易者务必掌握足够的市场知识和科学的交易策略。知识！知识！还是知识！只有你比其他玩家懂得更多，更深入，更全面，更透彻，你才能在这场竞争中胜出。**你首先需要观察华尔街的赢家们是怎样行动的，然后复制，并根据反馈完善他们的模式，那么成功就离你不远了。**请你牢记一点——"知识就是力量!"

统计数据显示，98%的生意人最终都是失败的，那么为什么还有这么多人去创业呢？理由并不复杂，因为2%的人通过经商赚到了钱，并且最终守住了这些赚到的钱。

所有人都认为自己属于2%的赢家，但只有2%的人真正思考了一个问题，并围绕这个问题去努力："我有什么别人没有的优势，可以让我从这个游戏中脱颖而出？"想一下，你有什么优势？你能够培养和构建什么优势？

现在你可以向自己提出一个问题：**大众在华尔街上亏掉的钱被谁挣走了？"股市投机就是一场零和博弈，有人挣了**

钱，有人就赔了钱。如果某人赔掉了1美元，就会有人赚到了1美元。**要想从这个市场上挣到钱，那么就必须向那些曾经让我们赔钱的人身上学习**。主要按照这些人的方法去操作，你才能从别人的口袋里面捞到钱。你要搞清楚并且铭记一点：**你每次买入的股票都是别人卖出的，而你每次卖出的股票都被别人买去了。**

勿忘对手盘，思考对手盘买卖的理由，站在对手的角度想问题。

为什么大多数交易者最终都以亏钱结局呢？原因是他们经常基于媒体上的蛊惑，以及毫无根据的传言和内幕消息进行交易。他们从不谨慎，寄希望于通过高杠杆的保证金去大赚一笔，其实这样做无异于毫无章法的赌博。**大多数人总是在市场高点附近买入，因为那时市场情绪最乐观**。这样的做法使得亏钱成了必然。

击败交易者的，并非华尔街，也不是对手盘。从根本的意义上来讲，击败交易者的是千万年进化遗留的过时基因程序。

普通交易者通常不会进行做空股票的操作，因此他们总是被熊市折磨得很惨。在熊市中，买入股票很快就会亏损，如果交易者拒绝做空的话，则必然寄希望于买入后快速卖出。其实，这样的操作无异于刀头舔血，与其自责为什么不马上卖出，还不如下点功夫去学习做空。在本书的后面部分我会论证做空是一种安全而实用的操作手法。

纽约证券交易所现在挂牌交易的股票有700多只，倘若根据类别来划分，则可以分为20多个板块。如果对每个板块中的每只个股都进行全面而深入的研究，那么工作量就大得惊人，以至于根本无法完成。因此，**从现实的角度来讲，如果我们想要从股市中挣钱，那么挑选几个板块关注和交易要比全面出击更加合理。**

一切资源都是稀缺的，注意力资源也是稀缺的，因此我们需要经济地配置我们的注意力资源。

盘口解读要求我们专注而持续，毕竟一个人不可能同时全面和深入地了解10只个股，更别说对700多只个股保持持续和深入的关注。成功交易的要诀在于精选个股，并保持持续的关注。

第3章

如何解读股票的盘口

当利好真的兑现时，利好已经充分体现在持续上涨的股价当中了，这个时候股价不会像通常认为的那样继续上涨，反而可能转而下跌。

——江恩

在很多普通股票交易者中，特别是那些在纽约之外的交易者中，普遍存在一个错误的观点，那就是认为解读盘口就是一直站在股票行情自动报价机前面，盯着每一笔报价。持有这种观点，照此观点进行操作是绝对错误的。

观察盘口是带有目的的，同时也是有分析框架的，并不是漫无目的地傻看。在观察盘口前，你需要明白需要观察些什么东西。

高明的盘口解读者极其少，可以说是凤毛麟角。这样的绝世功夫，不经过长年累月的努力是无法获得的。**盘口同时体现了趋势与波动，就算观察者看到了这些东西，也无法区别到底是趋势的转折，或者是局部的波动而已。**

功夫是需要时间来培养的，勤奋是天才的必要前提，但不是充分条件。科学的提升之路，必不可少。

如果一个交易者到证券经纪人的办公室去观察盘口，往往会发现里面其实早就站了两三个人，多的时候甚至有十多个人。这些人站在自动报价机前面热闹地讨论着各种传言和消息，嘈杂不堪，难得清静。在这样的环境中，谁也无法冷静而理性地判断出未来的趋势，恐怕百万人中也找不到一个人能够镇定而客观地分析。即便一个人正确地研判出了一只股票未来的走势，那么在交易的时候还是不可避免地会受到周围人群的影响。这种影响意味着交易者无法在恰当的时机采取恰当的行为，因此在证券经纪人的办公室中交易者几乎

我们倾向于大幅低估环境对人的影响力，因为我们总是将个人的成败和行为归咎于个人的才能和品德，而忽略了环境压倒性的影响。我们时常能够做的最具效力的行动是选择一个环境。

不可能战胜股市。

不管一个人的内心有多么强大，都容易受到外界环境的影响，行为也会发生变化。为了隔绝外界的消极影响，少数几个超级交易者，如杰西·利弗摩尔（Jesse Livermore）都建立了自己的私人交易办公室。这些办公室都采用私人专用的自动报价机。当交易者坐在自己的办公室里面时，就避免了他人的干扰，隔绝了外界的消极影响。当然，除非你有雄厚的资本，否则一般交易者是无法拥有像这样的办公室的。

交易者一定要管理好自己的作息时间表和作息场所。

J.L. 用了许多年时间才完成从刮头皮交易到趋势交易的转变，请参阅《股票作手回忆录：顶级交易员深入解读》一书的第二章到第六章，特别是第五章“只有大的波动才能为你带来大的利润”。为了方便本书读者，我将第五章修改后放到了本书的附录中，以供参考。

更进一步来讲，**普通交易者需要掌握在不持续盯盘的情况下解读盘口的技能。他们需要关注的不是短期的波动，而是重要的市场运动**。具体来讲，就是那些持续数周甚至数月的趋势性运动。为什么这些重要运动会持续如此之长的时间呢？因为主力需要足够的时间完成筹码吸纳和派发的过程。在大行情启动后的一两天时间当中，普通交易者有充足的时间进行买入或者做空操作。所以，交易者没有必要时刻盯着盘口看，在每日收盘后解读盘口更加方便容易，效果也会更佳。盘口记录的是股价的波动，交易者把每个交易的最高价和最低价记录下来，就有助于判断出趋势。

股价的波动受到供求关系的直接影响。股价上涨或者下跌需要相应的成交量配合，价量关系好比蒸汽与蒸汽机，汽油与汽车的关系一般，成交量是股价运动的直接驱动力。例如，美国钢铁（US Steel）有 500 万普通股，当成交量较大的时候，波幅也较大。对比之下，通用汽车（General Motors）也有 5000 万普通股，但其波动幅度要小一些，即便买入或者卖出 10 万股也仅仅会导致股价波动 1 美元。另外一只盘子较小的股票鲍德温（Baldwin），如果有人买入或者卖出 10 万股，则会出现 5~10 美元的波动，因为这只股票的盘子只有 20 万股，其流通盘不会超过 10 万股，是名副其实的小盘股。

投机势力偏好小盘股。在其他条件相同的情况下，优选小盘股。

盘子大小对于股价波动幅度有显著的影响，因此交易者必须清楚个股的总股本和流通股数量。为什么墨西哥石油公司（Mex Pete）在几年的时间内就从 50 美元涨到了 100 美元，而在同样的时间段内美国钢铁的涨幅却不超过 10 美元？一个重要的原因是墨西哥石油公司的流通盘较小，而美国钢铁的流通盘则要大得多。

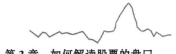

除了关心流通盘大小之外，交易者还需要关注特定上市公司的财务状况。财务良好的个股不太可能会因为一点负面消息就遭到投资者和机构的大举抛售；相反，如果一只个股的财务状况不佳，前景堪忧，则其股价也不可能维持高位太长时间。部分股票被投资者认为拥有“隐藏资产”，而这类资产价值的评估存在不确定性和显著弹性，因此出现重大利好时容易遭到大举买入，而在出现重大利空时容易遭到大举抛售，进而导致股价大幅波动。

资深投机客也会关注业绩和个股的内在价值，因为业绩和估值也是强大的题材。

另外，股市上总是充斥着大量的分红派息传言，这种传言往往会持续较长的时间，直到上市公司正式发布公告为止。但是，**当利好真的兑现时，利好已经充分体现在持续上涨的股价当中了，这个时候股价不会像通常认为的那样继续上涨，反而可能转为下跌。**

股价贴现预期，题材影响预期，而题材本身是有生命力的，参考《题材投机》一书。

盘口是交易者决策的最好工具之一。价格的涨跌会影响供求关系的平衡，当供给大于需求时，价格就会下跌，以便供求重新平衡；如果供求基本平衡，那么价格就会进入窄幅波动状态，而这类区间波动往往会持续数周或者数月；当需求大于供给时，股价则会上涨。

经过上面的分析和论述，你可能已经发现了一点，那就是**整天站在自动报价机前盯盘的交易者根本不可能在大行情发动前觉察到**。在大行情的酝酿期间，自动报价机几乎天天都会误导交易者一两次。当主力吸纳筹码时，需要一定的时间，在高位抛售时也需要一定的时间。1 日、1 周，甚至 1 个月的时间对于一波大行情而言，是完全不够的。有时候，甚至光是吸筹和派发就需要耗费数月，甚至 1 年的时间。总而言之，大行情给了我们充分的时间来绘制和跟踪行情。当一轮大行情正式启动的时候，我们要比那些成天站在自动报价机前盯盘的人更容易洞察到趋势的开始。

一种说法是“见微知著”，另一种说法是“一斑窥豹”，有矛盾吗？

第4章

盘口如何误导你

一个交易者如果想要在股市中成为赢家，那么研究人性是必不可少的功课，同时要与大众一致性的行为相反。

——江恩

盘口经常误导交易者，一些表面看起来最弱的股票其实是最强的，这是主力为了吸筹故意打压股价而出现的弱势表象。而在其他时候，**一些广受追捧的热门股，看似强势，其实是最疲软的，因为当大众一致看好、蜂拥买入时，主力和聪明的资金已经在悄然出货了。**

“贵出如粪土，贱取如珠玉。”

每日盯盘的交易者很容易被贪婪与恐惧的情绪所主导，他们很难自制。假设某个交易日，整个股市都表现强劲，大家关注的个股普遍上涨。到了下午2：30，股市暴跌。这场暴跌持续了一刻钟，活跃股基本上都从最高价附近下跌了1美元。收盘时间是下午3：00，下午2：45，大部分股票又跌了1美元。很多交易者由于仓位较重，因此变得不冷静起来，于是在收盘时全部平仓。到了次日，大部分股价都高开了0.5美元到1美元。为什么会出现这样的事情呢？因为前一日临近收盘前的半个小时内大家都疯狂卖出，以至于次日开盘时供给显著减小，另外**趋势向上，前一日的回调并不会影响主要运动的方向。**

上善若水。水善利万物而不争，居众人之所恶，故几于道矣。“众人之所恶”就是众人一致看空的东西。

整日盯着盘口波动的交易者最容易犯下频繁交易的错误。

有些交易者在情绪的驱动下，一个交易日内交易好几次，而这大大增加了手续费和佣金的开销。即便每次交易都能获利，但是一旦算上手续费则可能整体上是亏的。一个人如果每年交易 300 次，平均每日交易 1 次，平均每次交易支付 0.5 美元的手续费，这已经是最低水平的手续费了，则意味着每年要支付 150 美元的成本。这样的交易方式很难赚到钱。如果一个月交易 1 次，则一年共计 12 次交易，这样下来一年的交易手续费就只有 6 美元，与频繁交易者 150 美元的手续费形成巨大的反差。

此外，交易者往往还忽略了一个重要的情况，那就是进场和出场的次数越多，需要做出决策的次数就越多，而这样失误的概率也就越大。不管是上涨趋势，还是下跌趋势，期间都会夹杂反向的次级折返运动。但是，如果交易者贪图这类折返运动，**频繁进出，则很容易失去对趋势运动的把握，最终因小失大。**交易者要耐心等待时机，要在充足的理由支持下进场交易。如果受到情绪的驱使而交易，则不仅会遭受持续亏损，而且会失去大行情带来的机会。通常而言，**日线以下级别的波动不能体现趋势运动的方向。**

见小利，则大事不成。

接着，我谈一下“隔夜买入或者卖出订单”的问题。由于条件所限，外地的交易订单通常会在下一个交易日执行。如果次日的买入订单超过卖出订单，则开盘后股价往往会持续上涨半个多小时，直到买入的需求与卖出的供给平衡为止。接着，股价会出现回调，跌到开盘价之下。此后，股价进入到随机波动时段，直到下午 2：30。临近收盘前，场内交易者开始平仓，无论他们是了结多头还是空头，都会影响到最后半个小时的股价涨跌。

不要忘了一点，那就是场内交易者是不用支付经纪费用的。作为普通交易者，买入一只股票后，如果在股价上涨了 0.5 美元后卖出，则除去经纪费用等成本后，基本上白干了一场。换作是场内交易者，他们做了同样一笔交易的话，则不用支付经纪费用，所以相当于赚了 0.5 美元。

另外，周日的报纸往往会对上一周的股市行情进行简要的回顾，大众在看完这些报道后会向经纪人下达星期一买入或者卖出的指令。如果这些订单的数量庞大，则会影响到星期一开盘后半小时，甚至 1 小时的盘口走势。这段时间过去后，走势就会恢复自然状态。

如果股市在一周当中呈现整体强势，特别是在一周的下半段呈现强势，并且在星期六以强势收盘，那么下星期一则很可能出现强势开盘，在开盘后一小时内持续上涨。但是，这种强势很快就会消退。因为一旦周末积累的庞大需求得到满足，则走势将疲软，而专业交易者也会乘机卖出。因此，当星期一出现强势开盘时，我们要谨慎，不要盲目追买。

即便是处在上涨趋势中，交易也会有机会利用星期一下午和星期二经常出现的回调买入。这两个时段之所以容易出现回调，是因为短期超买后专业人士趁机打压。

上述规律在下跌趋势中恰好相反，当股市在过去一周或者下半周呈现出弱势，而星期六又收低，那么大众就会在下星期一早盘开始的前半小时到 1 小时抛售股票。当这股抛售潮过去后，股价就会反弹。总而言之，在上升趋势中利用周一回调买入，在下跌趋势中利用周一反弹做空，都是赚钱的机会。

我还要谈到一点，那就是“虚妄的希望”。当一个交易者在市场上持有浮亏的头寸时，无论这头寸是多头还是空头，他都希望行情接下来的发展能够有利于自己的头寸。例如，某个交易日的早上，一个交易者收到了来自经纪商的保证金催缴电话。他告诉经纪人自己要么会在收盘前卖出股票，要么会补充保证金。

几乎整个交易日，该股都没有出现像样的反弹，这意味着自己手中的多头头寸出现了更大幅度的浮动亏损。还差 1 个小时就收盘了，希望变成了绝望，于是这个交易者在收盘前低价割肉。由于许多类似的交易者都在割肉，于是股价在低位弱势收盘。

这种情况也会出现在那些做空者身上，他们持有空头头寸。股价从开盘后就持续上涨，他们抱着股价转而下跌的希望在市场中苦苦等待。他们期待股价会在中午左右的 1 小时出现一轮回调，但是回调并未出现。等到下午 2 点的时候，股价更加强势。他们盼望回调出现，等来的却是更加强劲的上涨。快要收盘了，绝大多数空头开始变得恐慌，他们不得不在高位了结空头头寸。这样的群体行为使得股价在接近当天最高点收盘。但其实这个高点并不坚实，次日回调就会出现。

一个交易者如果想要在股市中成为赢家，那么研究人性是必不可少的功课，同时要与大众一致性的行为相反。当市场刚开始下跌，具体来讲就是下跌的第一天，很少人会注意到趋势的变化，因为大众认为这不过是正常的回调而已。股市通常会在星期三开始下跌，如果星期四继续下跌，则交易者们会谨慎起来，倾向于在出现反弹时卖出。到了星期五，反弹并未出现，而跌势更猛了。造成这种情况的原因是什么呢？因为在下跌的第一天和第二天没有卖出的人，会选在第三天卖出。到了星期六，恐慌蔓延，卖盘蜂拥而至，因为多头不愿意在周末继续持股。这使得星期六最后一个小时出现了暴跌，在最低价附近收盘。高明的交易者会在第一天出现跌势时读懂盘口，并且立即了结多头，而不是拖到人人都在卖出时才采取行动。

当然，上述情况也会出现在持续数周或者数月的上涨或者下跌趋势上。**市场在某个方向上持续运动的时间越长，则最后阶段的成交量也就越大。**当股价持续上涨或者下跌时，参与者的贪婪与恐惧也在持续累积。大部分交易者都受到情绪的驱使，而不是处于理性中。

接下来，我要谈及“股市贴现未来”这一主题。**股市是经济的晴雨表，因为股指基本上领先于经济走势半年到一年。债券市场先行上涨，接着股市上涨，最后才是经济复苏和繁荣起来。**

大众通常而言很难预见许多未来发生的驱动事件，也就是说大众很难预判主要驱动因素的变化。**大多数情况下，一些重要的数据和消息在公之于众前就被股价贴现了。**当公众获悉这些信息时，股价已经不会对这些事件做进一步的体现了。无论是利多还是利空，只要消息公布，其后续影响就微乎其微了。

例如，一只股票的年度财报公布后，无论是利好还是利空，通常股价就不会继续上涨或者下跌了，因为这些信息早在1~3个月之前就被内部人士知晓了，并逐渐在市场上扩展开来，股价逐渐贴现了这一消息。以至于当这一消息正式公布时，股价已经完全体现了这一消息的影响。

如果是突发利空，抛售就会出现。由于是突发性利空，此前并未被市场贴现，因此进一步下跌是大概率事件，同时可以预计此后大众会倾向于逢低买入，而主力则会进一步卖出。

群体最恐慌点，就是机会点；群体最亢奋点，就是风险点。

人多的地方，资源竞争惨烈，踩踏现象严重。竞争不要去人多的地方，合作可以去人多的地方。

债券市场领先于股票市场，股票市场领先于商品市场。经济运行的不同阶段会引发各大类资产相对收益的变化，所以经济周期与跨市场分析是紧密相连的。在不同的经济周期阶段，股市与其他资产市场的相对收益呈现出规律性的变化。通过所处的经济周期阶段和其他资产市场走势的变化，我们可以间接地推断出股市整体的运行态势和所处阶段，这就给我们一个非常大的优势。一般而言，股市会提前半年左右的时间反应基本面的情况，股市的拐点要比经济基本面拐点提前半年左右的时间出现，也就是说股市的低点先于经济增长的低点出现，而股市的高点先于经济增长的高点出现。深入了解参考《股票短线交易的24堂精品课》的第一课“跨市场分析：实体经济的圆运动和金融市场的联动序列”。

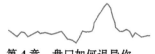

还有一种情况，那就是利好公布后，股价没有上涨，转而下跌，这意味着利好此前已经体现在股价中了。结合你绘制的走势图表，你可以进一步推断目前处于吸筹阶段还是抛售阶段。

我再进一步剖析一下“突发事件和消息的影响”。某些时候，一些完全未被预测的突发事件会出现，如 1906 年旧金山大地震。因为无论是普通大众，还是内幕人士都无法预测到大地震会出现。这次地震造成了重大的经济损失，消息传到华尔街导致了崩盘。跌势持续了数周时间，直到地震的利空被完全消化。市场对于这种突然发生的事件没有预先的贴现，当事件发生后才出现了快速的反应。

又如 1917 年 2 月 3 日，德国突然宣布对美国发动无限制潜艇战，此前毫无征兆。无论是大众还是专家都没有预料到这一事件，当消息公布后，美国对德宣战已经如箭在弦了。市场此前并未预期到这一事件，于是当天股价基本上低开了 5~20 美元。由于下方承接有力，已经空头回补，使得市场在开盘后 1 小时就企稳了。

突发事件会导致股市大幅高开或者低开，这时最好的操作是高开后卖出，低开后买入，因为市场上的主力往往如此操作。2 月 3 日当天，股价因为抛压巨大而大幅低开，观察 30 分钟后发现下方承接有力，反弹将会出现。如果你做空，则应该立即平仓，等待并观察接下来的表现。如果反弹幅度很小，股价恢复下跌，并且跌破了利空发布当日的最低价，则意味着趋势向下，股价将会继续走低。

大幅跳空开盘后大多数情况下都会出现缺口回补动作，然后再朝着趋势方向运动。

消息发布后出现的最高价或者最低价是观察市场趋势的良好基准。

还有一类事件，对股票市场非常有影响力，这就是“大选”。回顾历届美国总统大选，你会发现在选举前后市场的表现存在某些有价值的规律。大部分情况下，市场会对选举中的任何东西进行贴现。

总体来讲，除了部分时候恐慌导致市场暴跌之后，大选年很少有什么特别之处。到了大选年，大众的情绪会变得异常波动。无论是共和党还是民主党当选，**在选举过程中，股**

多数人永远是输家，你选择站在什么阵营都可以，但是一定不要站在绝大多数都认可的立场上。心随精英，口随大众，是一种明哲保身，但确实是上善之道。

市会持续贴现最新的进展。共和党是亲资本的党派，但如果股票筹码集中在大众手中，那么即便是共和党赢得大选，股价仍旧会下跌而不是上涨。

第 5 章

卖出股票的策略

引导预期，管理筹码，这就是主力要做的两件大事。

——魏强斌

很多老股民至今仍然记得，深圳原野公司“春种一颗粟，秋收万担粮”的广告。正是这则广告，让怀着财富梦想的投资者日夜排队抢购该公司股票。深圳原野公司曾经创造了很多个第一，但是最令投资者难以接受的是，深圳原野公司成为了新中国证券市场建立以来发生的第一起上市公司欺诈案。引导预期，管理筹码，这就是主力要做的两件大事。

一家新公司成立后往往需要募集资金以便进一步发展，而这可以通过公开发行股票的方式完成。发行股票的策略与商人出售普通商品的策略并无二致。精明的商人通过广告来招徕客户，而股票的发行事宜则需要由专门的承销商来完成。当股票承销集团想要发行股票时，他们也会绞尽脑汁、用尽手段将股票推销出去。在报纸上刊登广告，渲染和宣传股票未来的涨幅，使出各种花样吸引大众的注意力。

要想吸引大众的注意力，需要股性活跃，具体来讲就是波动幅度要大，同时成交量要放大。例如，一只股票价格在 40 美元附近，持续 3~4 个月，其波动幅度都在 5~6 美元，这样的股票很难吸引人的注意力。但是，如果这只股票突然上涨到了 150 美元附近，日均波幅为 5~10 美元，这样的股票就会引起大众的兴趣。在大众眼里，这是一只盈利空间巨大的好股票，参与者自然纷至沓来。于是，交易者们就会在各种蛊惑和引诱手段的诱导下成了这只股票的高位“接盘侠”。一旦大众蜂拥而至，主力就会趁机高位派发，股价转而下跌。大众抱着极高的期望在高位接盘，一旦主力完成换手，舆论就会降温。套牢盘众多的该股会持续下跌，一直跌到割肉盘涌出，大家不再谈论这只股票时，底部就临近了。利空消息出尽了，股价开始逐步上涨，于是大众又开始谈论这只股票了。

舆情引导了大众的预期，而主力其实也有自己的预期，主力的预期来源于三个要素：第一，大盘走势，特别是趋势；第二，大众的预期和筹码；第三，个股的题材和业绩走向和时间表。

交易者的心理预期会主导其思考过程，也就是说对股价走势的希望会限制交易者理性思考的能力。一个人的利益往往就是他观察问题的立场，而立场影响了预期，进而限制了理性思考的能力，以致得出的观点是非理性和错误的。所以，**当我们查看和倾听任何人的观点时，无论他是报社记者还是投行的总裁，又或者是大公司的董事长，都需要注意他的立场和预期。**因为他的立场和预期会影响观点的客观性。特别是当你看到一个利多的观点时，往往是因为发布这个观点的人有他的特定立场，那就是希望大众能够买入。上市公司的利益相关者不太可能发布利空的看法。

仓位决定心态，心态决定决策；同样，利益决定立场，立场决定观点。你可以将日常生活中的每一个人的利益看作是他持有的头寸。

说到这里，我讲一个故事给大家听。许多年前，有一个B先生混迹于华尔街，他在收集各种信息和数据的同时还给报纸撰写财经评论。他在华尔街的名气不小，是各大证券经纪商的座上宾。不少交易者都急切地想要从他那里获得一些有用的观点和信息。有一次，一些交易者询问B先生："请问，您对联合太平洋铁路公司（Union Pacific）这只股票的看法如何？"

B先生回答道："我认为这只股票会上涨，因为我希望它上涨，这就是最为重要的原因，我持有这只股票很长时间了。"现在，你明白了这位B先生之所以认为这只股票会上涨的原因了。他持有这只股票，因此希望并且动用自己的舆论影响力来驱动这只股票上涨。他不可能告诉大家这只股票会下跌。如果真这样做的话，那么他的舆论影响力将会促使这只股票出现抛售潮，最终会损害他的影响力。

索罗斯成名后，从不吝啬于使用自己的舆论影响力，他在建立头寸后会鼓动大家跟进，让跟风盘为自己抬轿。

除了市场评论人士会因为立场而发布带有倾向性的观点之外，上市公司的大股东或者管理者也会如此。倘若你连续数年坚持认真阅读财经报纸的话，就会发现那些大公司的高管们总是对自己的公司抱有极其乐观的看法，从来都是如此。

即便是经济和金融市场的恐慌袭来，行业衰退持续了 1~5 年，股价已经大幅下跌了 25 美元，甚至 100 美元，上市公司的首脑们仍旧持有极端乐观的观点。他们是真的愚蠢至极吗？如此跌的趋势，他们都视而不见吗？当然不是，**他们需要引导公众的舆情和预期，为了更好地管理市值，他们需要隐藏自己的真实看法，同时发表一些虽然不是事实但却有利于维护自身利益的观点。**

引导预期，管理筹码。简而言之，预期和筹码是我们做投机要时刻思考的两个核心要素。我在《股票短线交易的 24 堂精品课》的前言当中提到过“预期与资金流向，还有仓位的重要性”，其实资金流向与仓位管理，无非就是“其他玩家的筹码和我自己的筹码”。因此，“资金流向和仓位管理”可以进一步简化为“筹码”。投机就记住两个要素：预期和筹码。反复揣摩和玩味这四个字，你就能登堂入室，最后登峰造极。

我个人的记忆中，美国钢铁的高管们从来就没有发表过任何悲观的言论，但是这家上市公司多次未能分红派息，业绩持续低迷，经营状况糟糕至极。

积极乐观确实是一项好的品质，但是在商业和金融投资领域，只有事实和真相才能真正地帮助和保护你。毫无依据的乐观与缺乏逻辑的预期智慧让我们陷入更大的困境中。**信心和乐观无法帮助你补充保证金，要防止催缴保证金的情况出现，只能顺势而为，而不是逆势而行。**

媒体倾向于反对刊登任何悲观性的论调。例如，1920~1921 年，我发表了一些关于宏观经济的悲观看法。即便这些看法非常具有逻辑性，也有坚实的事实和数据支持，但是因为我认为这两年将出现糟糕的经济形势而被大多数报纸拒绝刊载。但是，真相是无法拒绝的，我的悲观预测随后都被现实进展所验证了。

对于任何重要的观点和重要人物的行为，你都要追问其动机。知道了动机，你就能更好地预判未来。

凡事预则立，不预则废（Forewarned is forearmed）。在金融市场出现危机之前就告诉大众，让大众有所准备，肯定要比危机发生之后再告诉大众更好。但是，媒体更倾向于在危机发生后才大张旗鼓地讨论。一切糟糕的结果都是媒体如此行事导致的。结果产生之前必然存在原因，在公众意识到这些结果之前，原因已经存在。

危机之所以发生，是因为大众没有充分预期到，一旦预期到了就会提前改变行为，而危机就不会发生了。由此可以推论，其实有很多危机都是因为我们预期到了，所以没有发生。而发生的危机都是因为事前没有预期到的。现在问题变成了“是不是我们能够预期到所有的危机？”我觉得人类永远都不会拥有这种能力，人工智能也是如此。一旦拥有了这种能力，那就意味着整个宇宙的进化停止了。

简而言之，恰当的做法是一旦看到了原因，就必须马上采取行动，如果等到结果已经非常明显时才采取行动，则我们在股市上的亏损就不可挽回了。

接下来我要谈到的主题是“人云亦云”。华尔街从来不乏人云亦云的交易者。倘若你在华尔街待了20年的时间，那么你就有足够长的时间观察交易者的言谈举止。观察的结果让你更加相信人类是由猿类进化而来的，因为猿类喜欢模仿首领的言行举止。华尔街的交易者们也是如此，他们喜欢机械地模仿大佬们的论调。他们不厌其烦地重复金融大佬们说过的话，其实不过是安慰自己而已，给自己增添一点信心，安抚自己的恐惧和焦虑而已。

做空中国的人也破产好几回了。

晚年的摩根曾经说过一句话："做空这个国家的人会破产！"这句话也被许多华尔街人士反复引用。我时常听到证券经纪商的办公室里充斥着买入和看涨的声音。倘若有睿智稳重者提醒他们：牛市中能赚钱，熊市中也能赚钱，只有贪婪的人不能赚钱。那么，就会有人立即站出来反驳说："不要做空股票，做空美国的人会破产的！"

虽然摩根先生的远大目光和胸襟值得我们每一个人敬佩，但是不要断章取义去曲解这句话。摩根的观点并不是针对中短期股市的，而是针对美国经济的长期趋势。摩根也曾经针对股市发表过鲜明的观点，他说："在股市持续上涨数年后，如果构筑顶部的迹象明显，那么这个点位做多的人必然会破产。"

如果交易者有一些常识，并且愿意独立思考，而不是人云亦云，照搬别人的观点，就能在股票交易上干得更好。**要善于分析别人在市场亢奋时发表乐观看法以及在市场绝望时发表悲观看法的动机与缘由，这样你就能持续在市场中赚钱。**

金融市场是少数人赚了绝大多数人的钱。根据我的经验来讲，应该是2%的人挣了98%的人的钱，在某些极端市场，则是万里挑一的赢家。

如果想要成为股市的赢家，就务必要坚持独立思考和分析。无论身处牛市，还是熊市，也无论你支持或者反对谁的观点，你最好通过独立的图表研究去验证。盘口体现了市场大多数参与者的预期和主张，而不是少数固执己见者的看法。

标准石油公司（Standard Oil）股票的持有者会强烈看涨，同时观点也会乐观，他们可能确实打心底是这样认为的，为了支持自己的观点，他们会继续买入这只股票。不过，更加客观的信息来自于该股的盘口，因为它记录了所有参与者交易该股的情况。如果供求关系表明大多数人在卖出，而只有少数人在买入，那么这只股票的价格就会持续下跌，直到供求关系逆转，该股才会上涨。

潜在的卖家其实就是此前的买家。有多少持股的人，未来就有多少卖家。决定股价当下和未来走势的人，是现在和未来的买卖者，而不是过去的买卖者。

本章要谈的最后一个主题是“时间发出的交易信号”。《圣经》指出：“一切皆有定数”(There is a time for everthing)。所有的自然现象都与此相应。耕种与收获都有固定的季节，人类不能悖逆自然节律。一年分为四个季节，而这种季节的划分就是为了方便我们耕作和收获。人类到现在为止还未曾在格陵兰岛的冰原上种植橘子，当然也不会在佛罗里达的热带河流上攫取冰块，因为这样的做法忽略了恰当的时机和地点。同样，**交易股票需要恰当的时机**。时间节律制约了股价的波动，不管多空观点如何有道理，不管市场情绪如何强烈，都不能迫使股价跌到这一节律之外。

世间法的精髓无非四个字——乘势当机。

作为交易者，我们需要掌握时间节律的相关知识，不要在退潮时追赶微小的折返波动。机不可失，时不再来，要果断买入或者卖出，拖延的人必然遭受巨大的损失。

第6章

你的弱点

我们要牢记一点：犯错是不可避免的，因此需要在进场的同时设定止损单。

——江恩

自知者智，人世间最伟大的学问是关于认识自我的。教训是最好的学校。因此，比起成功的经验，我们应该更加重视失败的教训。无论是商业经营，还是股市交易，伟大的成就从来都是长期努力得来的。正如一首诗写的那样：

“伟人所达到的高度，

并非一蹴而就；

而是在同伴夜晚歇息时，

他们持续努力向上最终达成的。”

蘑菇长得快，也烂得快。在股市中一夜暴富的人，往往也难以守住这些财富。老话说得在理：“来得快，去得也快。”只有那些久经考验，善于从过去错误中吸取教训的人，才能赚到钱并且守住钱。

如果你想要在股票投机中获得财富，那么就必须战胜自己，克服人性的弱点。你会发现自己要么是倾向于做多，要么倾向于做空，而不是顺流而下。我们要么希望股价上涨，要么希望股价下跌，但是却无法正视市场本身的走势。

总之，我们要在交易中克服自己的弱点，要明白自己的许多观点其实并不是源自客观的分析，而是源自头脑中的倾

在中国的最东边生长着一种竹子，名叫“毛竹”。在最初的4年里，毛竹只不过长了3厘米。别的地方的人看到这种情景，摇着头表示完全不能理解。会这样想：花这么长时间种它做什么，浪费时间和精力。但是，竹子5年后以每天足足30厘米的速度生长着。这样只用6周就可以长到15米，这里瞬时间就可以变成郁郁葱葱的竹林。虽然4年间只长了3厘米，但从第5年开始了暴风式的成长，6周时间好像发生了不可思议的变化。但之前的4年间，毛竹将根在土壤里延伸了数百平方米。也许你现在做的事情看不到成果，但不要害怕。你并不是没有成长，而是在扎根。

人性的弱点，为你所用，就是利用非理性对手盘来盈利。成功学兜售大师卡耐基先生深谙此道。不过，人际交往中却恰恰不能按照他的道理去做，因此人际交往是非零和博弈，合作多于竞争，真诚和信用比技巧更加重要。再复杂的伎俩在成年人那里都会很快被识破。股市投机是零和博弈，道理却相反。

截短亏损是重要的，也是必要的。重要是因为风险回报率，必要是因为人的心智存在犯错的可能性，这种可能性永远不可能被消灭。这是卡尔·波普的重要观点，也是索罗斯的重要观点。

向。我们要学会站在恰当的角度去客观看待问题，理性分析问题，而不是固执己见。

如果客观地认识自我，部分交易者会发现自己过度自信，倾向于采取行动，因此总是过度交易；另外一些交易者则会发现自己过度谨慎，倾向于观望，操作起来总是犹豫不决，不能在恰当的时机大胆进场。上述弱点都是交易者需要克服的。

要想学会交易，就必须学会克服幻想和恐惧。进场前要客观分析，基于科学的法则买入或者做空。与此同时，我们要牢记一点：犯错是不可避免的，因此需要在进场的同时设定止损单。这样你就会放弃幻想，也不会受到恐惧的驱使，就算行情未能如预期一样发展，我们也知道自己的最大损失。确定性带来了勇气和淡定，即便亏损了，我们也可以毫不犹豫地抓住下一次机会。

第7章

交易者必备素质

如果你只有满满的信心，却没有恰当的市场知识，那么你跟华尔街大部分人一样，怀抱幻想，却处于持续亏损的梦魇之中。

——江恩

股票交易者必须具备一定的基本素质才能成为市场中的赢家。我要谈到的第一个必备素质是耐心。耐心是优秀的品质，特别是在股市交易中，耐心非常重要，我们要尽可能最大化这项素质。

耐心的前提是有具体的交易规则。规则是准绳，按照规则操作就是有耐心，就是果断，不按照规则操作就是急躁，就是犹豫。行为本身是中性的，关键看与规则是否相符。

股票交易者必须有足够的耐心等待恰当的进场时机，不要莽撞急躁。当我们买入或者做空一只股票后，市场朝着有利于我们头寸的方向运动，这个时候我们要耐心持仓。直到出场信号出现，我们再离场。绝对不要因为有了浮盈就离场，也不能因为没有耐性等下去而草草离场。每一笔交易，无论是开仓还是平仓，都要有恰当的理由。**我们要摒弃情绪的影响，不要因为贪婪和恐惧而操作。不要因为心存幻想而买入，也不要因为恐惧下跌而卖出。**观察盘口，搞清楚趋势所在，顺势而为。倘若趋势不明朗，那么我们就要观望，耐心等待明确的机会。

什么情况下，贪婪和恐惧是积极的？如果情绪与规则一致，那么就是积极的，就是有利的，就可以将贪婪称为勇敢，将恐惧称为谨慎。

我要谈到的第二个必备素质是勇气。勇气与耐心缺一不可。勇气是交易者不可缺少的资本。在我具备足够的市场经验之前，经历了40多次爆仓和破产，也就是说，我曾经40

多次赔光了自己所有的钱。但是，我却不曾失去勇气。

数年前，在检验和实践自己的策略时，我或许因此破产，但是我从未怨天尤人。我会从中获得有用的反馈，搞清楚亏损的原因，通过反思和检讨，我提出了改进和完善的思路。如此循环，每一笔亏损都能让我获益良多，最终成为股市的赢家。

沉迷于过去，只会顾影自怜。如果能够鼓起勇气，燃起希望去追逐未来，我相信人生会更好。当然，勇气和希望必须建立在合理的原则之上，这样才能越挫越勇，从教训中获得长进。

资本市场的投机者，比爱迪生发明电灯的过程更为艰辛，在成为市场真正的赢家之前，亏损的次数绝对超过了1000次。

在我的职业交易生涯当中，见过许多屡屡犯下同样大错的交易者，元气尽失，尽管留有一些资本，但是意志消沉。等待市场再度出现机会时，他们已经没有进场的勇气。所以，勇气比黄金更为重要。

在市场上，你要么得到了金钱，要么得到了经验。至于这些经验能否转化成源源不断的金钱，取决于你从中学到了多少。市场一直在给你反馈，一直在教育你，关键在于你听懂了多少。宇宙和人生也在一直给你反馈，你又听懂了多少。轮回的根源在于你还没有完全搞清楚宇宙给你的反馈。

我要谈论的第三个必备素质是知识。在我职业生涯的早期阶段，曾经有过几笔辉煌的交易，但大部分是因为好运气。当我轻松地从市场捞到大笔金钱时，很快就会还给市场。不过，我**从不因为这些挫折而放弃，每次跌落后，我都从中汲取成长的养分。**

教训才是最好的老师，只有把手伸进火中被烧过的孩子才会真正明白其中的危险。犯错不可杜绝，犯错通常并不致命，因此不要惧怕犯错本身。**只要我们能够从错误中吸取经验教训，那么犯错就是一件好事，因此它提供了进步和提高所需要的反馈**。但是，同样的错误反复出现这就需要提高警惕了。我们要将每一次错误当作成功的垫脚石，分析每一次错误的原因，避免在未来重蹈覆辙。

过去的交易经历，我都从中汲取知识作为成长的养分，而无论这些知识是成功的经验还是失败的教训。知识是最强大的力量，因为资本也来自于知识。数年前，我的一个证券经纪人破产了，我也因此而损失了所有的资产。普通人都认为我破产了，但是我的一位朋友却说：“尽管他现在身无分文，但是他关于股票交易的知识却价值几十万美元。他可以凭借这些知识在短时间内从市场上挣到一大笔钱。”我确实在几个月后，用很少的启动资本就赚到了足够的财富，东山再起对我而言十分简单。毕竟，我对股市有了更加全面和深入的了解，并且有一套基于数学的判市理论。**当市场走势表明我的看法是正确时，我会顺势加码。**

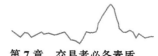

金钱在长期来看没有知识有力量；知识在短期来看没有金钱有力量。才华和财富兼备，在全球资本主义时代，你将无往不胜，但是要心存善念，行于中道，方能长久。

如果你只有满满的信心，却没有恰当的市场知识，那么你跟华尔街大部分人一样，怀抱幻想，却处于持续亏损的梦魇之中。

我要谈论的第四个必备素质是健康和懂得休息。健康的体魄是一切事业的前提，任何成功都离不开健康的身体。在股票投机行业中，健康也是必备的素质之一。一个交易者一年至少要有两次休假，远离市场，远离交易，去度假或者休养一段时间。只有让大脑获得充分的休息，你才能保持客观和冷静。

一个人无论他从事什么事业，如果长期得不到休息，那么决策能力就会出现问题。长期干一件事，容易让人陷入一个思维模式中，视野变得狭窄和偏激。

换个环境，才能换个思维。

一个交易者无论是做多还是做空，头脑中的天性都会妨碍他客观看待问题，他怀抱着希望在看待市场的走势。我们总是看到对自己有利的走势，忽略那些对我们不利的走势。因此，交易者只有与市场保持一定的距离，才能看清楚市场的实相。在平复了贪婪与恐惧之后，我们才能得出客观的见解。持续盯着盘口，频繁进出股市的交易者，早晚会损失掉所有的资本。

我认识一个基于科学方法预判市场并且赚了大钱的交易者，他一年之中最多交易 6 次。如果他在隆冬或者初春季节买入一些看涨的股票，而这些股票也如预期一样上涨，那么他就会择机兑现利润。兑现利润后，他会离开市场一段时间，有时候长达数月。到了夏季，如果出现牛市或者熊市启动的迹象，他会再度入市。等到行情出现结束信号时，他会平仓离场，兑现所有盈利后去度假。有时候，他整个冬季都在佛罗里达打猎和垂钓，然后到阿肯色州泡温泉。等他回到华尔街后，健康状况良好，身心都恢复到了一个良好的水平。

这个交易者通常在自己偏好的几只股票上采用特定的交易策略。他会先认真研判这几只股票，等待高胜算的信号出现，然后果断入场。等待的时候，他沉着冷静；买卖的时候，他果断勇敢。

顺势交易者可以预判方向，但不会忽略市场的反馈。顺势交易者可以预估利润，但是从不执着于利润目标。

另外，**他从来不会预设盈利目标，也不会预设离场时点。**当他的头寸与市场走势相反时，他会果断离场，然后花数日甚至数周的时间观察和等待下一次机会。当然，他也可能再度进场操作同一只股票，不过第二次交易的胜算率往往高达90%。如果他纠结于第一次交易，那么就会变得不客观，只有先离场才能获得一个客观的视角。因此，当形势不明朗的时候，离场观望才是上善之策。耐心的等待会带来丰厚的回报。

第二篇 如何交易

The greatest achievement was at first and for a time a dream. The oak sleeps in the acorn; the bird waits in the egg; and in the highest vision of the soul a waking angel stirs. Dreams are the seedlings of realities.

——Allen

股市交易之前一定要有一个完备而科学的计划，然后按照这个计划去操作，如同建造房屋和桥梁一样。一些客观事实和形势可能会要求我们改变计划和观点，但是交易者不能受到贪婪和恐惧的驱使去任意改变计划和观点。如果你受到情绪的影响任意改变自己的交易计划，那么就很难从股市中挣到钱。

计划你的交易，交易你的计划！老生常谈，却没有几个人去执行，更别提科学地去执行了。

交易者要远离谣言和毫无根据的猜测。你要明白一个道理，只有极少的人有条件和渠道获得货真价实的内幕消息，而这个人往往不是你。任何一笔交易都要有十足的理由，不要激情交易。如果仅仅因为希望而持有一只股票，那么你最好还是马上卖出这只股票。

与时俱进是交易者需要遵循的原则之一，我们要跟随格局的变化而变化，顺流而下，因时而为。交易的具体法则并非永恒不变的原则，因为市场在变化。交易者首先要搞清楚一条：具体的交易法则是否有效，是不是建立在科学的基础之上。利用历史数据测试这条法则，看是否值得采纳。

实践是接近市场真实情况的唯一道路，理论只是照亮了这条道路中的部分路段。

我阐述的交易法则之所以有价值，原因在于这些法则都是经过实践检验的。大家可以对此持怀疑的态度，自行去检验这些法则在历史中的表现，并且在交易现实中进一步检验它们。

第8章

交易制胜的法则

如果股市不按照我们的套路来，我们就按照股市的套路来。智者因势利导，愚者怨天尤人。

——江恩

如果你不能恪守一条交易法则，那么你就切勿进行投机或者投资，否则你肯定会亏损。交易者要么至少恪守一条法则，要么放弃交易。

我在下面列出了一些交易法则，请仔细研习它们，将它们运用到你的交易实践中去。

交易法则一：交易本金数量要充足

如果你不清楚汽车的单位油耗，那么就不会冒险驾驶这辆车去几百英里外的郊区度假。道理虽然类似，但有些人却不了解交易中最为根本的一个前提：**交易是一项事业，要求充足的本金才能获得成功。**

中国古代的历史书崇尚计谋，却轻视实力。

任何人都不要奢望通过股票交易在几个月或者一年内就成为超级富豪。他应该满足于通过10~20年的时间获得丰厚的收入。虽然我们经常都可以在股市中看到某人胆识过人，只用少量本金就在短时间内大赚了一笔；**我自己也曾经采纳金字塔加码方式在短时间内赚到了暴利**。然而，这种暴利是不可持续的，我也无法保证自己能够经常做到。

我要告诉大家的是一种稳健的盈利之道。倘若你能够坚持稳健交易的法则，而不是醉心于盲目的赌博，那么这个方法给你带来的利润将超过世上任何其他行业。

成为金融交易赢家的概率很小，但是一旦成功其回报是巨大的。其间需要投入巨大的精力和时间，若非痴迷于此，很难成功。如果只是想要尽快挣到钱，最好不要从事这个行业，否则你欲哭无泪，后悔不迭是必然的。

倘若某个人进入到一个特定的行业，并且在这个行业亏掉了所有的资本，那么他通常需要花上数年的时间才能东山再起。但是，如果换做投机这个行业，他经过认真的研究和分析，年年都有赚到大钱的机会。**华尔街可以提供超乎寻常的大机会，也正因为这样大家在这里变成了贪婪的赌棍，狂乱的情绪主导了他们，以致在真正的大机会到来之前盲目交易。**

大众都希望在投机中赚到比其他行业更多的钱。在其他行业，25%的年收益就可以让一个人感到满足。但是在华尔街，每个月 100%的收益也无法让一个人满足。大部分人对4%的银行存款利率感到满意，但一旦踏入华尔街，他们就会奢望仅仅投入 1000 美元，然后在两三周内翻倍，这些人通常采用 10 个点保证金进行操作，高杠杆水平使得他们总是在赔钱。

投机确实为暴利而来，因为投机风险很高。但是能够暴利的毕竟是极少数，没有科学的方法是无法生存下来的，更别说获得暴利了。

在投机市场中，奢望奇迹掉在自己身上是不现实的。**在极其罕见的超级行情中，如果你能够在底部或者顶部附近进场，并且一路顺势加码操作，那么快速成为大富豪是可能的，但是这样的超级行情要等数年才出现一次。**不过，个股每年都会出现 2~3 次极端高点或者低点，你可以在这种更为频繁的机会中赚到 10~40 个点的利润。

江恩的书中绝大多数情况下默认 1 个点等于 1 美元。

你或许认为每天挣 0.5 个点，或者是一周挣 3 个点的利润太少，不知道花费精力去操作。但是，如果从更长期的时间来看，52 周就可以获得 156 个点的利润。具体来讲，即便你只买了 10 股，那么一年也能赚到 1560 美元的利润。

你应该将投机当作一门生意，而不是毫无章法的赌博。

一旦你开始从事投机，就要坚持做下去，千万不要乱弄一通，亏了钱就放弃了。倘若你能够在 1 年之内将 1000 美元翻一倍，连续 10 年如此，那么最后你将拥有超过百万美元的资金。

在登堂入室之前，我们总是认为投机只需要聪明的头脑即可，其实经验和方法比一切禀赋都更为重要，而这需要足够的时间来获得。

活跃的龙头股每年会有 3~4 波的主要波动，幅度大概在 10~40 个点。倘若你能够遵循稳健的盈利之道，抓住其中一半的机会，那么累积起来的利润也非常可观了。但是，千万不要试图捕捉到所有小波动，即便是庄家的职业操盘手也非常难以捕捉哪怕 1/10 的小波动，你又凭什么具有这样的想法呢？

在踏入股市之前，你需要搞清楚究竟需要多少本金，这是非常重要的一项工作。大部分交易者都错误地认为只要拥有 10 个点的保证金就可以进行股票交易了，这种观点是极其错误的。拿着 10 个点的保证金去交易完全是赌棍所为，根本不是稳健的交易之道。交易者只有像在其他行业一样准备充足的本金，并且采纳稳健的经营之道，才能在股市投机这个行业中生存下来。

如果要交易价格大于等于 100 美元的股票，则每 100 股需要投入 5000 美元；每股 50 美元左右的股票则需要每 100 股投入 2500 美元；每股价格在 25 美元左右的股票需要投入 1500 美元；每股价格在 10~15 美元的股票需要投入 1000 美元。这样数额的保证金并不是用来死扛 10~30 个点的亏损的，而是用来应付小额亏损的。交易者应该将每笔亏损控制在 3 个点以内，绝对不能超过 5 个点。

江恩这里讲的是带杠杆的保证金交易。

如果你在进行交易时只能投入 300 美元，则更需要注意限制控制的问题，在进场的同时你需要下达 3 个点的止损指令。如果你能严格按照这种方法操作，则 300 美元能够为你提供至少 10 次交易机会。如果连续亏损 5 次，则本金就亏掉了一半。不过，倘若你第 6 笔交易抓住了机会，获得了 15 个点的利润，则可以捞回此前 5 笔交易的亏损。又或者是从第 6 笔到第 9 笔交易，每笔你赢了 5 个点，则也可以将此前的亏损抹平。

交易法则二：限制风险

止损是交易制胜的必要条件，但不是充分条件。截短亏损是第一步，让利润奔跑是第二步。如何让利润奔跑呢？

与充足本金同等重要的是限制风险的意志力。**如果一个人缺乏足够的意志力和执行力去限制持有头寸的风险，不能够用止损单来保护自己，那么最好不要踏入股市，因为这样的人注定会输得精光。**

我经常听到一些交易者抱怨说："如果我设定了止损单，股价就肯定会触及止损单。"但是，他们会逐渐意识到止损单被触发往往极大地保护了自己的本金。实际上，**交易者在亏损发生但是还未扩大的时候及时离场是最为正确的选择**。那些看到自己的头寸犯错了，但是拒绝认错的人，只能等待爆仓的来临才会被迫离场。

止损非常重要，但是大部分交易者并不清楚应该如何合理地设置止损单。止损单就是当市场价格触及设定的价位时离场的一项指令。举例来说，假设交易者以 106 美元每股的价格买入了 100 股美国钢铁，如果止损幅度为 2 个点，那么当股价跌到 104 美元时你就要马上离场了。当你在提前下达了止损指令，那么就不需要坐在经纪商办公室里面盯盘了。当股票的市价跌到 104 美元时，经纪人会帮助你立即平仓。因此，当你在买入美国钢铁时，你只需要向证券经纪人下达如下止损指令：

"当美国钢铁的股价跌到 104 美元时，卖出 100 股止损。G.T.C."

止损单末尾"G.T.C."的具体含义是"撤销前一直有效"。假设美国钢铁的股价跌到了 104 美元，那么经纪人就需要立即替你卖出 100 股。当然，实际成交价格或许不是 104 美元，而是 103.875 美元，当然也可能是 103.75 美元。无论实际成交价格是多少，一旦市价触及 104 美元，则卖出行动开始。

因此，经纪人无法保证按照你设定的价格卖出，但是他会尽量在市价触及止损单时，以最好的价格卖出。

再来看做空止损单的设置。假设你在 106 美元做空，想要限制头寸的风险，你可以给经纪人下达止损单。具体来讲就是在市价反弹到 108 美元时买进 100 股。

相反情况下，如果你的止损单并未被触及，同时股价朝着有利于你头寸的方向运动，当你最终兑现利润时，不要忘记了取消此前的止损单。在下达止损单的时候，你可以加上有效期，比如一天、一周或者是自定义的时间，但是还是采取“撤销前有效”(G.T.C)，这样可以避免因为失效和遗忘重新设定止损而使头寸处于风险失控的状态。

交易法则三：不要染上最恶劣的习惯——重仓交易

在股票交易中，没有什么比重仓交易更致命了。还未入门的交易者不清楚多少本金才算充裕，他们会在本金较少的情况下重仓交易。在大机会来临之前，他们已经不得不因为重度亏损而离开市场。所以，无论是在交易前还是在交易后，我们都必须搞清楚自己能够承受的亏损幅度。

投机的三个致命习惯：逆势、重仓和不止损。不止损更具体来讲应该是“不跟进止损”。

稳健而睿智的交易者要坚持轻仓交易，谨慎一点，不要重仓交易，特别是在长期趋势的两端。当你想要抓住趋势开头和结尾的几个点时，往往就会遭受重大亏损。我们要保持从容淡定，不要在顶部变得过度自信，在底部变得过度悲观。以盘口走势为准绳，不要因为情绪波动的干扰而做出非理性的决策。

许多交易者刚开始以 10 股规模进行交易，同时在力图把握趋势的中段。但是，当市场接近趋势转折点时，他们却以 100 股规模进行交易，很快就把此前挣到的利润给亏光了。为什么会有这样的结果呢？因为他们违背了此前帮助自己成功的稳健性原则。

当你开立了一笔头寸，当行情朝着不利于这笔头寸的方向运动时，这表明你的判断出现失误了。既然市场表明你错误了，那么你为什么还要顽固地坚持头寸呢？甚至还继续加码。**为什么要天天都干一些自我挫败的事情呢？**

明智的交易者应该在市场给出反馈时，虚心接受。当市场认为你错误时，应该赶紧止损离场。每个交易者都应该避免重仓交易，因为**在这个市场上第一最致命的错误就是重仓交易；第二致命的错误是不设定止损单；第三致命的错误是亏损的情况下逆势加仓。**

如果你能够克服上述三个致命的习惯，你就能成为股市的赢家。**记住：截短亏损，让利润奔跑。**当市场站在你的头寸一方时，你要加码或者增加头寸，而不是相反情况下加码。

索罗斯讲的反身性，也就是行情与参与者的集体心理情况相互强化，资产与信贷也有类似相互强化的情况。

狂热的投机造就了疯狂的市场，反过来疯狂的市场又提升了大家的想象空间，对市场进一步上涨的预期增强了。简单来讲，疯狂的市场让大众失去了理智。如果你想要成为市场中的赢家，就必须保持冷静而客观的思维。

疯狂终有结束的时候，泡沫膨胀的同时也给自己酝酿了破灭的能量，火车时速 60 公里的时候比 5 公里的时候更容易脱轨。越是巨大的泡沫，破灭起来毁灭性越强。在疯狂的股市泡沫破灭前，交易者必须全身而退，因为一旦破灭你将难以离场。这个时候，大家都争相卖出，但是却没有人愿意买入，此前的账面盈利很快就变成了亏损。

1919 年大牛市的见顶过程清楚地表明了上述机制。当时，大众一致看涨，而且期望值很高，没有人认为顶部会很快到来。这就是牛市见顶的特征：人人看涨，人人持股和加码买入，没有人敢做空。这轮牛市是上涨速率最大的一轮。

接下来的结果如何呢？当年 11 月初，股市泡沫破灭了，暴跌开始了。部分股票在 2 周内就跌了 50~60 个点，此前一整年上涨的利润在短短 10 天之内就损失殆尽。暴跌中想要逃命的多头还无生机，因为大量的多头争相平仓，以致稍有反弹就会出现大量抛盘，股价走得越来越低。

交易法则四：绝不让盈利变成亏损

除了重仓交易之外，违背法则四是另外一个导致破产的原因。当交易者做多或者做空某只股票，并且账面上已经有了 3~4 个点的利润时，应该跟进止损单，而不是让自己的本金处于风险暴露之中。

在交易的时候，放置止损单并且随着价格朝着有利方向运动而跟进。在上述情况下，止损单可以跟进到盈亏平衡点，或者更近一些。如果照此操作，则我们就能降低亏损的次数和幅度。如果行情朝着有利于我们头寸的方向发展，则应该继续跟进。

金字塔顺势加码与跟进止损是投机客最具威力的两个工具。如果再加一个工具则是“合理分散”。

人们在买入或者做空一只股票后如果获得了不错的账面浮盈，他们往往希求更多的利润，生怕跟进止损后会因为市场的回撤而丧失掉赚更多利润的机会，因此他们会抱着头寸，同时并不跟进止损。这种操作策略很不明智，如果不进行改变的话，那么交易者在成为赢家的路上只会南辕北辙。总之，我们要尽最大可能保护自己的本金。

保护本金不是说不亏损，而是说限制亏损的幅度，不出现伤及后续操作能力和信心的重大亏损。

交易法则五：切勿逆势而为

投机的盈利之道在于预判趋势，并跟随趋势。当趋势向下时，稳健的交易策略是等待反弹结束时做空，而不是抢反弹做多。因为在趋势向下的熊市中，股价通常会下跌 50~200 个点。在此过程中，交易者很容易因为几次抢反弹的错误操作而亏掉本金。

这一条法则在上涨趋势中也同样适用：绝不要在上涨趋势中做空，等待回调时买入要比预测顶部后做空更加容易。挣大钱的人都是跟随趋势，而不是与之对抗。

不管你是投机者，还是投资者，都要明白最为重要的一个法则：学会快速接受亏损。当你出错的时候，追加保证金以维持错误的头寸是不明智的。如果你能够接受小的亏损，及时离场，那么你的判断力将处于最佳状态，这样就能发现新的机会，再度进场，把握盈利的可能。

交易法则六：迷惑时果断离场

人生也是一样，尽快了结那些被证明是错误的头寸。无论是一段关系，还是一个环境，或者是一个职位。

当我们买入或者做空一只股票后，其走势并没有在合理的时间内朝着有利于我们头寸的方向运动，那么就需要尽快离场。持有这只股票的时间越长，则我们理性思考问题的能力就会变得越来越差，越来越被希望所主导。**如果不果断离场，那么我们就会铸成大错。**迅速接受 2~3 个点的亏损，或者是 5 个点的亏损，要比继续期望和等待好很多，如果执迷不悟，那么最后可能导致 10~50 个点的亏损。

股价一旦进入上涨或者下跌趋势，就不会因为我们的头寸处于盈利状态而停止前进。牢记吉姆·基恩（Jim Keene）的名言：**“如果股票不走你的路，那么你就走它们的路。”**顺流而下，而不是与之对抗。当我们站在铁轨上，一列火车以 60 英里的速度开过来，我们会停在那里寄希望于火车停下来吗？当然不能这样做。我们应该尽快离开轨道，股市中我们也应该这样行动——离场。要么离场观望，要么乘势而为。

交易法则七：交易活跃股

我们要从纽约证券交易所的活跃股名单上挑选操作标的。**尽管其他股票也有飙升的时候，但是从更长的时间来看，活跃的龙头股带来的利润更加丰厚。**纽交所的股票有良好的流动性，交易者可以随时买入或者卖出。场外市场的流通性则较差，因此场外交易的股票和市场早晚都会消失。交易者绝不要去交易那些流动性差的场外股票，它们的危险系数很大。

板块存在轮动现象，一个板块不可能永远是龙头板块。**宏观经济和行业景气度导致了特定板块引领市场。**当新的板块成为市场龙头时，此前的龙头板块会归于沉寂。

个股也存在轮动现象。一只热门股会活跃 5~10 年，此后由于筹码过度分散，使得该股的活跃度反而下降了。此后，该股会在一个窄幅内整理，投资者开始介入这只股票，而他们不会频繁交易这只股票。投资者会长期持有这只股票，除非有充足的理由卖出它，或者因为恐慌而抛售。在下跌过程中，热门股也会变得活跃起来，直到恐慌盘完全离场。

交易者只有参与那些大幅波动的股票才能挣到大钱。因此，交易者必须密切关注新的龙头股，因为只有它们才能给我们带来丰厚的利润。我们要关注新股和次新股，留意它们的动向，同时卖出那些不再活跃的股票，这样才能抓住真正的龙头股。投机赚大钱是依靠股价大幅波动，而不是依靠分红。因此，我们要参与那些大幅波动的个股，即便我们在这类股票上赔了钱，也能够很快挣回来，因为它们提供的机会更多。

板块轮动存在规律。A 股市场的一个显著特征是板块轮动，这对于指数和个股走势都具有重大的现实意义。板块轮动中，每一轮上涨都有一个最强势的板块，这个板块中的个股很容易超越指数走势，因此个股的选择要立足于板块，指数的走势也要立足于板块，板块是枢纽。

心理分析是分析环节中的枢纽，板块是分析层面中的枢纽。心理分析可以帮助你不为经济学家和理论家所害，也可以帮助你避免技术分析的机械和迂腐。而板块则可以帮助你更好地判断指数的走势，同时更准确地选择要操作的个股。更加详尽的板块轮动知识请阅读附录“经济周期中的板块轮动”。

交易法则八：平均分散风险

投机要尽量分散，投资款要尽量集中。但是，分散不要过度，集中也不要过度。巴菲特再怎么集中也没有只投资一两家公司。

有一句老话说的是“不要把所有鸡蛋放在同一个篮子当中”。股票投机也要遵循类似的法则。如果条件允许的话，交易者最好从不同板块中挑选 4~5 只个股，等分进行交易。

如此配置资金，就能够做 7~10 次交易。如果你有 5000 美元本金，交易 100 股，那么就能将风险限制在 3~5 个点。这样即便你持续亏损了 5~6 次，仍旧可以继续操作。同时，一次丰厚的盈利就能够抵补 4~5 次交易带来的小额亏损。如果你的操作经常带来较大的亏损和较小的盈利，那么你很难成为市场赢家。

如果交易者的本金只够交易 50 股的话，那么可以选择 5 只不同的个股进行交易，10 股一笔，同时为每笔交易设定 3~5 个点的止损幅度。分散配置也要基于个股的表现进行，或许有两只股票表现不佳触及了止损单，其他三只股票则朝着有利的方向运动，最终不仅弥补了亏损而且还获得了利润。

倘若交易者把握了恰当的入市时机，同时顺应了趋势的发展，那么只有很小的概率会在所有股票上亏钱。分散配置可能比不上押中了最佳表现股票所带来的收益，但是却更加安全。这就是我给出本条法则的初衷——教会交易者学会稳健而安全地交易，减少亏损，放大盈利。

交易法则九：不要预设盈利目标

大多数交易者在交易股票的时候都有一个不好的习惯，他们会预先设定一个盈利目标。这个交易的坏习惯建立在完全主观的期望之上，因此毫无合理性可言。交易是为了盈利，但是盈利的幅度却非能够准确预期的。市场决定了交易者的盈利幅度，交易者唯一能够采取的行动是在趋势变化前及时离场，最大化兑现利润。大家要彻底明白一点：**市场并不在乎我们持有头寸的性质和数量，因此它不会在乎我们的想法和目标。**

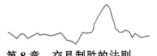

市场最喜欢教训自恋者！市场不会在乎你是谁，社会也不会在乎你是谁。比起“你是谁”这个问题更为重要的问题是“你有多少实力”。你是谁并不重要，重要的是你有几斤几两。

许多交易者因为预先设定了盈利目标而失去了大笔的账面利润。有时候，股价仅仅差 2~4 个点就达到他们的目标价位了，但是他们却固执于这一目标，以致忽略了市场转势的信号。他们不愿意卖出，是因为市价并未触及他们的心理价位。他们继续持股，直到失去所有盈利，甚至开始亏损。即便如此，他们仍旧拒绝承认趋势已经发生改变了。

股市中靠希望而活的人，最终难逃惨淡下场。想要成为股市赢家，就必须坦然地面对现实，但是现实往往是残酷的，并不会在乎你我的希望。**利益比舒适更为重要，为了成为赢家，必须坦然接受市场真相。**

基本上每一轮牛市或者熊市，大众都会在心里预设顶部或者底部的点位。媒体会热衷于预测一些热门个股的顶部点位。**每一个参与者几乎都会受到这些预测的影响，而这些点位其实都不会被市场触及。**

被公开预测的顶部或者底部点位都不会实现，要么价格根本到不了那里，要么价格远远超过那里。

例如，1909 年秋天，个股普遍处于该轮牛市的高位，其中美国钢铁涨到了 90 美元附近。此时，媒体纷纷报道这只热门的钢铁股能够上涨到 100 美元。舆情使得大众认为该股一定会上涨到 100 美元，到那时候多头才应该离场。

当时，我预测美国钢铁会在 94.875 美元见顶，不会超过这一点位。因此，当价格触及这一目标时，我立即卖出，事后看来这个点位确实是最高点。那些非要等到股价涨到 100 美元才离场的多头继续持有，直到遭受巨大损失。最后，这只股票跌到了 38 美元才见底。又过了几年，这只股票才触及 100 美元的高位，但此时这一点位并非多头的离场点和空头的进场点，而是买入的机会。此后，该股一路上涨到了 129.75

江恩笑话别人预设目标，他这里不也是在预设目标吗？

市场总是与大众的预期相反。如果绝大多数人账面都有盈利，那么这些盈利基本上都是兑现不了的。

美元。

想要抓住趋势末尾 0.25 美元利润的人会亏掉此前所有的利润。赚大钱并不需要买在最低点，卖在最高点。查看活跃股的历史记录你会发现，每隔几年活跃股就会有一轮 50~150 个点的大行情。因此，如果交易者能够在活跃股从底部上涨 10 点后买入，在距离顶部 10 个点的位置兑现利润，坚持下来必然获得丰厚的利润。

不要死抱亏损头寸，期望市场最终转向有利的方向。一厢情愿的相反，毫无逻辑，最终只会害了自己。当你心存疑虑时，果断离场，不要犹豫不决，不要拖延，这样做会让本金暴露在巨大的风险之中。要向行家一样成熟和现实，如果无法得到想要的结果，那就把握现成的利润。如果股市不接受我们的出价，那我们就接受股市的出价。**如果股市不按照我们的套路来，我们就按照股市的套路来。智者因势利导，愚者怨天尤人。**

交易法则十：兑现利润的时机

提问可以将自己带离盲区，这是神经语言程式学的常用手段之一。

交易者千万不要因为有了浮盈就离场。当走势有利于我们的头寸时一定要耐心持仓。当兑现利润的冲动困扰我们时，应该先扪心自问是否真的需要这笔钱，趋势是否已经结束，我是否必须离场，等等。

当你想要离场时，应该先查看走势图，基于客观的走势图进行操作。如果盘口并未显示趋势改变的信号，那么就耐心持仓，用跟进止损单保护浮盈，但是不要草率离场。过早兑现利润与过迟兑现亏损一样糟糕。没有离场信号时耐心坚守，出现离场信号时果断退出，这样我们就能成为市场的赢家。

交易法则十一：积蓄本金

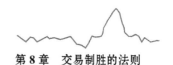

在扩大交易规模之前必须积蓄足够的本金。要合理而充分地利用本金，但是重仓或者高杠杆交易是极度危险的，只有“韭菜”才会那样操作。

高杠杆其实就是重仓的一种具体形式。对赌平台都非常乐意给客户提供高得离谱的杠杆水平。

如果潜在风险极大，那么就放弃这笔交易，等待更好的时机。一旦发现了好的机会就果断介入，同时设置 3~5 个点的止损。如果风险本来是可以规避或者控制的，但是交易者仍旧由于疏忽大意而遭受巨大亏损，这相当于财务自杀行为。

在没有充分的利润累积之前，交易者不要基于扩大交易规模。累积利润是所有商业机构的目标，但是亏损也是经营过程中的必然成分。股票交易何尝不是如此。因此，无论是投机者还是投资者都需要坦然面对亏损，继续交易下去以便弥补亏损，最终积累起足够的利润。

在活跃的市况中，交易者介入高价股时需要将亏损持续时间限定在 2 个交易日内，如果该股在不利于头寸的方向上运动了 2 天，那么很可能继续运动下去，亏损必然随之扩大。面对这种情况，我们应该及时离场，放弃浮盈，保护好本金，等待新的机会。

交易法则十二：分红并不是买入的理由

许多人仅仅冲着分红派息而买入某只个股，这种做法我们一定要杜绝。同时，也不能因为个股没有分红派息而卖出。很多时候，你或许持有一只慷慨分红的股票，但是股价却腰斩了一半。在这种情况下，分红只不过是杯水车薪而已。

作为投机客，本金的安全比分红更为重要。如果我们能够把握股价的波动和筹码的聚散，则从投机中赚到的利润要比分红多很多。

如果一只股票价格非常低，同时却大比例分红，那么其中一定存在某些问题。这个时候，做空是最佳的选择。如果一只股票的价格很高，却不分红派息，那么其中必有合理的原因，这时做空是不明智的。该股可能即将分红，或者是本身是强势股，业绩优秀，否则不足以支撑如此高的价位。

主力的操纵或许能够让个股价格在一段时间内高于或者低于其内在价值，这就是供求关系的影响。股票价值要体现在股票价格中，也需要通过供求关系的驱动来实现。因此，我有必要传授通过分析供求关系判断交易点位的方法。

“派发红利”这个术语指的是利润或者说净利润的分配。不过，如果你参与场外交易或者垃圾证券的交易，则意味着你的本金会被“分配”给别人。

第9章

交易方法

如果价格上涨时，大众存在分歧，则顺势做多；如果价格下跌时，大众存在分歧，则顺势做空；如果价格上涨时，大众一致看涨，则观望或者做空；如果价格下跌时，大众一致看跌，则观望或者做多。

——魏强斌

在第 8 章我们了解了成功交易的一些基本法则，本章开始我将向大家介绍一些有效的具体交易方法。所有这些法则加上方法有助于我们克服自身的弱点，进而成为市场真正的大赢家。

全款交易

大部分认为全款交易是非常稳妥的盈利之道。但实际上，这种做法也让交易者痛苦难堪。如果你能够全面而认真地回顾下行情的历史变化，就可以发现有充足的证据可以显示全款交易存在的问题。哪怕仅仅回顾四五十年前大衰退时期的股市，就可以发现全款交易的代价意味着损失你全部的本金。虽然股价不可能跌到零，但是有些股票却可以被大幅重估或者退市。

我们经常听到有人说："我进行的是全款交易，因此没有什么需要担心和忧虑的。"其实，这类全款交易者才是需要为自己担心的人。毕竟每年有许多股票被大幅重估或者退市，这类全款交易者凭什么认为他们手中的股票不会遭受这样的灾难呢？

江恩认为全款交易会让人在下跌趋势中死扛，最终导致重大的亏损。如果采用保证金交易，则交易者更容易明白不能死扛，需要及时止损。同时，保证金交易还能显著提升盈利能力。当然，江恩讲到了问题的一个方面，但并不是全部。

到目前为止，纽交所大概有 700 多只挂牌交易的股票。而我预计未来 5~10 年，宏观经济和产业格局的变化会使得超过 25%的股票会大幅下跌或者退市，全款买入这些股票意味着交易者将几乎损失全部本金。

作为交易者，我们必须采纳更加稳妥和有效的方法来获利，同时保护本金。稳健的保证金交易其实能够让我们更加稳妥地交易，促使我们在更加恰当的时机买卖，也能赚到更多的利润。

1919 年秋，牛市达到了疯狂的高潮阶段，许多股票在 9 个月内从 25 个点上涨到了 100 个点。假设有人在靠近顶部的 20~50 个点内全款买入了一些股票，并且持有到 1920~1921 年，那么很可能面临 100~180 个点的暴跌。股市暴跌，个股无一幸免，许多股票的价格再也没能回到 1919 年顶部的位置。

如果你在 1919 年的顶部附近做空，此后继续在 1920~1921 年做空，那么你就是股市真正的大赢家。我在下面列出了一些个股（见表 9-1），显示了它们从 1919 年到 1921 年的最高价和最低价，计算出最大跌幅，从中你可以想象如果你全款在高点附近买入，将面临多大的损失。

表 9-1　1919~1921 年代表性股票的下跌情况

序号	股票名称	最高点（出现在 1919 年）	最低点（出现在 1920 年和 1921 年）	最大跌幅（点）
1	American Woolen	169.5	55.5	114
2	Am.Intern'l	132.25	21.25	111
3	Atlantic Gulf W.1	192.25	18	174.5
4	Crucible Steel	278.5	49	229.5
5	General Asphalt	160	32.5	127.5
6	Kelly Springfield	164	25.5	138.5
7	Mexican Pete	264	84.5	179.5
8	Republic Steel	145	41.125	103.875
9	Studebaker	151	37.75	113.25
10	Transcontinental Oil	62.625	5.625	57
11	U.S.Food	91.375	2.75	88.625
12	U.S.Rubber	143.75	40.5	103.25

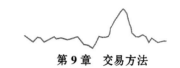

这些股票从最高点下跌了 25~50 个点时仍旧在分红派息。显然，这些个股在当时仍旧对许多人存在巨大的吸引力，他们采取了全款或者保证金的方式买入。但是面对暴跌，有多少人能够在本金亏损 50%~70%的情况下坦然持有股票？我认为这样的人极其少，即使有，那也是蠢人一个。

按照江恩的这种说法，巴菲特也在此列。其实，这是投机者与投资者的分水岭之一。在次贷危机后期买入股票的投资者大概率会面临个股亏损 50%的情形，而且他们基本都是全款买入。如果按照江恩此处的主张，他们都是大傻瓜。分歧的关键在于你是站在投机的立场，还是站在投资的立场。

另外，我们在交易中一定要采纳止损单。原因很简单，因为当股价朝着不利的方向运动时，最终很可能亏掉我们的大部分本金，甚至全部本金，同时消磨我们的意志力和耐心，最终割肉在底部。如果及时离场，就不会在最应该买入的时候割肉了。

1919 年的牛市与 1920~1921 年的熊市并非什么特例，因为同样的情况发生在 1857 年、1873 年、1893 年、1896 年、1903 年、1904 年、1907 年、1910 年、1914 年、1917 年。我坚信这样的情况在未来还会继续发生，因此交易者应该做好准备，在熊市中做空，在牛市中做多。

我们需要牢记一个事实，那就是当股价朝着不利的方向运动时，这样的运动往往会持续很长时间。交易者无论多么自信地在顶部附近全款买入，或者是在底部附近以 50%的保证金做空，都容易遭受巨大的亏损。

或许有人会反驳我的观点，认为在底部附近全款买入就是最稳健和最有效的交易策略。但我认为在市场极端恐慌底部采用保证金方式买入，也是最稳健的交易，而且还能赚取更多的利润。接下来，我会具体阐述判断股票见顶或者见底的技巧。

保证金交易必须与止损结合起来，否则就需要场外资金管理配合。

做 空

我不会毫无根据地直接告诉你做空是有价值的。相反，我会用过去 30 年历史数据来证明这一结论。

虽然许多人进入股市已经很多年了，但是从来没有清醒地认识到股票不仅可以做多，而且可以做空。在股市暴跌的时候，经常听到有人说不会做空。

如果价格上涨时大众存在分歧，则顺势做多；如果价格下跌时大众存在分歧，则顺势做空；如果价格上涨时，大众一致看涨，则观望或者做空；如果价格下跌时，大众一致看跌，则观望或者做多。

顽固的多头难以成为市场的赢家，冥顽不化的空头也是半斤八两。要想成为股市的赢家，就不能有多空的偏见。踏入股市就是为了挣钱，至于做多还是做空只是手段而已。**在牛市中做多，在熊市中做空才是成为赢家的坦途。**

倘若交易者只会做多，那么市场趋势不利于你头寸的概率就增加了 50%。熊市持续数年，在连续下跌走势中，你究竟有多少做多机会呢？我们或许会在一个暴跌的底部附近买入抢反弹，但是除非迅速兑现利润离场，否则很容易就陷入亏损之中。相反，**如果在熊市中每逢反弹我们就逢高做空，在急速下跌时了结空头，等待下一次反弹后再度做空，如此操作必然累积大笔的利润。**为什么我们能够赚钱，因为我们在顺势而为，当然也必须顺势而为。

通过研究历史数据你会发现，长期来讲，在恰当的时机做空带来的利润与做多带来的利润不相上下。因此，如果我们想要成为市场的赢家，那么就必须在时机恰当时果断地做空。

我们周遭的同伴、经纪人以及媒体总是不厌其烦地强调做空是非常危险的，因为可能面临主力“多逼空”的风险。其实，股市中出现这类事件的概率是 1‰。在过去 30 年当中，仅仅有两起这类事件，第一起是北太平洋铁路公司的股票在 1901 年出现逼空行情，从 150 美元上涨到了 1000 美元；第二起是斯图兹汽车公司（Stutz Motors）的股票在 1920 年遭遇逼空，从 200 美元上涨到了 700 美元。

不要忘记一点，即便买入了股票，要想兑现利润也必须卖出股票。行家里手们擅长做空，如果能够复制他们的策略，则我们在做空时也会觉得有底气。在大盘股上面进行做空交易是极其安全的，毕竟其流通筹码充裕，因此很难被主力逼空。

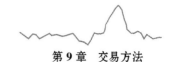

媒体基本上都是主力的传话筒，它们报道的东西大部分都是主力想让我们知道的东西，而不是我们需要的真相。因此，我们要小心媒体，注意其真实的动机。在极端悲观和恐慌的时候，正是买入股票的最佳时机，但是媒体不会给出任何看涨的提示。在极端乐观和亢奋的时候，也就是股市处于顶部的时候，主力正在抛售筹码，而媒体却在发布各种利多的消息，如上市公司分红派息、业绩暴增等。此时，媒体应该提醒我们风险，而不是大肆鼓吹买入。

智者不会指望不劳而获，只有蠢材才会听从对手的花言巧语。大多数证券经纪人总是倾向于在顶部附近摇旗呐喊买入，在底部附近提醒大家谨慎。普通的证券经纪人对于股市所知有限，并不比交易者强多少。毕竟，证券经纪人的利润源于客户交易的佣金，这才是他们的生财之道。他们只要忠实地执行了客户的交易指令，就能获得相应的酬劳。他们容易受到错综复杂信息的影响，因为大量的信息围绕他们，这对于他们的客观判断力只有坏处。

1920 年 12 月，股市暴跌，日均交易量高达 200 万股。媒体整日发布一些利空消息，诸如货币升值，信贷紧缩，经济衰退，大规模失业以及收入下降，奢侈品和耐性品消费萎靡不振，等等。这个时候斯图兹汽车公司的股票正在构筑底部，最低价位 37.75 美元，从这个低点开始上涨，持续涨到了 100 美元。等到股价显著上涨了，媒体才开始转向正面报道。

从那以后的几个月时间里，媒体每过几天就会发布一些有关该股的正面报道。同样，在华尔街也洋溢着对该股的乐观情绪，许多内幕消息都指出该股会上涨到 175~200 美元。为什么媒体在该股涨到了 100 美元的时候才报道一些正面的消息呢？当股价在 1923 年下半年到 1924 年跌到 50~60 美元的时候，媒体对自己此前的乐观报道难道不感到羞愧吗？我认为当斯图兹汽车公司的股票涨到 100 美元时，放弃来年分红及时离场的人会比那些持股等待分红的人赚得更多。恰当的交易思路不仅在这只股票上有效，在其他股票上也有效。

利用浮盈进行金字塔顺势加码操作

许多交易者由于在牛市起点附近买入而获得了丰厚的利润，但是由于在顶部附近

江恩的交易秘诀可以归结为三个词：仓位等分；浮盈金字塔加仓；跟进止损。

大举加码而惨败。当牛市结束时，趋势转而向下，在高位附近加码买入的人因为仓位过重而损失惨重，甚至连本金都搭进去了。这么悲催的结局给我们上了一堂课，教会我们稳健交易的要义，毕竟对于投机而言，保护本金和利润是最为重要的。

对于投机而言，第一笔单子的风险最大，因为其胜算率最低。假设我们把第一笔单子的风险控制在 5 个点。这意味着如果初始止损单被触发，则我们会亏掉一些本金。如果股价朝着有利的方向运动了 5 个点，我们可以开立第一笔头寸，仓位相同，也设定 5 个点幅度的止损。如果这一止损单被触及，那么第二笔单子会亏掉 5 个点，而第一笔单子则不会亏损。

两笔头寸的止损单现在合并了。

具体的加码方式取决于进场的点位，到底是上涨运动的低点，还是下跌运动的高点。就活跃股而言，每上涨或者下跌 10 个点加码一次是稳健的做法，但是每次加码的仓位应该是递减的。

假设交易者先买入了 100 股，接着该股上涨了 10 个点，这时我们加码 50 股。接下来该股又上涨了 10 个点，于是我们加码买入 30 股。第三次上涨了 10 个点，加码 20 股或者 10 股。此后，只要每上涨 10 个点，交易者就应该加码 10 股。以这样的方式加码，同时采用跟进止损单，在几乎没有风险的情况下，利润就会逐步累积。最后一笔加码的单子会让我们亏损 3~5 个点，具体的亏损幅度与止损单设置有关。但是，此前的加码已经赚取了大量的利润。另外，尽量在股票走出成交密集区后再加码，这样的胜算率更高。

要想成为市场的赢家，必须恪守交易法则，哪怕恪守一条，也好过毫无章法。上述加码法则非常重要，但是我们也不能忽视掉另外一条市场法则：当股价朝着有利方向运动 5~10 个点后，继续前行的概率会降低。但并不是说股价就一定会在运动 5~10 个点后会反转，而是说我们要考虑这样的可能，做好准备，跟进止损的价值由此体现了出来。

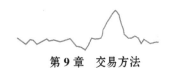

网格交易法（逆市等幅等额加码法）

不少交易者都认为逆市等幅等额加码法是赚钱的唯一方式，但是我从来没有见到如此操作的市场赢家。有人询问著名的投机巨擘罗素·塞积（Russell Sage）网络交易法是否有效，他回答道："现在只有三个人有足够充裕的资金来实施网格交易法，他们是卡内基（Carnegie）、洛克菲勒（Rockefeller）和摩根（Morgan），但是他们不会如此愚蠢。"

关于网格交易法的具体策略，可以在网上搜一下，这种策略在外汇市场比较出名。以前也遇到过有人这样长期操作，但是结果是多年的业绩一次输光。

为什么这种方法存在严重问题呢？因为按照这种策略去操作，要求我们在行情不利的时候，继续加码，这无疑会不断增加风险。如果第一笔交易亏损了，交易者应该及时离场，而不是加码。正如我此前介绍的顺势加码方式，只要当市场朝着有利的方向发展时，才能够加码。在赚钱的时候加码是正确的，但如果想通过加码来降低平均成本，则损失也会越来越大。逆势加码将使得我们为自己的严重错误付出最惨重的代价——破产。

股票对冲交易（变相锁仓）

交易者买入某个板块的某只股票，当该股走势不利时，他们做空另外一只股票来对冲，试图锁定损失。其实，这样的做法毫无意义，最好的处理方式应该是立即接受亏损离场，寻找新的交易机会。

市场要维持运转，必然是多数人亏损，少数人赚钱，因为这是一个零和博弈。如果让大多数人亏损呢？市场运动特征必须与大多数人的决策和行动习惯相反。因此，只有逆人性操作才能成为股市赢家。

尽管对冲交易也有赚钱的情况，但是却非投机的正道。例如，以前铁路股和工业股的对冲交易，这类交易需要足够长的时间才能看到效果。1919年11月，道琼斯20种工业股的平均指数是 119 点，20 种铁路股的平均指数是 82 点，当时工业股指数比铁路股指数高出 37 个点。当时的我认为工业股在接下来的两年当中会比铁路股更加弱势，此后的情况确如所料。1921 年 8 月，铁路股指数为 70 点，工业股指数为 66 点，铁路股指数高出工业股指数 4 点，也就是铁路股指数在 21 个月的时间内相对工业股指数上涨了 41 个点。

当然，如果交易者在 1919 年的高点附近做空工业股，同时做多铁路股，确实会赚到一点钱，但这并不是真正的盈利之道，因为铁路股的下跌降低了整个对冲交易的利润。毕竟，工业股指数下跌了 55 个点的同时，铁路股指数的跌幅也有 18 个点。

江恩这里讲的锁仓是不同品种的锁仓，在期货和外汇交易中同品种的锁仓是更为常见的做法。商品期货的跨品种套利是非常成熟的做法，因此这类对冲交易不要偏颇看待。

什么是更为有效的投机方式呢？如果交易者预判趋势向下，那么就应该做空工业股，同时不要对冲，股市上的赢家正道是顺势而为。如果我们对趋势毫无把握，就应该离场观望，有机会再进场。趋势下跌时，全力做空可以带来无比丰厚的利润。

不恪守法则的后果

股市中的主要趋势运动平均持续 2 年时间，大概就是 600 个交易日。倘若交易者站在自动股价收报机前紧盯行情的话，很容易频繁改变自己的观点，不夸张地说 2 年之内改变 1200 次决策是非常有可能的。但是，这些改变在九成情况下都是错误的。因为这些临盘改变其实都缺乏充分的理由，基本上都是一次微小的波动引发的。虽然这些波动非常微小，最多能够持续数小时，但是却能够催眠站在股价收报机前面的交易者。

没有明确的交易策略，很容易被盘面所催眠和误导。

心无定数、意志不坚定的交易者随意改变头寸，这只会增加自己失败的概率。随意进出场和加减仓会导致交易过于频繁，从而支付过高的佣金和税费，还有融资利率。**股价收报机会放大我们的错误，让我们在犯错时浑然不觉，以致错过了最佳的离场时机。**为什么会这样呢？因为股价收报机会记录了无数微小的波动，而这些波动会给我们错误的持仓以希望，让我们执迷不悟。另外，如果我们持有盈利的头寸，那么股价收报机记录的微小波动会导致我们急于离场落袋为安。所以，盯着股价收报机只会让我们盈利减少，亏损增加，因为它导致我们在九成时间里面都在做出错误的决策和行动。

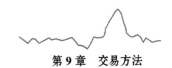

盘口走势大多数都是误导交易者对趋势的认知的。盘面变化引发并且放大了盯盘者的情绪波动，希望和恐惧干扰了客观的判断和决策，耽误了及时的行动。市场大众都受到了情绪的影响和干扰。市场大众因为恐惧而卖出，因为希望而买入，频繁进出市场，毫无章法，全凭情绪做主。

那些恪守有效交易法则的人，会在大众争相卖出的时候买入，在大众争相买入的时候卖出。股市从未打败我们，是我们自己挫败了自己。因为我们受制于人性的弱点，盲从他人的建议，轻信媒体上的报道和市场中的谣言。所有这些非理性的东西都在影响我们，将我们引入歧路。

平庸的交易者会热切地从外界寻找安全感和建议，他们会询问擦鞋匠、侍应生、行政后勤人员以及自己的经纪人和朋友，甚至偶然碰到的陌生人。一个浮躁的平庸交易者每日至少会询问 10~20 个人对市场的看法，这还是我的保守估计。这些被询问者往往并不比询问者本身更加高明，掌握的信息也没有后者多，询问者只不过想获取些安稳罢了。**如果这些人的意见与自己一致，询问者会认为自己的判断是可行的，其实这样反而容易赔钱。如果超过一半的人与自己的意见相反，则他就不太可能按照自己的看法进行操作了，但这个时候往往他自己的意见是正确的。**事后，他们往往责怪自己没能坚持己见。

预期和筹码，永远不要忘了分析这两个因素。投机就看预期和筹码，大道至简。

从另外一个方面来看，智者会从实际出发改变自己的看法，而愚者却对现实和反馈视而不见，冥顽不化。智者在决策之前会先进行调查，而愚者却只知道决策。对现实变化熟视无睹，对股市趋势变化固执己见的人，无论是做多还是做空，都会输得很惨。**交易者必须保持开放的心态，随时准备接受现实对自己主观看法的修正，从善如流，果断行动。**一个不能因势变化的交易者很难在华尔街上长久立足。

我来讲一个反面的例子。我认识一个长久驰骋在华尔街的老交易者，已经80多岁了。他做了好几笔大买卖，当他抓住了50~100个的大行情爆赚后并未及时收手，想要从这波行情中再赚50~100个点，结果将此前赚的利润悉数赔光。

1915年之前的数年，他已经破产了，接着第一次世界大战爆发，他觉得大机会来了，于是借了数百美元投入股市。他大胆抄底，然后随着涨势不断加码。他抄底的时机非常准确，离真正的底部非常近。他最初买入鲍德温机车制造公司（Baldwin）的价格低于50美元；最初买入铸钢公司（Crucible Steel）的价格低于40美元；最初买入伯利恒钢铁（Beth. Steel）的价格低于50美元；最初买入斯蒂旁克汽车（Studebaker）的价格低于60美元。抄底成功后，他顺势加码继续买入。这是无比精彩的金字塔顺势加码操作。他抓住了那些受益于战争的龙头工业股。

当然最初抄底的时候，手头的资金只够购买零散的股票。等到股市在1915年秋季构筑顶部的时候，他已经持有上万股的头寸了，在经纪人那里的账户净值达到了20万美元。当时我给他的建议是应该兑现利润了，落袋为安的时机来临了。当时，他在鲍德温上赚取的利润有100多个点，在铸钢公司上的利润也有100个点，在伯利恒钢铁上的利润则高达数百点。当时，他自信爆棚，对市场前景也非常乐观，认为市场上所有股票都应该像伯利恒钢铁一样上涨700个点。

我清楚地记得1915年10月的一天，鲍德温触及大顶部154美元，整个股市也变得异常亢奋和疯狂。我对这个老头说，你要么立即卖出所有股票，要么使用止损单来保护你的盈利。但他却认为真正的飙升行情并未来临，他甚至下达了买入500股鲍德温的新订单。他说："我会在250美元附近卖出鲍德温，而不是在150美元的时候。"就在当天下午，这只股票跌到了130美元，他持有的其他几只股票也出现了暴跌。但是，他仍旧抱着希望继续持有股票。

此后，股市继续下跌，数月后鲍德温已经跌到了100美元附近，这个时候他不情愿地卖出了大量的股票，20万美元的净值只剩下了1万美元。

这位老先生究竟在什么地方出错了呢？他先人一步洞察到了大机会，并且在恰当的时机开始少量建立底仓，接着顺势加码，这些操作都是正确的。但是，他却没可能在正确的时机及时离场。**浮动盈利绝不是到手的财富。**因此，我们成为真正的市场赢家就必须及时兑现利润。这位老先生对市场趋势的变化视而不见，以致 20~30 个点的跌幅都未能引起他的注意。同时，他也未能采用跟进止损。

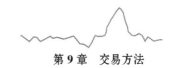

期货市场上这种“纸上富贵”的案例太多了。

如果一个交易者有一些账面浮盈，同时采取了止损单进行保护，这样他就获得了一部分确定无疑的利润。如果他不采取任何保护措施，期望怀抱股价继续上涨，甚至还在加码买入，最后必然会亏钱。

这位老先生并未就此吸取教训，在经历多次过山车似的职业生涯后，于 1917 年再度破产，直到现在也未能东山再起，一是因为他年龄太大，二是因为他并未充分意识到自己的问题所在，仍旧抱着希望在市场中碰运气。直到今天，他仍旧希望根据一些不着边的建议和传言进行交易。倘若某人告诉他某只股票会上涨超过 100 个点，他肯定会信以为真。他是多么希望再抓住一次 100 点的大行情，通过加码，大赚一笔。倘若有人告诉他，某只股票一定会上涨 5~10 个点，那就提不起他的丝毫兴趣。他对 5~10 个点的利润已经失去兴趣了，他想要的是一战成名的大行情。

变异—筛选—复制，交易者的进化过程也是如此。失败是进步的垫脚石，前提是你从中吸取教训。

部分人很难从自己的经历中汲取有益的东西，这位老先生就是这样的例子。他从南北战争之后开始交易，已经有了 50 多年的市场经验。如此长的经历却没能让他认识到数月内上涨 50~100 个点的行情通常并不会出现，只有在大战这样异常的背景下才会出现，一个人一生当中最多碰到 3~4 次。算下来，这样的行情 20 年才能遇到一次，但是这位老先生却希望这样的机会每年都有。市场大部分时间都处于正常波动状态，但是老先生却无视这种常识，沉浸在对超级行情不切实际的幻想中，并据此决策和行动，自然只能陷入落魄的境地中。

趋势交易者注重顺势而为，而不是强求市场给出最大的行情。靠天吃饭，事在人为，这就是趋势交易者的最佳写照。

作为交易者，我们必须清楚：**在常态下接受常态带来的利润，只有非常态才能带来非常态的利润**。但是，无论我们是否已经有浮盈，都应该采用止损单作为保护。同时，我们要准备好及时根据趋势的变化调整自己的观点和头寸。

第10章

图表的运用

大资金无论是在吸纳筹码，还是派发筹码，都要在效率和隐蔽度上平衡，不可能为了隐蔽度而牺牲效率。因此，主力的马脚必然在成交量上露出来。

——魏强斌

对于投机客而言，对上市公司基本面的掌握囊括如下信息即可：公司的发展历史；公司所处的发展阶段；过去数年的业绩情况；分红派息的频率；行业和公司的前景；如何对待利润和再投资；等等。所有的基本面因素其实都贴现在了股价之中，因此投机客重点关注价格即可。

不少人认为股价的走势图表对于预判未来都是毫无用处的，只不过是对过去历史的记录而已。走势图表确实是对过往历史的记录，但是过去往往折射出了未来情形。这就好比每一个生意人都可以根据过去的销售情况决定未来的进货量。同样，如果我们查阅了某个人过往的历史，品行优异，那么我们也可以推断他的未来也会如此。

行情图表是直观的呈现，比通常的语言表达更加易于观察和理解。尽管我们可以通过语言来描述一件事情，但是图表可以让我们更快地掌握住要点。相对于语言的描绘，通过照片我们可以更快地识别一个人的长相特征。

图表提供了对趋势的确认而不是预判，提供了时机。作为趋势交易者，跟随比预判更为重要。如果一定要高效地预判，也需要借助于驱动面/基本面分析和心理分析，而不是技术分析。

《圣经》是一本带着亘古智慧的经典，它写道："已有之事，后必再有；已行之事，后必再行。太阳之下，并无新鲜之事。”发展是螺旋式的，未来在某种程度上是过去的重复。在股票市场当中，走势图表是我们唯一的导览手册，能够告诉我们过往的历史，从而也就有了预测未来的依据。

如果是机器参与股市，而不是人参与股市，那么情况或许有一些不同。但是只要交易者能够通过图表解读出其他玩家的动向，那么图表就是有巨大价值的。

从这个角度来讲，交易者应该拥有尽可能长的月度高低价走势图，半年到一年的周度高低价走势图，以及 1~2 个月的日度高低价走势图。这些走势图呈现了盘口，将告诉我们过去、现在和未来的股价情况。如果信号并不明确，我们就需要耐心地多观察一阵子，直到盘口呈现出清晰的信号。从盘口信号中，我们明白了多空力量的对比，供求关系如何，进而得出市场中谁占据了主导地位。

成交量

交易者一定要重视成交量的研判，因为成交量表明了供求和多空力量的情况，而这种力量是驱动市场上涨或者下跌的动力。我们重点考察的成交量是月度成交量、周度成交量和日度成交量。

请看这个例子。如果我们查看美国钢铁在 1922 年第四季度三个月的表现，会发现**该股持续数周都处于窄幅波动状态，成交量低至 30 万股**。我们可以据此推测该股短期内不会出现剧烈的波动，原因何在？因为该股的股份总数为 500 万股，如果要该股突破盘整，则至少要 100 万股才能行。一只股票的盘子越大，则吸纳筹码或者派发的时间就越长，随后才能出现持续度较高的上涨或者下跌。

布林带是观察盘整到突破的良好工具，那么如何判断有效突破呢？可以加入成交量来过滤。

成交量能够告诉我们什么

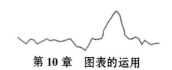

换手率是成交量的另外一种形式，它能够告诉我们该股买入或者卖出股数占总股份的百分比。无论是换手率还是普通的成交量指标都能够告诉我们一些波动的真相。**如果缺乏足够的成交量，那么主力想要吸纳或者派发筹码都是不可能完成的。什么情况下才有大行情产生呢？大资金在底部或者顶部完成了吸纳筹码或者派发筹码。**所以，如果我们想要抓住股价的重大波动，那么研究成交量和时间周期，还有价量关系是必不可少的。

莽庄时代，主力可能不管不顾个股的驱动面和大盘，但是现在不行了。聪明的主力会借助于题材和大盘，因此将价量与题材，还有大盘结合起来我们可以解读和预判得更好。

我们还是以美国钢铁为例。假设这只股票此前已经上涨了 20~30 个点，在目前的点位上单日成交量达到了 20 万股，但是相应的上涨幅度却只有 1 个点。次日，该股的成交量仍旧是大约 20 万股，但是股价却停滞不前。显然，该股的供给已经大于需求了，至少买方无须追高就能买入。在这种情况下，交易者最聪明的操作是了结所有多头头寸，离场观望。倘若该股此后在一个不太长的时间段内创出新高，那就意味着该股的股价还会继续上涨。

在股票长期上涨之后，如果股价处于横向大幅整理的区间，而且成交量显著放大，这就意味着主力正处于派发之中。比如 1919 年末到 1920 年春，鲍德温这只股票的周度成交量达到了 30 万~50 万股，而股价仅仅从 130 美元上涨到了 156 美元，这表明主力正在派发筹码，而公众却在乐观情绪的驱使下大举买入。

筹码，筹码还是筹码，这就是投机的焦点所在。拿着筹码的人是怎么想的？拿着现金的人是怎么想的？

当主力在高位成功派发鲍德温股票之后，该股开始步入下跌趋势之中，一直跌到了 1921 年 6 月 25 日，见到低点 62.375 美元。此刻相对 1919 年的高点已经下跌了 93 美元。在见到低点这一周当中，股价从 70 美元跌到了 62.375 美元，跌幅超过了 7 美元。当时，这周的成交量却不到 11 万股，这表明恐慌盘已经出逃结束。这一周的总成交量大概为总股本的 1/2，与该股的流通盘接近。当该股在 100 美元附近时，每周都会换手两次。

当鲍德温在 1921 年 6 月跌到 62.375 美元之后，出现了缩量上涨，这表明浮动筹码大幅减少，一点需求就可以推动股价上涨。主力在低位将筹码接了回来，一旦时机成熟该股上涨的动力将十分强劲。

大资金无论是在吸纳筹码，还是派发筹码，都要在效率和隐蔽度上平衡，不可能为了隐蔽度而牺牲效率。因此，主力的马脚必然在成交量上露出来。

此后，该股持续上涨，涨到了 1922 年 10 月，见到高点 142 美元。接着，主力在高位派发，与大众完成了筹码与现金的互换。**通过交易量我们可以大致推断出吸筹和派发的发生时间。**

第11章

股价运动的7个区域

所有在账面上赚了一些钱的人都想着赚更多的钱。最终只有不到一成的人全身而退，兑现了账面利润。

——江恩

交易者可以将股价运动划分为7个区域。在这7个区域中，有3个区域高于或者低于常态区域。

常态区域指的是股价最接近其内在价值的区域。如果股价处于这个区域内，那么我们的理性分析能力将起到最大的作用。供需关系在这个区域也处于平衡状态，股价处于窄幅横盘整理状态，市场情绪处于理性状态，没有疯狂的拉升或者恐慌的抛售。在这一区域，主力可能在吸筹，也可能在派发。过度炒作而远离其基本面的股票可能跌破这一区域，而前景看好的低估值股票或者是有大题材的股票则可能向上突破这一区域。

温和高价区域指的是股价在不被大众关注的情况下逐渐突破了常态区域，进入到一个新的区域。这个区域持续的时间可以是1个月、3个月或者是半年，甚至1年。具体的时间长度取决于该股运动的周期特征。从长期波动的角度来看，从常态区域到极端高价区域的时间有时候需要1年，有时候则需要5~10年。

江恩尝试围绕价值中枢划分股价的估值区域，进而基于估值区域，建立相应的投机策略。

中等高价区域是在主力资金的炒作和拉升下，股价更加活跃，进一步上涨到远离内在价值的区域。当股价进入到这一区域时，媒体会频发利好消息，大众也开始关注这只股票了，并且少量跟风买入。许多场外的持币者则希望调整出现，避免逢低买入，他们试图在回调到温和高价区域时买入。当然，越是大众期待的调整，越是不可能出现。

市场永远都是少数人在挣钱。如果大多数人都说自己挣钱了，那么只能是账面浮盈而已，一旦开始兑现，大部分人都会变成亏损。

极端高价区域是第三个高于常态区域的股价波动阶段。主力在这一阶段完成派发。当股价位于这一区域时，交投非常活跃，波动幅度也非常大。该股已经成了热门股，大众狂热地追逐这只股票。众多利好频出，如大手笔的分红派息等。一些头面人物也会在这个时候谈论经济更加繁荣的前景。

在极端高价区域，股价会持续数周甚至数月上涨，调整幅度较小。那些期待利用股价调整买入的交易者只能失望而归了，于是他们转而疯狂地追涨。这个时候我们往往耳闻办公室的后勤人员、擦鞋匠和速记员都在这只股票上发了财。**所有在账面上赚了一些钱的人都想着赚更多的钱。最终只有不到一成的人全身而退，兑现了账面利润。**1919 年 10 月末之前的一段就属于这一区域，大家想必已经知道了此后的结果。

江恩的上涨三区域，与道氏理论的三阶段类似。

当股价运行在极端高价区域时，每隔数日，股价就会跳空高开 1~5 个点。期间的上涨也没有任何调整。当飙升现象出现时，这个阶段也就快结束了。当然，很少有人能够看到这些结束的征兆。头天晚上，交易者们都对这只股票充满乐观的期许。次日开盘却出乎意料地跌了 1~5 个点。开盘跳空下跌并没有任何理由，没有伴随利空消息。其实，背后的真相是供给大于需求了。想要买入的人都买入了，买盘后续乏力，所以开盘就下跌了。这是暴风雨即将来临的第一个信号，因此我们必须警醒。**保护本金的措施应该处于持续的运行中，当第一个信号出现时，市场会下跌一段时间。**此后，会出现反弹，反弹可能接近此前的最高点，这是智者最后逃跑的机会。

经济发展的历史告诉我们，无论是矿产品还是工业品，或者是农业品，需求都不是无限的，供给迟早会超过需求。

一个完全竞争的市场，一旦出现超额利润，就会引发大量的新资本进入其中，这就使得行业生产倾向于过剩，于是供给增加，价格下降。这是人性追逐利润的天性决定的。

这条规律也适用于股票市场。当股价进入到极端高价区域时，大幅的上涨创造了短期的暴利，而这足以吸引全社会的注意。于是大众蜂拥而入，他们不断买入，加码，直到所有阶层的人参与其中。当最后的买家进场后，需求就达到了饱和，缺乏了后续买盘，一点点卖盘就会让股价大跌。如洪水盘的卖盘蜂拥而出，多头在恐慌下踩踏出逃，股价持续下跌，进入到三个低价区域。

第一个低价区域是温和低价区域。当股价从高位逐渐下跌，将离场意愿最强的第一批多头挤出市场。随后，股价出现一波反弹，但是力度疲软，因为主力仍旧在派发状态，供给仍旧大于需求。一些聪明的资金错过了极端高价区域的离场机会，于是他们趁着反弹逃命。资深的职业交易者确认了上涨趋势结束，于是他们会在每次反弹的时候逢高做空，反过来导致股价逐渐走低，高点越来越低，低点也越来越低。

按照江恩的理论，三个低价区域应该是在常态区域之下的，不过从他的叙述可以看出，从最高点下跌就已经进入温和低价区域了。从这个角度来看，理论没有完全自洽。更好的方式是从上涨三阶段和下跌三阶段来理解，而不是机械的区域划分。

第二个低价区域是中等低价区域。当股价跌到这个区域后，持股者出逃的力度加大，跌幅加大，反弹变小。整个股市开始面临越来越多的利空冲击，如宏观经济下滑，公众变得日益谨慎，对未来经济和股市的预期降低，不敢买入股票。股市整体上失去了支撑，股价逐渐走低。

第三个低价区域是极端低价区域。当股价运行到这个区域时，极端的悲观和恐慌情绪蔓延开来。金融市场的参与者普遍失去了信心，恐慌盘涌出。整个国家都处于绝望之中，经济变得更加艰难。上市公司的红利发放要么推迟了，要么削减了，甚至取消了。此前在股市顶部极端乐观的人完全转变了风口，他们变得非常悲观，并且预测股市将继续大幅走低。抛售者众多，买入者寥寥。这个时候股票整体估值已经非常低了，股价大幅低于其内在价值。人们此前在高于现价 50~100 点的点位买入，但是到了这个区域他们却不敢加码买入或者再度买入了。

当股价跌到极端低价区域时，我们要停止做空，人弃我取。当股价处于这一区域时，我们需要密切关注，等待数月的时间，直到浮动筹码清理干净，主力开始吸筹。当股价处于这一区间时，我们有足够的时间赶在股票上涨前买入。牢记一句话：黎明之前最黑暗，日正中天之后就下落了。

第12章

股　性

主力进行高位派发的时间是根据股票本身的情况来决定的，包括股份总数、公司基本面和该股的热门程度和炒作程度，等等。

——江恩

股价的波动是人推动的，具体来讲是买卖双方共同决定了股价。但是，每个重量级参与者的个性和风格都是不同的，因此股价也会呈现出不同的个性，这就是股性。交易者应该介入那些熟悉的个股，持续跟踪和深入研究这些个股，这样我们就会发现它们的个性，也就是独特的运动特征。为什么会存在股性？因为主力机构持续数年运作特定个股就会留下它们的操盘风格。

我们应该在交易之前全面而深入地了解所要参与个股的全部资料。例如，研究个股上涨和下跌的幅度，主要运动和次级折返起止点的成交量，构筑顶部或者底部的运动速率，以及顶部和底部的常见形态。一些个股的顶部或者底部形成得非常陡直，另外一些股票的顶部是圆形的，或者是方形的，一些股票经常以双顶或者双底构筑顶部或者底部。还有一些股票则以三重顶底或者单重顶底构筑行情的结束点。所谓的双重或者三重顶部，具体是指股价涨到某个价位之后，出现了一个显著调整，接着回升第二次甚至第三次，触及同一高点区域。所谓的双重或者三重底部与此类似，但是过程相反。

顶底部的特征之一：平缓还是陡直

学会解读龙虎榜，可以帮助你更好地掌握股性。怎样解读呢？最简单也是最有效的方法就是将价量走势与龙虎榜结合起来揣摩，记住筹码和预期。龙虎榜提供了许多关于筹码的信息。

股票与人有许多共同的地方，例如，他们有各自的秉性和行为方式。交易者长期观察一只股票就会逐渐熟悉其特性，然后就比较容易判断出这只股票接下来的走势。这就好比我们认识一个人许多年了，已经知道了此君在各种情形下的反应。

不要忘了，个股的运动是由人推动的，股价折射出了参与者内心的想法和情感，玩家们的愿望和需求，以及决策和行为都体现在了股价当中。

股价的运动方式并无精确的模型，波动特征也是各有不同。少数个股是龙头股，大部分个股是跟风股或者是滞涨股。一些个股的涨跌幅度很大，而另外一些个股的涨跌幅度则非常小。

龙头股领涨，它们会率先见顶，然后构筑所谓的平缓头部。具体来说，这些个股上涨到顶部后会持续盘整数周甚至数月。盘整的幅度或许存在差异，但不会比主力开始派发的价位高太多。龙头股在熊市中也是率先下跌的。

那些滞涨股则会在整个市场赶顶的时候才开始补涨，并且以极快的速度赶顶，从而形成陡直的顶部。这类股票不会在顶部停留太久时间，而是快速下跌，因为整个市场已经拐头向下了。相对于那些此前已经下跌的股票，补涨的股票会遭受更大的抛压。

一个疑问随之而来，那些构筑陡直顶部的个股是如何完成派发的呢？这类个股其实是拉高出货的，也就是说在上涨的时候，主力已经在开始派发了。在形成陡直顶部后，这类股票会暴跌 10 点、20 点或者 30 点。接着，企稳一下。这个时候大众认为此前跌幅已经很大了，因此不适合在这个点位做空，因此选择买进，这成了主力继续派发的机会。简单来讲，滞涨股的派发区域一般是从顶部下来 20 ~30 个点，而龙头股的派发区域则位于最高点下来 5~10 个点的区域。

龙头股会多次触及一个高点，有些龙头股甚至会 10~15 次触及同一个高点。滞涨股开始补涨后的走势就像火山喷发一样，冲刺到顶部之后再也不会回到这一高点了，因为这种力量的快速释放会很快将其打回原形。

派发所需要的时间

主力进行高位派发的时间是根据股票本身的情况来决定的，包括股份总数、公司基本面以及该股的热门程度和炒作程度，等等。

例如，在 1919 年这类市况下，大众疯狂涌入股市，买进他们目之所及的任何股票，以至于连续 60 多天，日均成交量都达到了 200 万股。在这样热情似火的牛市背景下，主力要派发 100 万股比正常情况下要容易许多。

当股票达到派发区间时，股价会维持一个震荡走势，同时交易量会大幅增加，交投活跃。大众会被股性活跃的个股所吸引，积极参与其中，因为他们认为这是赚钱的大好机会。

大众一旦看到某只重复出现的表象就会扎进去，参与其中，就会在较长一段时间内坚信这是一个大机会。例如，某只股票曾经 7~8 次在不同时间从 120 美元涨到了 150 美元，也就是说每当该股跌到 120 美元就会重新回到 140~150 美元。反复出现的现象让大众确信只要该股跌到 120 美元就是买入的机会。但是，当主力在高位完成派发后，股价再度来到了 120 美元，这次股价却无力反弹了。但是，大众却已经形成了思维定势，他们抱着希望买入。但是该股却跌破了 120 美元，下跌了 10 美元、30 美元、40 美元甚至 50 美元，跌到持股者因为恐慌或者缺乏耐心而割肉。

养套杀，首先让大众养成一个思维定势。

最为明确的主力抛售信号有：高位放量盘整，高位出大比例分红派息的利好，发布有利于持股者的利好，等等，这些都是引人上当的伎俩，高位接盘的人会遭受巨大的亏损。

误判吸纳和派发筹码的时间

在不同的市场格局下，主力吸纳或者派发筹码的时间长短也存在差别。一个主力集团可能在年初买入大量股票，计划春季开始拉升。股价在3~4月开始上涨，主力趁机派发。此后，从6月到7月，该股持续下跌，跌幅巨大。此前高位买入的散户因为恐慌而在下跌中卖出。这个时候，此前的主力或者是一个新的主力，趁机吸纳筹码，接着另外一波上涨出现了。在市场不同的阶段会出现3~4波这样的派发操作，但这些基本上是游资运作的小规模派发。当股价最终涨到一个极端的高位时，大众一致看多，一次大型派发就此展开，此后步入长期的下跌趋势之中。

股价下跌过程中也存在空头进出的情况。下跌后当股价在某一点位企稳一段时间，接着会出现反弹。此刻，空头会回补。反弹结束，股价重回跌势，接下来市场会经历2~3次，空头回补的情形。当股价跌到终极底部时，主力空头完全回补，主力多头开始吸纳筹码，新的一轮牛市开始了。本书的附图2-11和附图2-12完整地呈现了上述过程，分别展示了铁路股平均指数和工业股平均指数的顶部和底部形成过程。

牛市的上涨和熊市的下跌都可以各自划分为3~4个波段，而个股则基于其自身的特点形成各自的高低点系列。查看附图2-6，你可以看到美国工业酒精公司（American Industrial Alcohol）在下跌过程中的不同阶段的表现。每一个阶段性底部与一个支撑点位相应，这些底部逐渐走低，同时每一次反弹的高点也在逐渐降低。

下跌趋势是低点渐次降低，高点也渐次降低。

许多股票会在上涨趋势或者下跌趋势的尾声阶段横盘整理，看起来好像是主力在派发或者吸纳筹码。当个股横盘整理时，如果大众买入或者空头回补的力量很大，则横盘整理成为上涨的中继形态；如果大众买入或者空头回补的力量较弱，则横盘整理成为反转形态。

当股票涨到接近大顶部的时候，激进的空头会大举做空，但是下跌并未如预期展开，于是他们回补空头，加上大众的买入，使得股价继续上涨。从附图 2–11 和附图 2–12 中你可以看到这样的情况。

关键点位

在介入任何一只股票之前，交易者都要尽可能获得该股过去几年的走势图表。通过研究图表，确定历史上顶部和底部所处的点位，这就是关键点位。当我们进场的时候就需要用到这些点位，如果远离这些点位，则进场时就处于危险之中。

假设我们在 1921 年时计划买入分红丰厚且前景看涨的铁路股，特别是纽约中央地铁公司（New York Central）这只股票，附图 2–5 显示了该股从 1896 年到 1922 年的走势图。参考辨识强势股相关章节的内容，其中也有该股的内容。

通过研究某只股票的走势图，我们可以更好地了解其运动方式，确认关键点位，并且知道我们买入点是否安全可靠。如果我们绘制了某只股票的走势图，该股曾经从 10 美元上涨到了 50 美元，现在该股位于 40 美元。那么，现在买入这只股票并不安全，因为目前接近最高价而远离最低价。当然，并不是说从 50 美元回落到 40 美元的股票不是好股票，而是说距离关键点位太远，缺乏好的进场点位。

不管是什么类型的交易，只有等到股价达到关键点位后才进场。牢记一点：展开任何一笔交易都需要充足的理由，不要抱着希望入场。不要成为受情绪摆布的赌棍，因为赌棍早晚会因此而破产。

高点或者低点出现之后何时买入或者卖出

通过观察极端高点或者低点出现之后的调整或者反弹，我们可以判断出买卖的机会。普通股票的回调幅度为5~7个点，低价股的回调幅度为2~3个点。

无论是次要运动还是主要运动，我们都要留意它们完成的时间。在活跃的市况下，股票回调的时间很少超过2天，通常在第3天就会创出新高。我们可以在调整的第2天买入，并且设定3个点幅度的止损单。

如果股价波动迟缓，而且在靠近顶部或者底部的窄幅整理区域，那么就应当等待波动活跃了再操作。如果一只股票在顶部或者底部附近窄幅整理两周以上的时间，然后开始变得活跃，创出新高或者新低，那么我们应该在突破时买入或者做空。

行情启动时介入

如果交易者看到一只股票处于上涨走势中，其中许多人倾向于等到股价回落再买入，但调整并不会出现，结果他们就只能眼巴巴地看着行情持续上涨。股价回调更多出现在筹码吸纳阶段和洗盘阶段，一旦主力决定快速脱离成本区或者拉升，就很少会出现显著的回调。因为主力已经完成了吸筹的工作，他们要尽快脱离自己的成本区域，摆脱跟随者。他们接下来最为重要的目的是完成派发。行情一旦启动，主力就要避免搭便车获大利的人。

横盘整理区域是缩量还是放量，其意义有很大的不同，你能从筹码和预期的角度分析吗？

迟疑不定的人在华尔街只能赔钱。所以，当交易者看股票放量上涨时，要及时跟进，采用市价而不是限价，否则很容易错过行情的启动点。

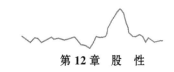

这条规则也适合做空，当股票一旦跌破派发的盘整区域，交易者要赶快卖出自己持有的股票，并进行做空操作。抱着幻想继续持股不仅毫无用处，反而极其有害。因为股价一旦进入下跌趋势，那么几乎不可能在短期内回到最高点。这种情况放在 20 世纪，就好比让一列已经驶出站台 20 英里的火车返回车站接一位误点的乘客。我们需要把握好时机，股市中也是相同的道理。

当然，交易者需要下足功夫去研究股票，以便能够判断出大行情的启动点。通常，在吸纳或者派发筹码结束时，也就是股价上涨或者下跌的启动点。一旦大行情启动，我们在一两个月内赚到的钱要比横盘整理 6 个月赚到的钱更多。

窄幅波动和股性呆滞

当股市接近牛市终极顶部时，大众的疯狂伴随着天量达到高潮。这个过程会持续数月，在盛宴的最后几天内，日成交量会高达 200 万~300 万股。当这些特征出现时，牛市就要结束了。

熊市来临的时候会出乎大多数人的意料，下跌展开时也是同样的疯狂，此刻交易量非常大。例如，1920 年 12 月 22 日，股市快速下跌，成交量高达 300 万股，这是年内成交量最大的一日。此后数周，股市持续下跌，成交量仍旧维持在较高的水平。当下跌高潮结束后，一轮大的回升展开了，许多个股再也没有跌到恐慌性低点。

多年以来，**不管是在市场的顶部还是底部，如果出现 200 万~300 万股的日成交量往往意味着股市转折点来临了。**如果一只股票或者一个板块持续处于窄幅震荡之中，相应的成交

要读懂市场的动向，并且先建立一些市场波动的基准，有些人选择均线，有些人选择关键点位，诸如此类，不一而足。

量较小，那就意味着正处于行情酝酿阶段。盘整的时间短的话持续数周，长的话持续数月，甚至数年，我们要观察本身的盘口来确定，最终是为了顺应趋势。

我们首先以股指作为第一个例子来说明。1921 年铁路平均指数的变化幅度只有 11 个点，该指数从 1906 年的最高点 138 点下跌了 66 个点。**1921 年 11 个点的波幅是 1912 年以来波幅最小的年份，这意味着变盘点临近。**铁路股交投清淡，大众都不愿意介入这类个股，但恰恰就是在这个时候上涨序幕拉开了。

波动率极小值往往意味着大行情要来了。

从附图 2–1 你可以对比铁路股指数与工业股指数的点位，两个指数都在 1896 年创出了极端低点。工业股指数在 1903 年出现了底部抬高迹象，并且在 1907 年的恐慌中再度出现了抬高的底部。1914 年制造业处于不景气状态时，工业股回到了 1907 年的底部附近。1917 年工业股指数底部有所抬高。但是 1921 年的低点比 1917 年的低点低了 2 个点。铁路股指数在 1921 年创出了历年来的新低，只比 1898 年的低点高一些。

这表明工业股指数受到了更强的支撑，相对铁路股指数而言处于更加强势的状态。工业股指数从 1921 年的低点上涨了 40 个点，而铁路股指数相比之下仅仅上涨了 27 个点。这就是我们通过横向比较不同板块指数或者个股判断相对强弱的方法。

横向比较个股与大盘指数，个股与个股，个股与板块指数，板块指数与板块指数，板块指数与大盘指数等方法，可以帮助我们筛强汰弱。

许多股票下跌到低价区域并且处于窄幅整理状态，那么这个时候往往容易成为主力吸纳筹码的时机，这一过程可能会持续数月。**一旦股票向上突破这一整理区域，则大幅度的上涨就会发生。**我们应当关注这一变盘机会，并及时参与其中。

我要列举的第二个例子是墨西哥石油。这只股票在 1918 年 2 月上涨到了 98 美元，然后就在此区域蓄势整理，这种状态一直持续到了 1918 年 5 月，接着又上涨到了 102 美元之后回落到了 91 美元。在 6 月再度上涨触及 102 美元，接着回调到了 96 美元。7 月上涨到了 10 美元，8 月则一直在 100~102

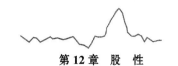

美元徘徊，波动幅度很小，只有 2 美元。这算得上是该股历史上波幅最小的月份。这段时期，交投不活跃，这意味着主力在真正拉升之前进行了一次洗盘操作。

高位横盘整理如果缩量，则意味着主力还未出逃，洗盘可能性很大；高位横盘整理如果显著放量，那么主力要么出逃了，要么换主力了。

这种走势意味着主升行情即将来临，9 月该股回调到了 98 美元，接着回升到了 104 美元，这是 1917 年 1 月以来的最高点位。接下来，该股持续上涨到了 1918 年 10 月的 194 美元，这期间只出现过几次幅度较小的回调。在回调到 146 美元形成抬升的底部之后，该股持续上涨，最终在 1919 年 10 月 8 日见到大顶部 264 美元。

第13章

股票的不同种类

投机者重趋势，不重价格；投资者重估值，不重价格。

——魏强斌

新股值得买入吗

当一家公司创立并准备在场外市场或者纽约证券交易所上市时，其原始股份被内部人士或者公司股东持有。为了扩大经营规模，募集资本，这些原始股股东需要出售一些股份给公众。但是，这些股票在经历上市后的短期上涨后会被抛售，那些在不恰当点位买入股票的人肯定会赔掉不少的本金，除非他们买的点位足够低，以至于还有一些利润可以用来缓冲。

我们来看一些具体的例子：第一个例子是美国钢铁。1901 年这家公司开始组建并且上市，初次公开发行了 500 万普通股，发行价格是 40 美元。在短短的两个月时间内，该股就上涨到了 55 美元。但是，到了 5 月 9 日，北太平洋铁路爆发股权争夺战，股价暴涨，以致大量空头不得不抛售其他股票来筹措资金，最终殃及美国钢铁的股价，使得其股价跌到了 24 美元。此后，该股回升，但是仅仅触及 48 美元。此后，该股进入长期下跌的趋势中，直到 1904 年春天跌到了 8.625

一旦股价进入窄幅盘整区间，我们首先看成交量是放大还是缩小，然后问一个问题：谁在买？谁在卖？

美元。**此后的 1 年时间当中，该股在 10~12 美元内窄幅波动**。我们买入的时机出现了。为什么在这个位置附近买入呢？第一，该股已经跌到了内部人士持股的成本价；第二，此处出现了明显的放量。

此后，该股于 1908 年重新涨到了 50 美元之上，如果那些在新股上市后追高的买入者，要持有该股 7 年才能够保本。当股价跌至低点时，他们被套牢，在账面上损失了差不多 3/4 的本金。一个人需要多么大的信心和耐心才能坚定地持有这只亏钱的股票呢？这还是少数几只最终能够重新回到原始股东派发区域之上的例子之一。其他许多新股要么大幅向下重估，要么退市了。

第二个例子是泛大陆石油公司（Transcontinental Oil）。这家上市公司也在 1919 年让大量新股买入者亏掉了数百万美元。该股于 1919 年以 45 美元首次公开发行，上市后于当年 11 月上涨触及 62 美元。许多人在承销商和媒体的鼓动下买入这只股票，因为他们听闻该股会上涨到 100 美元，甚至更高。上市后，由于内部人士在高位将股票抛售给了大众，因此该股很快就失去了强有力的支撑，转而下跌，进入到漫长的跌势之中。

在此后的一年多时间当中，该股跌到了 6 美元。如果一个交易者在最高点附近买入这只股票的话，那么此时他已经损失了超过九成本金了。

通过绘制这只股票的走势图表，我们可以发现该股构筑顶部和底部的特点。该股于 1920 年 12 月跌到 6 美元后开始上涨，并且于 1921 年 4 月触及 13 美元。到了 1921 年 8 月，该股又跌到了 6 美元。这个时候，该股开始进入成交低迷的状态，抛压减少，抄底资金开始介入。到了 1921 年 12 月，该股上涨到了 12 美元，比当年 4 月的高点低了 1 美元。

到了 1922 年 2 月，该股再度下跌到了 7.5 美元。当股价跌到这个点位的时候，该股的活跃度再度下降了。这意味着抛压减小了，买入机会出现了。这只股票从 1922 年 5 月 20 日开始上涨，趋势转而向上。

这只股票并非特例，所有在 1919 年市场繁荣阶段发行的新股几乎都以同样的方式下跌。我们要牢记一个规律：在市场繁荣阶段发行的新股，很容易受到追捧，导致发行价过高，这便利了大股东们套现。因此，我们在买入新股的时候一定要十分谨慎，在股价开始下跌的时候及时离场并转而做空。

即便我们认为股价已经见底，仍旧需要耐心观望，仔细查看盘口，看股价是处于长期底部，还是阶段性低点。如果是阶段性低点的话，数月后还会被跌破。当股价刚刚触及高点或者低点的时候，交易者切勿急忙进场或者离场。毕竟，无论是顶部的派发还是底部的吸筹都需要一定时间完成。

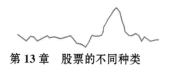

介入自己熟悉的老股票

主力运作股票需要花费一定的时间，甚至要花上数年时间，因为从吸筹到派发需要足够的时间来完成。当主力完成派发后，只有那些愿意长期持股的人会继续持有该股，此后这只股票会进入窄幅波动状态，大众的炒作热情消失了。

需要明白的一点是，一只股票没有主力在其中运作时，持有这只股票的人就剩下长期投资者为主了，或者说被套又懒得割肉的人。**主力或许会等到某个时机，故意利用利空制造的恐慌打压股价，促使持股者卖出。**这个过程就是吸筹了，需要较长的时间，因为此前长期下跌并未让现在继续持股的人卖出。要想从这些人手中拿到足够的筹码确实需要下一番功夫。有些长期持股者仅仅因为该股持续分红或者前景不错而坚定持有。

最终，当主力将股价打压到很长时间都未见到的低点时，恐慌性卖出就出现了。由于看不到有效的支撑，因此股价快速下跌，直到主力逢低吸纳，股价才企稳。从这里还可以学到另外一个经验，那就是距离顶部 50 点做空比距离顶部 10 点做空更加安全。为什么会这样呢？当股价暴跌击穿大家的心理防线后，进一步下跌的空间才能打开，这个时候大家已经对任何支撑点位失去了信心，所有人都想要卖出，没有人愿意买入。类似的例子我可以举出数百个，不过几个例子就足以证明我的观点。

第一个例子是纽黑文铁路公司（New Haven）。这只铁路股在 30 多年内一直按照 4%~10%的比例分红派息。持有这只股票的人是长期投资者，该股从 280 美元跌到了 200 美元期间，公司一直在分红。1911 年，当该股跌到 150 美元的时候，仍旧按照 8% 的比例支付红利，于是投资者继续持有这只股票，因为他们觉得这只股票是值得信赖的，毕竟它已经坚持多年分红派息了。

但是，一些内幕人士已经做空这只股票许多年了，因为他们知道红利推迟支付的消息就要发布了。1913 年该股的分红比例降低到了 5%，大量筹码涌出，于是股价下跌到了 66 美元。此后，股价反弹，但是只是触及了 89 美元。分红派息在 1914 年终止了，许多人仍旧抱着希望继续持有这只股票。但是，该股继续缓慢下跌，最终碾碎了坚定持股者的希望，他们开始割肉卖出，最终使得该股在 1921 年的时候跌到了 12

顺势才能持续在市场中挣到钱，挣到大钱。顺势的第一要求就是忘记价格的绝对高低，重趋势不重价格，这是投机者的要求。价值投资者也不能注重绝对价格高点，而是重视估值的高低。垃圾股和仙股的绝对价格普遍低，但是估值却很高。投机者重趋势，不重价格；投资者重估值，不重价格。

美元。

这个例子充分表明了一点：股价没有绝对的最低点，只有更低点；股价也没有绝对的最高点，只有更高点。极少有交易者预计到 50 美元是一个良好的做空点位吧？确实如此，股价实际上从这一点位一直下跌到了 12 美元，期间持有空头的人实际上是非常安全的。当个股适合做空时，在什么点位上做空其实差异并不大，关键是我们能够根据具体的情况去操作，而不是简单地看绝对价格的高低。

第二个例子是联合太平洋铁路公司（Union Pacific）。这个例子表明没有绝对的高点，只有更高点。该股在 1896 年复权后的股价为 20 美元，人们很难想象该股会在 1899 年上涨到 50 美元，这波大涨使得许多做空者破产。此后，股价涨到了 195.375 美元，同时支付 10%的红利，到了 1909 年该股触及 219 美元。

由此看来，如果以历史最低价作为参照，那么交易者将陷入思维定势中，会将某些高点看作是最终的顶部。殊不知在 E.H.哈里曼（E.H.Harriman）的运作下，这只股票出现了惊人的涨幅。做空者逆势而为，自然亏损惨重，如果他们能够顺势而为，那么就能大赚一笔。

第三个例子是美国白糖精炼公司（American Sugar Refining），这是活跃多年的股票，最终在主力离场后归于沉寂，筹码被长期投资者持有。此后，该股数年来一直处于横盘整理状态。1919 年，该股分红比例为 10%，达到 20 年来的高点。但是，即便在股市最繁荣时期加上糖价涨到最高点时，该股也没有能够涨到 1898~1906 年投机时期的高点。

到了 1921 年，该股不再分红派息，股价也下跌到了 47.625 美元，在众目睽睽之下股价跌到了历史性的低点。那么，持股者应该在什么时候卖出以便保护自己的本金呢？我们首先假定在 1919 年该股触及最高价时并没有明显的见顶迹象，也就是说没有离场信号。但是，当该股跌到某一水平时，一定会有一个卖出点位或者说信号，当股价跌到这一点位时，就表明应该是看空该股的趋势了。

1914 年是恐慌蔓延的一年，该股的最低价只有 97 美元；1915 年该股的最低价为 99.5 美元；1916 年该股的最低价为 104 美元；1917 年也是市场较为恐慌的一年，该股一度跌到 89.125 美元；1918 年该股的最低点位 98 美元；1919 年最低点为 111.25 美元。到了 1920 年，该股在年初上涨到了 142 美元，似乎该股开始步入上涨趋势了，但是很快该股就跌破了 111 美元，也就是 1919 年的支撑位，持续跌到了 98 美元，也就是 1918 年的支撑点位。形势已经非常明了了，关键支撑点位基本已经失效了，持股者应该立即卖出。倘若他们愿意的话，还可以在股价低于 50 美元的时候重新买回来。

从上述案例可以看出，当我们在买入新股时必须非常谨慎，同样需要谨慎的是那些没有主力运作的非活跃股票。后者的筹码主要被大众分散持有，公司经营状况恶化，因此我们在买入的时候必须十分小心。**只有股价活跃，你才有赚大钱的机会，兑现盈利要在派发期，当主力派发完成之后，你必须寻找新的活跃股。**

投机介入的时候要选热门股；投资介入的时候要选冷门股。

股价的波动是由人推动的，因此股价体现了参与者的性格和实力。年轻人比老年人更为活跃，但同时也更容易犯错，但是老年人已经步入暮年，很难恢复到年轻的状态了，老的股票也是如此。**我们要操作纽交所那些交投活跃、波幅巨大的龙头股，这样才能赚到大钱。**

做空低价股

交易者应该铭记一点：有人卖出就有人买入，有人买入就有人卖出。股票的数量在一段时间内是恒定的，无论股价高低，这些股票都被人持有。我们可以持有股票，也可以卖给他人。你可以卖出自己拥有的股票，也可以卖出并不属于

任何交易都是两方参与，任何交易都有对手盘。

自己的股票，后者称为做空。下面我们就来看一些做空低价股的实例吧。

美国钢铁在 1904 年 5 月跌到了 8.625 美元的历史最低点，当时的股份总数为 500 万股。当该股在 1917 年 5 月涨到 136.625 美元时，股份总数还是 500 万股。有些人在股价低点拥有这 500 万股，有些人在股价高点拥有这 500 万股。区别在于，聪明的玩家可能在低点拥有这 500 万股，而愚蠢的玩家则在高点拥有这 500 万股。为什么有人愿意在高点附近持有这些股票呢？理由之一可能是该股当时的分红比例高达 17%。当该股停止分红后，该股也跌到了最低点。

绝大多数交易者买入低价股的理由是他们认为股价已经如此之低了，进一步下跌的空间几乎没有了，同时他们认为如此低廉的股价会带来大量的买盘。在职业交易者看来，这不过是一种幻觉而已，因为这只是一种毫无根据的看法而已，缺乏坚实的基础。为什么股价会如此之低呢？其实，股价低意味着实际上这些股票就值这么多钱，**低价是有原因的，**有些股票的内在价值其实比股价更低。**股价高也是有道理的。**

不要被股价表面的高低所迷惑，要学会从趋势和估值的角度看待股价的高低。

一些低价股被包装和运作后成了热门股，于是惹得大众疯狂追捧，这使得主力和内部人士能够高位卖出。一旦大资金出逃，那么股价就很难找到强劲的支撑了，于是步入持续下跌的通道。下跌中，还有不少人贪图“便宜”于是逢低买入，结果越跌越低，最终经不起内心的煎熬而在底部附近割肉。聪明的交易者会做空那些大众长期感兴趣的低价热门股，从中可以赚到许多利润。下面是两个实例：

第一个实例是南方铁路公司（Southern Railway）。这只股票从 1901 年到 1920 年都受到了美国南部交易者们的大力追捧。这期间，只要这只股票上涨到了 30 美元以上，就会使得许多参与者强烈看多，希望该股能够继续上涨到 50 美元，甚至更高的点位。从盘口上来看就会发现，每次大众大量买入的时候，都是一次非常好的做空机会。

第二个实例是伊利铁路公司（Erie），这只股票也受到了大众的追捧，但是经常在低价的时候出现做空的好机会。当高位买入的散户因为股价下跌而割肉卖出时，该股存在进一步下跌的空间。

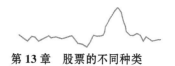

与直觉相反的是，低价股常常比高价股下跌的幅度更大。因此，交易者在中低价股上进行做空更加安全，因为这些股票的反弹频率更低，幅度更小。

买入高价股

假设一只股票从 100 美元左右开始上涨，那么每上涨 5~10 美元就会有一些人卖出，因为他们认为股价已经够高了，应该及时兑现利润。如果继续上涨，大部分人都会卖出，甚至还有不少人转而做空。场外的散户则期望该股出现调整，但调整却迟迟不来。**股票继续上涨，直到所有的空头都遭受打击，当“最后一个空头离场时”上涨才会停止。**

许多人看到一只股票从 100 美元涨到 200 美元后，他们转而相信这只股票会继续上涨，因此在高位买入。但是，该股在高位却因为买盘后续乏力而疲软，同时一些聪明的资金开始做空。此后，该股开始下跌，下跌持续很长时间。在上涨的时候一些人觉得 110 美元太贵了，当股价从 200 美元跌到 180 美元的时候，他们觉得股价很便宜，于是去抄底。

我们需要与绝大多数人保持相反的操作，当绝大多数人认为股价太高需要调整时，我们应该大胆买入，因为调整在这种情况下发生的概率很低，这个时候买入很容易赚钱。

低价股要么交投不活跃机会少，要么回升乏力。当股价涨到高位后，由于市场存在分歧，因此会继续上涨，而很少回调。当然，股价上涨后都面临着筹码派发，这个时候供给就会大于需求，毕竟持股者最终的目的是高位派发。

飙升和暴跌行情是逆市交易者的挽歌！

最丰厚的利润都是在牛市最后的飙升阶段赚取的，这个

极端的股价波动最为活跃；而对于空头而言，最丰厚的利润是在熊市的暴跌阶段赚取的，因为那个时候每个人都想要卖出，没人愿意抄底。

手气不佳的股票

每一个有着 10 年股市经历的活跃交易者，倘若能够仔细回顾一下自己的交易记录就会发现：有一些股票无论怎么操作都很难挣钱。我称这些股票为“手气不佳的股票”。在这些股票中，交易者要么参与得太早，要么太晚。无论是做空还是做多，最终难免亏损的下场。

但是，另外一些个股操作起来却非常顺手，这些就是“手气很顺的股票”。为什么会这样呢？其中肯定是有原因的。

如果你发现某只股票操作起来总是不顺手，那么就远离它，不要参与它。去操作那些顺手的股票吧！虽然我能解释其中的差别，但是这并不必要，因为解释了你们也不会相信。

我自己的股市经验与因果分析能力使得我能够一窥其中的端倪。许多年来墨西哥石油都是我的幸运股，因为我持续从这只股票上挣钱。我对这只股票的预判非常准确，以至于订阅了我的《市场通讯》的人都称我为“墨西哥石油预言家”。我能够抓住这只股票九成的波动，好像我就是这只股票的庄家一样。当然，除了这只股票之外，还有一些股票也是我的幸运股，当然也有不少倒霉股，因为我在这些股票上从来都没有挣到钱。知道其中的原因用处不大，重点是根据你的经验避开那些倒霉股。

第 14 章

正确解读盘口的方法

天量背后往往有非常重要的信息等你去发掘。

——魏强斌

正确解读盘口的前提是不要持续紧盯盘口走势，而是记录下每日的价格与成交量数据，然后独自绘制出走势图表。不要相信那些传言和各种公告，也不要受到半小时到 1 小时走势的干扰。无论是主要趋势还是一般趋势运动，当顶部或者底部形成后，价量关系都会清晰发出提醒信号。

趋势的概念至少要放在日线图以上的时间框架中去理解，日线以下级别的走势图很容易让交易者误读趋势。

股票如要持续上涨则必须进行调整，上升趋势的显著特征就是低点和高点渐次抬升，直到股价上涨到某一点位，在此点位上遭受巨大的抛压，直到市场无法消化如此大的抛盘。接着，回落出现了，股价跌到一个需求大于供给的点位，趋势转而向上。

我们以斯蒂旁克汽车（Studebaker）的股票为例说明。查看该股从 1920 年 9 月到 1923 年 1 月的**周度高低点走势图**（附图 2-2）。该股从 1920 年 9 月 25 日的 66 美元开始下跌，持续下跌到了 10 月 2 日，见到低点 54 美元。到了 10 月 9 日则反弹到了 59 美元。接下来的 4 周时间，该股并未继续上涨，而是横盘整理。到了 11 月 3 日，该股恢复下跌，到了 11 月 8 日该股已经跌破了 10 月 2 日的最低点 54 美元，趋势向下表露无遗。

周度和月度高低点走势图是江恩比较偏爱的走势图。

从 10 月 9 日到 11 月 6 日，**该股窄幅整理，波幅仅有 2~3 美元**，每周都会触及 59 美元。紧盯盘口的人会被走势误导许多次，因为每当该股触及 59 美元时就呈现出好像要继续上涨的迹象。如何应对这种情况呢？当股价在区间中波动时，交易者的恰当操作是在区间上边缘卖出，或者做空，同时在高于这个点位 1~2 美元的位置设定止损单，接下来就等着市场的反馈了。

继续讲这个例子。该股在 11 月 20 日的时候快速下跌到 41 美元，接下来一周又反弹到了 48 美元。此后，该股每周的高低点都在渐次降低。到了 1920 年 12 月 25 日，该股见到高点 41.75 美元，低点为 37.75 美元。虽然交易量巨大，但是该股的点位与前一周相比下跌并未超过 2 美元，并且**收盘价接近当周的最高价**。这意味着多头的力量已经超出了空头的力量。接下来的一周，该股涨到了 45.5 美元，这个点位已经超过了前两周的最高点，但在 47~48 美元的区域受到阻力的影响。到了 1921 年 1 月 8 日，该股突破阻力，触及 52 美元，然后继续上涨到了 59 美元，也就是 1920 年 10 月到 11 月形成的阻力点位。

这只股票再次从这一阻力点位跌到了 55 美元附近。到了 2 月 19 日当周，该股向上突破了阻力点位，触及 62 美元，这说明了趋势恢复向上。如果我们此前做空该股，并且以 60 美元作为止损点位，那么在股价突破 60 美元后，我们应该回补空头，并且转而做多。

需要注意的一个盘口特征是，该股持续 3 周都在一个狭小的区域内震荡，同时并未跌到 58 美元以下。此后，该股持续上涨到了 4 月 2 日，涨幅为 80 美元，较此前的最高价更高。

接着，该股再度回落，并且触及 72 美元。此后的一周时间，底部出现抬升。所以，该股此后每周都处于上涨通道中，一直涨到了 1921 年 4 月 30 日当周，触及高点 93 美元，并且交易量达到了惊人的 359769 股。到了 5 月 7 日当周，该股从 92.5 美元下跌到了 87 美元，成交量为 227300 股。

如果你仔细观察 1920 年 12 月 25 日当周形成底部 37.75 美元，从那时起，你会发现**每一波上涨都从一个更高的低点启动**。这种走势表明多头要强于空头，同时在涨到 93 美元之前，市场并未出现供给大于需求的情况。在 93 美元附近出现了巨大的成交量，这意味着抛压沉重阻止了股价进一步上涨。

如果仔细查看走势图你会发现，1921 年 5 月 9 日当周的开盘价为 86 美元，低于显著放量的前两周的最低价。这是该股趋势发生变化的第一个信号，我们应该及时卖出股票，转而采取做空操作。

这波上涨持续了 4 个多月的时间，涨幅共计 55 美元。上涨期间，周度走势图显示上涨趋势保持。但如果你查看盘口走势，就会发现其中有许多次波动会让交易者冲动地卖出股票并转而做空，最终会亏损许多钱。原因是什么呢？因为其中许多小型的反向波动，如持续半小时、3 小时，或者是 3 日的下跌运动或许会误导交易者，使得他们认为趋势下行已经结束了。

等到该股的下行趋势真的开始后，该股一直跌到了 1921 年 5 月 28 日当周的 70 美元。**交易者会发现该股在此后的 3~4 周时间内一直处于窄幅波动区间中**，最低点不过是 68 美元。这意味着该股在这一区域获得了一些支撑。

到了 7 月 9 日当周，这只股票已经回升到了 82.5 美元，并且在这一位置附近停留了数周时间。这意味着股价再度遭受沉重的抛压，于是趋势转而向下，一直跌到了 8 月 25 日的 64.75 美元。

接着，一波迅速的反弹展开了，股价很会涨到了 79 美元。接下来的 5~6 周时间当中，该股逐渐下跌到了 70 美元，随后进入窄幅整理状态，波幅仅为 4 美元左右。

到了 1921 年 12 月 10 日当周，该股向上突破 9 月 10 日的高点，在触及 7 月 9 日当周的高点 82.5 美元附近时出现了停滞。窄幅整理表明主力正在吸筹，此后上涨行情启动了。该股持续上涨，阻力点位逐一被突破，直到 1922 年 4 月 22 日触及高点 124.5 美元。接着就出现了快速的回落，跌到了 114.25 美元。该股在这里见到阶段性底部，接着出现回升，突破了前一高点，触及 125.875 美元。随后，**小幅回落，并未放量。**

到了 6 月 17 日当周，股价已经跌到了 116.625 美元，这个点位比 1922 年 5 月 13 日的 114.25 美元的低点更高，意味着股价在更高点位上获得了支撑，趋势向上。

伴随着成交量放大，交投变得活跃起来，该股在 1921 年 7 月 19 日当周涨到了 139.375 美元，并且过去两周内的成交

判断趋势有很多方法，N 字结构、幅度法以及常用的均线法和趋势线法等，任何具体的方法都是有漏洞的，因此需要配套一些过滤手段和保护手段。保护手段当中有止损单，有资金管理和资产配置等。对于投机者而言，止损单是必不可少的。

窄幅波动区间的成交量状态对于判断区间的性质非常重要，当然能够结合题材来分析则更好。

高位横盘显著放量，接着此后股价上冲乏力，继而跌破区间下沿，那么你认为高位放量当中谁在买入？谁在卖出？

上涨中，股价回落放量和缩量，各有什么含义？如果主力此前持有筹码，那么上涨放量下跌和缩量下跌，各有什么含义？如果是缩量跌停，那么存在利空大题材和没有利空大题材，各有什么含义？

天量背后往往有非常重要的信息等着你去发掘。我的经验是：你可以多问几次谁在买，谁在卖？思考清楚了，你就明白筹码交换的双方是谁。

量达到了 40 万股。此外，该股从 116.625 美元上涨到了 139.375 美元时的累计成交量也达到了 160 万股，**这是该股总股本的 3 倍，流通股总数的 5~6 倍**。这表明主力和内部人士很可能正在派发筹码，而公众则在买入。

这只股票从 1922 年 8 月 12 日下跌，当日就触及 123 美元，**交易量却只有 11 万股**。此后，一周该股处于窄幅波动状态，波幅为 4 美元，相应的成交量为 4.6 万股。这表明抛压并不沉重，还不至于让该股大幅下跌。不久，该股又重新上涨到了 134 美元，接着在 9 月 30 日跌到了 123.75 美元，并未跌破 8 月 12 日的最低点。

此后，股价开始快速上行，到了 1922 年 10 月 14 日当周，该股涨到了 139.375 美元，与 7 月 19 日高点持平。当周的成交量为 20.5 万股，这是一个抛售的特征，我们应该及时卖出手中的股票，转而做空。止损单应该设置在此前高点之上 2~3 美元处。接下来一周，股票的成交量为 24.2 万股，股价也下跌到了 129 美元，这表明空头开始强于多头。股价持续下跌，跌到了 122~123 美元时获得了强大的支撑，股价此次盘整了两周时间。

到了 1922 年 11 月 25 日当周，该股快速下跌至 116 美元，并且在 11 月 27 日进一步跌到了 114.25 美元，这与 1922 年 5 月 13 日回落形成的低点相同。但是，如果你是一个天天盯着报价机的人，现在很可能已经忘记了 114.25 美元是 5 月 13 日的最低点了。

由于股价跌到历史低点附近获得了强劲的支撑，于是开始展开回升，并且创出新高。记录和绘制行情走势图的人必然对这些关键点位了然于心。**当股价触及 114.25 美元时，成交量显著放大**。这表明股价在这里获得了强有力的支撑，我们应该趁机买入，并且采用止损单进行相应的保护。止损单的具体设置位置为关键点位 114.125 美元下方 1~2 美元的点位。

触及历史低点，显著放量。还未跌破历史低点的情况下，谁在买？谁在卖？散户会这么齐心协力在历史低点附近大举买入吗？

该股在 1922 年 12 月 2 日结束反弹的当周已经涨到了 123.75 美元，成交量为 24 万股，多头力量还是强于空头的。

你会发现 2 周的最高点是 125.5 美元。从 12 月 9 日当周开始，该股的交投变得非常活跃。当分红派息的利多消息出来以后，该股继续上涨到了 134.25 美元，当周成交量为 50 万股。**这是该股从 1920 年 12 月的 37.75 美元上涨以来成交量最大的一周。这是大众买入该股，而主力大举派发的最显著证据。**天量意味着大众进入到了极度亢奋的状态，同时也是一波大行情临近结束的标志。

在上涨趋势结束之前，该股于 12 月 27 日涨到了一个新的高点——141.75 美元。到了 12 月 30 日当周，该股的成交量达到龙头 24 万股。此后，该股下跌。

从 1922 年 5 月 13 日到 12 月 30 日，该股的总成交量达到了 700 万股，股价波动范围从 114.25 美元到 141.75 美元。换个角度来讲，该股在 27.5 美元的波幅内换手了 15~20 次。相当肯定的一点是当该股上涨到 100 美元之上时，主力的派发就展开了。当主力完成派发，长期下跌走势就展开了。交易者不要因为分红利好而高位买入，反而应该及时让多头头寸离场，并且做空。

一次性利好高位兑现，股价通常会怎么走？参阅《题材投机》一书题材“生命力”的相关章节。

交易者可以用同样的规律和分析方法去判断任何一只个股的趋势。如果主力处于吸筹和派发阶段，那么盘口的小波动并不值得我们去捕捉，因为这会误导我们的判断，我们要把握住主力在筹码上的主要动作。因此，交易者正确解读盘口的方法应该是绘制 3 日走势图或者是周度高低点走势图。同时，要将流通股的数量考虑进入。最后，我要再强调一次：**要想正确地解读盘口，就不能持续紧盯盘口。**

关于 3 日走势图和周度高低点走势图是江恩比较推荐的图表类型，当然也是比较小众的走势图表，在江恩的另一本专著《华尔街 45 年》一书中有介绍。

第 15 章

行情结束的盘口信号

股市心理学是每一个投机者和投资者都应该研究的。筹码和预期是投机的两个关键研究对象，其中预期就是股市心理学的主题之一。

——魏强斌

盘口会向交易者透露市场的真实情况，但是却不可能仅仅从 1 天、1 周或者 1 个月的走势中吐露一切。当一只股票处于买入或者卖出区域的第一天，盘口就会发出提醒信号，但是最终的信号却需要时间来确认。无论是主力吸纳筹码，还是逢高派发，或者趋势启动的信号，我们总要综合各种信息进行判断。

局部看点位，看形态，整体才能看趋势。市场的实相就是趋势。

在附图 2-3 中，读者可以看到美国橡胶（U. S.Rubber）在 1919 年构筑顶部的情形，这是一个非常有价值的案例。这只股票在 1919 年 6 月上涨到了 138 美元，此后回调到了 124 美元，接下来又回升到了 138 美元。随后进入盘整状态，围绕 138 美元窄幅整理，一直持续到了 8 月。高位持续盘整，同时成交量显著放大，这表明抛压沉重，以致该股很难上涨。因此，该股在 9 月的时候跌到了 111 美元，到了 10 月的时候再度回升到了 138 美元，11 月上涨触及 139 美元，同月跌至 113 美元。这个低点比 9 月的低点高出 2 美元，随后股价在 12 月回升到了 138 美元。到了 1920 年 1 月，该股上涨到了 143 美元。这个高点比 1919 年 6 月的最高点还要高 5 美元。

大家可以将箱体理论的相关著作找来看看，特别是达瓦斯的小册子。

普通情形下，一只股票创出新高意味着股价将会继续走高，但是有一个前提——当一只股票上涨到新的区域后，不能跌回此前的区域之内，否则就很难继续上涨。在美国橡胶这个案例中，该股在短短数日之内跌到了 136 美元，这表明上方抛压巨大。**新高是一个多头陷阱，空头恐慌性回补加上大众大举买入导致价格快速突破，但是因为主力和内部人士在趁机大举抛售，因此股价突破后后继乏力，很快跌回区间之内。**如果你认真查看盘口，就会发现主力和内部人士从 1919 年 6 月就开始在逐步派发了。

1920 年 2 月，该股暴跌。当股价跌破此前一个关键点位 112 美元时，意味着主力其实已经完成了派发，大跌即将拉开序幕了。美国橡胶从 1917 年 12 月的 45 美元起涨，涨到 1919 年 6 月主力开始派发。但是即便到了那时，盘口仍旧无法清晰地告诉我们派发何时结束，终极顶部是否来到。等到了 1920 年 2 月，盘口终于告诉我们终极顶部确认，趋势性下跌开始了。此时，该股跌破了 112 美元，一直跌到了 92 美元，期间反弹的高度从未触及 115 美元。到了 1921 年 8 月，该股已经跌到了 41 美元。在持续下跌过程中，抛压都非常显著，而且**高点和低点逐渐降低**。盘口一直在告诉我们部分市场真相，但是直到 1921 年 11 月才确认下跌趋势结束了。随后，该股进入到 3 个月长度的窄幅整理状态，接着确立向上趋势，股价逐步进入新的价格区域。

通过这一案例，大家已经清楚了任何一波大涨或者大跌之后都需要一段时间才能确定下一波大的行情什么时候启动。如果想要从日内盘口看出下一波大行情的启动时机，只会被小波动所误导。所以，交易者应该耐心观察和等待，直到盘口给出大势改变和大行情启动的确认信号。

另外，一家公司的流通股规模越是庞大，则吸纳和派发筹码所需要的时间则越长。在分析主力是否在吸纳和派发筹码时，我们要将涨跌幅度和持续时间考虑进去。

美国橡胶这只股票从最低价开始上涨，涨了近 100 美元后，在高位横盘整理了 8 个月，此后遭遇了 1919 年 11 月的大恐慌，上涨趋势正式被确认结束了。理智的交易者不能再盼望该股能够继续此前的涨势，不能寄希望该股继续创出新高。不过，在做空之前，我们要耐心观察，查看支撑是否有效。

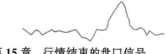

日度高低价走势图、周度高低价走势图和相应的成交量数据可以帮助交易者确定上涨趋势是否结束，**当股价创出新高但迅速放量回落到前一高点之下时，上涨行情往往就结束了。**

对多头陷阱的进一步研究，可以参阅一些国外的经典技术分析著作，比如杰克·茨威格和思博朗迪的书。

吸纳和派发筹码的时间

倘若主力在一只股票上花费了数月时间进行吸纳或者派发筹码，那么吸纳和派发之间的拉升阶段也需要花费数月的时间。交易者不要在股票第一次回调时卖出，甚至第二次到第三次回调时也一样。因为在上涨趋势中，回调是自然的，一旦回调必然有人逢低买入，因此支撑强劲。当主力和内部人士准备出货时，走势就会显得犹豫，处于窄幅震荡状态，波幅取决于股票的类型。这个窄幅整理过程会持续到派发结束时。

主力大概在什么位置进入的，拿了多少筹码，成本是多少，可以借助于席位、盘口大单、天量和通过 F10 打开股票软件，按链盘上的 F10 功能键，对显示的详细资料进行推断。

股票下跌趋势什么时候结束，也可以做类似的推断。要让大众心理上适应一只股票从 140 美元下跌到 100 美元需要较长时间。一些交易者会在股价跌到 130 美元时进去“逢低买入”，另外一些交易者则会在股价从高点下跌了 30 美元、40 美元，甚至 50 美元时买入，因为与此前 140 美元的股价相比，现在的价格显得“便宜”了。结果，这只股票继续下跌，导致持仓者变得恐惧起来，于是他们恐慌地卖出。而这直接导致了股价的最后一次恐慌性暴跌，幅度高达 10~30 美元。

股市心理学是每一个投机者和投资者都应该要研究一下的。筹码和预期是投机的两个关键研究对象，其中预期就是股市心理学的主题之一。

如果你能够恰当地解读盘口，同时耐心等待盘口告诉你关于市场的实相，那么自然就能赚到大钱。相反，如果你急于致富，却缺乏相应的能力和耐心，则必然破产，因为你被情绪所驱使，未能基于合理的信号进行交易。

第三篇 研判股票强弱态势

Read, not to contradict and confute, nor to believe and take for granted, nor to find talk and discourse; but to weigh and consider.

——Francis Bacon

交易者想要挣钱必须进入市场，当然只有在恰当的时间采取恰当的行动才能最终挣到钱。所以，交易者必须耐心跟踪市场，分析盘口，确认正确的交易时机，最终及时离场。即便你在正确的时机买入，但是如果离场时机错误的话，也会遭到挫败。

无论你是做多还是做空，都需要基于具体的市况和个股的强弱态势。我们在牛市结束的时候买入一些个股也能挣钱，如同在熊市结束的时候做空一些个股挣钱一样。在后面的章节中，你将学会如何去判定一只股票是强势股，还是弱势股。

当一只股票上涨时，不要因此买入同一板块的其他股票；同样，当一只股票下跌时，也不要因此做空同一板块的其他股票。我们要认真揣摩个股强弱的背后原因，搞清楚主力是否存在于该股，目前具体处在什么运作阶段，是在吸纳筹码、在拉升，还是在派发筹码。

观察先于分析，分析先于决策，决策先于行动。我们在介入市场之前，一定要先进行认真的分析，不要留下遗憾。当行情表明我们的头寸存在问题时，接受小的亏损，果断离场，不要抱着希望在那里继续持有亏损的股票。

第16章

板块的强弱态势

我们必须清醒地认识到只有新事物才会提供异乎寻常的大机会，只有新事物才会吸引投机者参与其中，进而带来大幅波动的行情。

——江恩

观察和比较不同板块的强弱态势对于交易者而言是非常重要的功课。如果我们想要在股票市场中有所成就，就必须跟上潮流和热点，抓住龙头股。那么具体如何操作呢？从每只股票板块中挑选出几只代表性股票，分别绘制其月度股价走势图和年度股价走势图。你拥有的历史图表覆盖时间越长，则你越能准确地判断出这个板块的强弱态势。

许多年前，电车和铁路板块是龙头板块，接下来是铜业股接过龙头板块的位置，随后是汽车板块、橡胶与轮胎板块，以及石油板块。当然，每过几年，不同的矿业股也会成为领涨的龙头股。不过，大众在参与矿业股的时候非常谨慎，因为它们的业绩不确定性风险极高。

但是，过去几年当中，那些持续交易铁路板块的交易者并未赚到什么钱，因为这个板块在这期间没有什么大行情。相比之下，汽车板块、橡胶与轮胎板块，以及石油板块中的个股却出现了大行情，提供了赚取丰厚的利润机会。

铁路行业的辉煌时代已经过去了，将来挣大钱的机会不会出现在这类板块上。汽车行业的竞争日益激烈，但是最终

新事物带来无限的想象力，市场很难对新事物估值，因此是首选的投机标的。

会缓和，因此这个行业的投资会带来恰当的利润，但绝不会是什么超额利润。

简言之，**我们必须清醒地认识到只有新事物才会提供异乎寻常的大机会，只有新事物才会吸引投机者参与其中，进而带来大幅波动的行情。**

交易者必须密切关注新行业的发展以及它们的股票。要与时俱进，具体来讲就好比卖掉铁路股，买入汽车股才能挣大钱一般。要学会及时“换马”，那些在 1916 年卖掉橡胶与轮胎股买入石油股的人，在 1918~1919 年赚到了丰厚的利润。

我预测未来数年，飞机制造板块和无线电行业板块将如此前的石油和汽车板块一样给参与者带来丰厚的利润。化工行业板块在未来也会带来良好的机遇，因为战争使得我国的化工行业取得了巨大的发展，市场潜力巨大。

股价的大幅波动是交易者挣到大笔金钱的前提条件。倘若一只股票长期以来每年的波动幅度都在 20~100 个点，那么无论是做多还是做空，都能挣到大钱。但是，如果这只股票的波幅缩小到只有 5~10 个点，那么赚大钱的机会就少了很多。

1916 年，铜业板块的股价升到了历史最高水平。但是到了 1919 年，当石油股和工业制造股刷新历史高点时，铜业板块却只有一个微弱的反弹。此后，这个板块逐年下跌，一直到 1920~1921 年才企稳。通过绘制铜业板块当中几只领涨股的走势图，我们可以看到这些股票在 1919 年出现了主力派发的迹象，因此它们未能回升到 1916 年的价位。所以，交易者可以选择长期下跌的铜业股做空。

第 17 章

大盘大势

比较个股与大盘的走势对于投机客而言，非常有价值。在大盘下跌时，逆势走强的个股值得我们关注。

——魏强斌

一些板块的个股会随着大盘波动，而另外一些个股则可能与大盘的走势截然相反。在过去许多年，道琼斯 20 种铁路股平均指数与 20 种工业股平均指数都是大盘走势的最佳指标。

不过，由于纽约证券交易所的上市公司数量由 100 家增加到了 700 多家，因此许多个股会独立于大盘，并不是仅仅跟随指数一起波动。所以，交易者在目前的市况下有必要深入研究个股，因为个股走势独立于大盘走势的概率越来越大。

在股市中特立独行的个股要么是基本面上有显著的优势或者劣势，要么是主力控盘。

在 1922 年 10~11 月的大盘下跌期间，就有一只股票特立独行。当时，前期的龙头股纷纷下跌，例如，鲍德温铁路公司、铸钢公司以及斯蒂旁克汽车、美国钢铁等都处于暴跌之中，但是大陆罐头（Continental Can）却基本上处于持续上涨中。读者可以参看本书的附图 2-4，这是该股的走势图，对比它与鲍德温等股票的走势，可以看出强弱之分。该股创出了新高，趋势明显上涨，丝毫不理会大盘的下跌。

比较个股与大盘的走势对于投机客而言，非常有价值。在大盘下跌时，逆势走强的个股值得我们关注。

在 1922 年 11 月大盘下跌期间，如果交易者做空了鲍德温、铸钢公司以及其他前期领涨股，就能挣到大笔利润；与此同时，如果交易者做多了大陆罐头也能够挣到大笔利润。

很多交易者因为这只股票的价格较高，而且还在继续上涨，但是却没有分红而卖出了它。这样的操作显然违背了我反复强调的**“做多强势股，做空弱势股”**的法则。这个交易法则的本质是顺势而为，顺着趋势去操作个股。

那么，如何判断个股从强势转变成弱势呢？交易者可以通过密切关注日度高低价走势图、周度高低价走势图和月度高低价走势图来判断个股何时从强势变为弱势了。

第 18 章

如何鉴别最强势的股票

如果交易者拥有一只股票多年的走势记录，那么就可以从中确定该股在极度恐慌年度的最低点，以及在极度亢奋年度的最高点。最低点与支撑点位有关，最高点与阻力点位有关。当我们确认支撑点位和阻力点位之后，就很容易找出该股的良好买卖点位，同时将初始止损幅度限制在 2~3 个点。

——魏强斌

在挑选买入目标股的时候，我们要选择出特定板块中最为强势的个股，因为这类个股将成为牛市中的龙头股。而那些最为弱势的个股则往往是熊市中的领跌股。下面我们来看一些具体的例子。

斯蒂旁克汽车

假定从 1920 年到 1921 年，交易者正准备挑选一只汽车股买入。当时交易者注意到斯蒂旁克汽车在 1917 年的最低价为 34 美元，到了 1918 年股价再度跌到了 34 美元。1919 年的最高价为 152 美元。1920 年 12 月，该股下跌到了 38 美元，**相当于在 1917 年和 1918 年最低价之上 4 美元的地方止跌企稳，这表明该股处于强势状态**。因此，到了 1921 年春天，虽

低点抬高是江恩确认趋势向上的关键形态之一。

然汽车板块的其他个股并未表现出任何构筑底部的明确信号，该股却第一个开始上涨了。

1921 年 4 月，这只股票上涨到了 93 美元，接下来在 5~8 月却持续下跌。当汽车板块的其他个股纷纷创出新的低点，且大盘在同年 8 月跌到最低点时，该股的价格仍旧高达 65 美元。相当于从 1920 年 12 月的最低价上涨了 27 美元。当时，其他汽车股的价格都低于 1920 年到 1921 年年初的最低价。这些迹象都清楚地反映了该股获得了强劲的支撑，否则该股就不会在板块大跌的同时还能上涨 27 美元了。

此后，这只股票在 65~72 美元这个区间窄幅波动的数周，显示出支撑良好且主力在吸筹的迹象。这是另外一次买入的良机。此后，该股持续上涨，低点和高点逐渐抬升，查看附图 2-2。

1922 年 5 月 16 日，该股回落到低点 114.25 美元。同年 6 月 12 日，触及低点 116.625 美元。到了 8 月 11 日，触及低点 123 美元。9 月 29 日触及低点 123.875 美元。该股的走势表明低点在逐步抬升，趋势向上。1922 年 11 月 27 日，该股跌到了 114.25 美元，与 1922 年 5 月 11 日和 16 日的支撑点位相同。随后，该股回升，于同年 12 月触及 141.75 美元，这也是当年的最高价。

这家上市公司在 1922 年 11 月宣布 25%的分红，通常这被解读为利多消息。1922 年12 月分红后除权，股价此后跌到了复权价 110.375 美元，跌破了此前所有的支撑点位，这意味着趋势已经转而向下了。因此，在下跌趋势中交易者的正确操作是每逢反弹就做空。在长期下跌之前，该股处于横盘整理区域数月，这显然是一个主力派发筹码的区域。但是，就在我写作本书的时候，这只股票已经清楚地显示出正式下跌的迹象。

铁路股

附图 2-1 显示了 20 种铁路股平均指数的年度高点和低点，从中我们可以发现一些有价值的信息。这一指数在 1906 年创出了极端高点。在 1907 年大恐慌之后，该指数在 1909 年回升到距离 1906 年高点仅差几个点的位置后转而下跌。

1916 年和 1919 年，当工业股平均指数创出历史最高点时，我们可以在走势图上看到，同时期的铁路股指数仅仅有小幅的反弹。实际上，在 1916 年反弹之后，铁路股指数每年的高点和低点都在降低，这种走势一直持续到了 1921 年 6 月。

1921 年 6 月，铁路股平均指数触及最低价之后开启持续上涨模式，于同年 12 月触及高点 77 点。这些可以从附图 2–1 中看出来，77 点是当年的最高点。1922 年 1 月，该指数回落到了 73 点。同年 3 月上涨到了 78 点，这个点位高于 1921 年的高点，也是 1916 年以来的最高点。实际上，1916 年的回升高点仅比 1915 年的高点高出 4 个点。

从 1909~1921 年，铁路股的大趋势是持续向下的。所以，当这一指数最终出现一个新高时，表明趋势转而向上了。1922 年 10 月，铁路股指数上涨到了 93 点，这一强大的阻力点位，与 1918 年和 1919 年的高点相同。

现在我们假设在 1921 年就知道铁路板块迟早会见底，并想要从中选出一只强势股买入，我们可以查看纽约中央地铁公司的波动图（见附图 2–5）。

纽约中央地铁公司

纽约中央地铁属于上市时间较长的股票，因此我们可以查阅到这只股票的长期行情数据，进而确认主力吸纳和派发筹码的区域。该股在 1893 年的最低价为 90 美元，1896 年的最低价为 88 美元，1907 年的最低价为 89 美元；1908 年的最低价为 90.125 美元。上述年度低点表明该股在 88~90 美元存在强劲的支撑。在过去的 15 年中，即便是在恐慌蔓延的时候，我们也可以在这个点位附近买入这只股票。

到了 1914 年，该股已经跌破了 88 美元，触及 77 美元。这下子就跌破了常年有效的强支撑点位，这表明该股存在进一步下跌的空间。所以，交易者在这个时候应该追空，直到该股在新的低点获得支撑后再回补空单。

什么情况下出现空头陷阱？回想一下此前关于多头陷阱的讲解。

到了 1917 年，铁路股平均指数已经下跌到了 1914 年和 1907 年恐慌性暴跌低点的下方。实际上，该指数跌到了近 20

年的最低点。铁路行业当时确实处于困境当中，政府被迫接管了铁路，进行战时运营。

1917年12月，纽约中央地铁公司的股价刷新了低点，触及63美元。1920年2月，触及最低价65美元。次年6月，股价再度触及65美元。上述三个低点跨度为4年，股价在同一点位附近获得支撑，表明下方承接有力。但是，1920~1921年，以南方太平洋铁路公司（Southern Pacific）为首，众多铁路股都刷新了数年来的低点。虽然当时的铁路股平均指数比1917年恐慌时期要低好几个点，但是纽约中央地铁公司的股价仍旧岿然不动。63美元是买入该股的一个良好位置，初始止损单放置在这个点位下方3美元的地方。

如果说筹码和预期是投机分析的核心要素，那么点位和周期就是进出场时机的核心要素。当然，这是站在江恩理论的角度来说的。

该股从1917年到1921年的最高价为84美元，经过65~75美元整理后，该股在1922年3月向上突破了84美元。进一步上涨的空间被打开了，如果交易者想要加码买入的话，可以选择这个点位跟进。

1922年10月，该股触及高点101美元，主力开始派发筹码。接着，低点下降，意味着趋势已经转而向下了。

除了纽约中央地铁公司之外，我们再来看当时的其他几只代表性的铁路股。

第一只股票是圣保罗铁路公司（St.Paul），这是另外一只股价从1909年到1921年逐年走低的铁路股。在我写作本书的时候，无论是这家上市公司的普通股还是优先股都已经有主力吸筹的迹象，而且持续一段时间了，这表明该股已经出现了趋势向上的动向。

主力吸筹必然显著放量。

第二只股票是岩岛公司（Rock Island）。该股在1917年12月，触及了年度最低价16美元，此后逐年抬升。需要注意的一个细节是，该股在1922年率先上涨并创出了新高。这一特征是我们优选领涨股时需要注意的，我们要选择那些在大盘弱势时仍旧保持强势的个股，它们拒绝跟随大盘下跌，低点也在逐渐抬升。当大盘企稳反转后，这些独立个股就是新一轮牛市的龙头股。

第三只股票是南方铁路公司（Southern Railway）。这是一只目前的强势股，从 1913 年以来，该股的底部就在逐步抬升，这表明该股仍旧处于上涨趋势之中。

第四只股票是联合太平洋铁路公司（Union Pacific）。在 1907 年的股市暴跌恐慌中，该股触及最低点 100 美元。到了 1917 年，该股的年度最低点为 102 美元。这意味着我们可以在前期历史性低点附近买入。到了 1920 年 2 月，该股触及最低价 110 美元，次年 6 月，触及最低价 111 美元，年度低点有所抬升，因此我们在此买入，止损单放置在 110 美元下方。

从历史数据可以看出，1907~1921 年，联合太平洋铁路的每次大幅下跌都在更高的点位获得了支撑。与此同时，许多其他铁路股同期却在创出新低，这些股票处于弱势之中，下方承接乏力。到了 1922 年 9 月，该股回升到了 154 美元，主力开始在这个点位附近派发筹码。

主力派发筹码必然显著放量。

买卖点位

交易者要遵守同样的交易法则来判定任何一个板块中的最强势股和最弱势股。除了判断个股的强弱趋势之外，我们还可以判断出买卖点位。**如果交易者拥有一只股票多年的走势记录，那么就可以从中确定该股在极度恐慌年度的最低点，以及在极度亢奋年度的最高点。最低点与支撑点位有关，最高点与阻力点位有关。当我们确认支撑点位和阻力点位之后，就很容易找出该股的良好买卖点位，同时将初始止损幅度限制在 2~3 个点。**

我们来看一些具体的例子。第一个例子是美国罐头，该股在 1914 年 7 月见到低点 20 美元，到了 1915 年 10 月，该股上涨到了 68 美元，到了 1916 年又跌到了 51 美元，接着回升到了 68 美元，价格两度触及这个高点。在这个高点盘整期间，主力派发的迹象明显，持续数月的盘整期给了交易者做空的充分时间。该股在1917年的股市崩盘中跌到了30美元，然后又在1919年9月上涨到了68美元。此后，该股在68美元附近盘整了差不多2个月时间，并未创出新高。这时有一个卖出股票，进而做空的机会。做空的初始止损单设置在68美元上方3美元的地方。

1920年12月，该股下跌到了22美元，也就是在1914年低点上方2美元的地方获得了支撑。随后，股价回升到了32美元，并且与1921年6月再度跌到了24美元，在更高的点位获得了支撑。接下来的4个月当中，该股都在24~29美元波动，主力吸筹迹象明显。我们在这个区域再度买入该股。到了1922年秋季，**该股向上突破了此前的阻力点位68美元，进一步上涨的空间被打开了，我们可以加码买入该股。**

回调加码买入和突破加码买入，哪个更安全？

第二例子是美国机车制造公司（American Locomotive）。该股于1920年12月触及低点74美元。1921年5月，股价回升到了91美元，到了6月股价下跌到了74美元，**股价两度在74美元获得了支撑，这是一个买入机会。**初始止损单放置在前期最低点下方，1922年4月，该股上涨到了117美元，这是1919年10月以来形成的最高价。在这个位置交易者应该卖出股票，并且转而做空，止损单放置在120美元，即117美元上方3美元的位置。

到了晚年的时候，江恩将3个点的过滤参数变为5个点，从《华尔街45年》中你看到更多的是5个点的过滤参数。江恩本人并未解释其中的缘由，但猜测应该是3个点参数已经无法过滤噪声波动了。

此后，该股跌到了109美元，然后股价窄幅波动了数周，但是并未跌破1922年3月和4月在108美元附近构筑的支撑点位。

1922年8月，该股上涨触及了118美元，向上突破了历史阻力点位，上涨空间被打开了，进一步上涨可期。到了同年10月，该股上涨到了136美元，遭受沉重抛压，趋势转而向下。同年11月，股价跌到116美元，这是1919年10月和1922年4月到5月的关键支撑点位。当一只股票第一次跌到此前的关键支撑点位时，基本上都能获得支撑。如果股价长期停留在历史支撑点位之上，则意味着趋势仍旧向上。

第19章

如何识别股票何时走弱

只要趋势维持下行，无论绝对股价多低，交易者都可以做空；如果趋势维持上行，无论绝对股价多高，交易者都可以做多。

——江恩

交易者总是想要知道哪些股票是最弱势的个股，因为在熊市中做空这些股票是最安全的。哪些最早显露疲态的个股往往都是熊市中的领跌股。当大盘正式步入下跌趋势的时候，这类股票已经下跌一段时间了，当股价跌破关键点位时，大幅下跌的空间就被打开了。

我们来看两个例子。第一个例子是美国工业酒精公司（American Industrial Alcohol）。1915 年 1 月，该股从 15 美元的最低点开始上涨，到了 1916 年 4 月，该股上涨到了 170 美元。1917 年，该股再度上涨到了 171 美元。1919 年 5 月触及高点 167 美元。1919 年 8 月触及低点 120 美元。1919 年 10 月，股价触及高点 164 美元。从附图 2-6 中可以看出该股在 4 年多的时间里基本都是在 167~171 美元这一区间遭受强大阻力而见顶。

现在我们再分析一下该股的支撑点位。1916 年 12 月，该股的最低价位 95 美元，次年 11 月见到低点 99 美元；1918 年 12 月见到低点 96 美元；1919 年 12 月见到低点 98 美元。该股当时处于主力派发的弱势状态，**同时期的工业股平均指数**

个股与大盘比较强弱可以更好地判断个股的强弱态势。

在1919年创出了历史新高，但这只股票却未能突破1916年和1917年的高点。从这一点来看，该股处于长期下跌趋势中。

此后，该股跌破了95~99美元的支撑点位，一直跌到了78美元。接下来，该股回升到了102美元，然后恢复下跌，跌到了1921年11月。当其他股票在1920年12月以及次年6月和8月都跌至低位时，该股已经大幅下跌了35美元。从这个例子我们可以明白一个结论：**如果交易者做空最弱势的股票，只要下行趋势持续，则跟随做空就可以赚到大钱。**

有一个细节需要注意——交易者有多少次机会能够在96~100美元时买入该股？又有多少次机会能够在165~170美元时做空该股？交易者每一次做多或者做空都可以盈利。最后每当该股跌破96美元的支撑时，进一步下跌了50多美元。我再重复强调一下，**只要趋势维持下行，无论绝对股价多低，交易者都可以做空；如果趋势维持上行，无论绝对股价多高，交易者都可以做多。**

当该股跌到35美元后，进行了持续大约2个月的窄幅波动，波幅为5~6美元，接下来该股的高点和低点不断抬升。1922年10月，该股上涨到了72美元。由于该股到1921年才见底，属于最后见底的股票之一，因此也是最后一批上涨的个股。

如果交易者在1921年6月或者8月，当其他个股纷纷构筑底部的时候做空这只股票，我们仍旧没有理由平掉空头，因为该股仍旧逐月走低，趋势明显维持向下。交易者至少应该等到该股突破前一个月的最高价之后才了结空头头寸，具体来讲当股价向上突破1921年12月的最高价42美元时空头才离场。

第二个例子是大西洋湾和西印度群岛公司（Atlantic Gulf and West Indies）。这只股票在1919年的牛市中涨幅巨大。该股在1917~1918年的支撑区域为88~92美元。交易者可以多次在整个区域附近买入该股，每股盈利15~20美元后卖出。同时，从1917年到1919年，该股的阻力区域位于117~120美元。在这个区域，交易者可以卖出股票或者做空。1919年2月，该股跌到了92美元，上一个最低价是1917年12月见到低点89美元。这个点位是买入的机会，初始止损单设置在关键支撑点位下方。

1919年4月，该股继续上涨，最终突破了120美元，这表明该股会继续上涨。到了同年5月，该股向上突破了历史最高价147美元；6月，该股涨到了188美元；8月，股价回落到了140美元；1919年10月，该股涨到了192美元。

此后，**该股的高点和低点渐次降低。**1920年2月，该股跌到了137美元；同年4月，该股回升到了176美元，股价在此横盘数月，主力派发筹码迹象明显。随后，股价跌破了137美元的支撑继而下挫，下跌过程中的反弹幅度越来越小。

1920 年 11 月，该股跌破了 88~92 美元的支撑点位。除了 1916 年的低点 27 美元还未触及外，其他关键支撑点位都被跌破了。1920 年 12 月，该股跌到了 62 美元。**当其他个股在 1921 年 6 月出现回升时，该股却继续下跌，**最终在 1921 年 1 月跌到了 18 美元。

该股在 19 美元附近整理了 2 个月，构筑底部，然后回升。1921 年 12 月，股价上涨触及 36 美元；次年 2 月，回调到了 24 美元，在这个更高的点位上获得支撑，并整理了几周。1922 年 5 月，上涨触及 43 美元。到了 1923 年 1 月，下跌到了 19 美元，在这个点位再度获得支撑，这是一个买入良机，止损单设置在 19 美元下方 2~3 美元处。

总之，无论其他股票整体表现如何，只要个股处于疲弱态势，那么做空这只个股就是赢面很大的操作。

第20章

判断终极顶部和底部的方法

如果交易者想要卖出或者做空股票，那么判断主力的派发区域非常重要。如果交易者想要买入，那么判断主力的吸纳筹码区域非常重要。

——江恩

任何个股或者板块，在启动一波大幅上涨或者下跌行情之前，主力无论是吸筹还是派发都需要较长时间。万丈高楼平地起，楼层越高则建造地基所花的时间也越长。同样的道理也可以套在股票走势上，**横有多长，竖有多高**，行情越大，则前期酝酿所花的时间也越长。下面来看一些例子。

第一个例子是美国钢铁。这家股份公司在1901年2月组建并上市，当时的规模堪称行业第一。首次公开发行了500万新股，发行的时候价格虚高，以致此后花费了许多年时间来确立合理价格。该股从1901年的55美元开始下跌，持续下跌到了1904年的8.375美元，此后该股上涨到了12美元。从1903年12月到1904年9月，该股在8.375美元和12美元之间波动，其中绝大部分时间在9~10点窄幅整理，相应的成交量非常小。整个过程大概持续了10个月，这就给了交易者足够长的观察窗口，确认该股获得了支撑。在观察期间，交易者不要匆忙买入，应该等到明确的信号。

该股走势上的一个重要线索是1909年见到高点94.875美元。**显然，该股在88~94美元换手率很高，有几天的交易量**

放大量需要我们琢磨是不是主力在行动？是在吸纳还是在派发，又或者仅仅是在对倒来吸引参与者？

高达 50 万股，主力派发迹象明显。

另外一个重要的派发可以从附图 2–7 中看到，**该股在 1916 年 11 月触及终极顶部 129.75 美元。波幅巨大，天量也伴随而来。**到了同年 12 月，该股跌到了 101 美元。此后在 1917 年 1~2 月，该股反弹到了 115 美元。1917 年 2 月 3 日，德国宣布展开“无限制潜艇战”，该股下跌到了 99 美元，仅比 12 月的低点低 2 美元。此后，该股上涨，到了 1917 年 5 月，该股回升到了 136.625 美元。**在这个高点附近成交量超过了 1500 万股，恰好是总股本的 3 倍，**请看附图 2–7，**从中可以看出该股当时正处于派发阶段，股性活跃，成交量放大。**该股正式的派发阶段从 1916 年 10 月持续到了 1917 年 5 月和 6 月。因此，想要卖出股票和做空的交易者有足够的时间来分析派发什么时候结束。该股从 1914 年的极端低点上涨了 98 美元，需要足够长的时间来完成派发，这是长期下跌前的必经阶段。当这只股票最终派发完成后，迅速下跌，到了 1917 年 12 月的时候触及低点 80 美元。

大众普遍认为钢铁股是整个市场的风向标，也就是说无论大盘是上涨还是下跌，钢铁板块是龙头。美国钢铁曾经是龙头个股，但现在已经风光不再。从 1916 年 10 月到 11 月，大多数股票达到了最高价，而 1917 年 5 月的股价则要低很多。但是，美国钢铁在 1917 年 5 月的股价却要比 1916 年 11 月的最高价高出 7 美元。许多买了其他股票的人也希望自己持有的股票能够像美国钢铁一样扶摇直上，但行情难如人意，他们最终赔了不少钱。这个例子再度证明了一个交易法则——不要因为某只股票强势，就买入同板块的其他股票。

通用汽车和斯蒂旁克汽车

交易者要挑选那些明确无疑的强势股做多或者弱势股做空，不要介入那些跟风股。挑选过程要基于个股的具体情况，要分析个股的价量关系。不要认为斯蒂旁克汽车的股价上涨了，就认为通用汽车的股价也会上涨。如果你要交易通用汽车的股票，你就应该观察和分析该股的走势强弱，同时还要考虑到该股的股本和流通股大小。就通用汽车而言，其总股本为 5000 万股，而斯蒂旁克汽车的总股本为 75 万股。

交易者切记一点：股价上涨需要足够的多头力量，而下跌则需要足够的空头力量。因此，比较而言，撬动一只股本总数为 75 万股的小盘股比股本为数百万股的大盘股更为容易，后者需要大很多的多头力量才能上涨。

你是否稍微花点时间思考一个问题：比如通用汽车这样的大盘股，其每上涨或者下跌 1 美元，就意味着总股本会增加或者减少 5000 万美元。所以，搞清楚了这点你也就能明白为什么该股在每个价位上都挂着那么多的买单和卖单，同时也能搞清楚该股为什么波动幅度不大。

当通用汽车在 1920 年拆股的时候，1 股拆为 10 股，当年 3 月该股的价格为 42 美元，复权后相当于 420 美元。此后，股价逐渐下跌。到了 1920 年 12 月，该股已经跌到了 13 美元，9 个月内下跌了将近 30 美元。这只股票之所以有如此大的跌幅，完全是因为没有任何主力或者财团有如此大的财力能够去托住 5000 万股的巨大盘子。该股继续下行，一直跌到了 1922 年 1 月，见到最低价 8 美元，此后在 1922 年 6 月上涨到了 15 美元，涨幅为 7 美元。

与斯蒂旁克汽车等几只汽车股比起来，通用汽车 7 美元的涨幅算不了什么，但是从上涨百分比来看，绝对是涨幅巨大。例如，斯蒂旁克汽车从 1921 年的 65 美元上涨到了 1922 年的 141 美元，上涨幅度超过了 100%；通用汽车从 1922 年 1 月的 8 美元上涨到了 1922 年 6 月的 15 美元，上涨幅度接近 100%。许多交易者容易被绝对涨跌幅度所愚弄，他们忽略了相对涨跌幅度才是重要的。一些低价股的绝对涨跌幅度看起来不大，但是相对涨跌幅度与高价股一样。

美国精炼（American Smelting & Refining）

参考附图 2–8，你可以看到从 1901 年 9 月到 1904 年 5 月的主力吸筹迹象明显，这是一个长期的吸筹过程，区间为 37~52 美元。此刻，如果股价向上突破了吸筹区间的上边缘，那么就是该股长期上涨确立的信号，这肯定是一波利润丰厚的大行情。

该股于 1906 年 1 月触及最高价，然后进入长达一年的派发阶段，股价维持在 138~174 美元。1907 年 1 月，该股跌破派发区间的下沿 138 美元，下跌速度很快。次年 2 月，股价触及 56 美元。所以，从这个例子我们明白了一点：**如果一只股票在高点或者低点附近长时间地横盘整理，那么一轮大行情就要降临了。**交易者应该抓住这样的大机会迅速获利。而那些不管不顾与趋势对立的交易者，或者当行情不利时抱着希望死守头寸的交易者，都是愚蠢至极的人！

无论是股票，还是期货和外汇，横盘整理时间越长，突破后行情越大，这已经成了高胜算率和高风险报酬率的良好机会了。如果从技术分析中最为重要的形态是什么，那么横盘整理算得上是其中最为重要的一个形态。

我们从该股突破吸筹区间开始复盘。当这只股票开始上涨时，接近了区间的最高价 50 美元，你在 50 美元附近做空。当该股触及 52 美元时，就清楚地表明了上行趋势确立了，因为股价已经进入到了新的区间。但是你却拿着空头头寸不放，你想要等到价格回调一点再离场，这样可以少亏一点。不过，市场并不会按照你的希望来走，该股接着上涨触及了 62 美元、72 美元、82 美元、92 美元，最终涨到了 174 美元。保证金最终给逆势交易者带来了什么好处呢？只不过让你破产而已，因为你在对抗趋势。

假设你在 100 美元加码做空，想要降低空头的平均成本，很多人都这样傻干，如果真的这样操作的话，你将会输得精光。同样的情况也发生在那些于 1907 年在 138 美元附近买入该股的人，因为该股此后跌到了 56 美元。当面对下跌时，他们可以采取些什么操作呢？是加码买入，降低平均持仓成本，还是及时卖出，离场观望？事实上，这些人永远不会及时离场，你看下历史数据，研究下这些交易者的习惯就明白逆势加码是错误至极的。

截短亏损，让利润奔跑。

正确的交易之道应该是顺势而为，要在浮盈后加码，而不是在不利的时候加码。因此，我觉得有必要再度强调一个重要的原则：迅速止损，让你的利润奔跑！

渐次抬升的高点和低点

保存和分析任何一个板块指数的走势图都是有意义的做法，因为交易者可以知道板块指数何时达到支撑点位，什么时候进入到主力派发筹码的阶段。但是，交易者毕竟不能参与板块指数的交易，因此现实的做法是在每个板块中挑选一些可以参与的个股，并且绘制出它们的图表，以便从中优选出最佳交易标的，同时确认最佳的买入或者卖出时机。

就活跃股而言，5~10 美元的波动就可以帮助交易者确认筑底或者筑顶的时间。对于股价在 25~60 美元的股票而言，3 美元的波动幅度是很好的确认参数；对于股价在 100~300 美元的股票而言，5~10 美元的波动幅度是很好的确认参数。

通过确认参数，过滤掉那些不值得关注的微小波动，避免被市场噪声干扰。无论是江恩的 3 点波段走势图，还是点数图，都是为了过滤掉市场噪声。

我们来看第一个实例。在某些情况下，股票需要数年时间才能为一波大行情做好准备。如果我们想在 1913 年买入原油股，经过认真观察和筛选，挑选出了一只领涨股——加利福尼亚石油（California Pete）。该股在 1913 年初级最低价为 16 美元；1915 年最低价为 8 美元；1916 年最低价为 16 美元；1917 年最低价为 11 美元。该股在 11 美元这个价位附近窄幅整理了 4 个月左右的时间，也就是说，在 1915 年最低点 8 美元上方获得了支撑。此前，该股从 1912 年的最高点 72 美元开始下跌，从 1913 年到 1917 年，该股则进入到了主力吸纳筹码的阶段，股价大致区间为 16 美元附近。

到了 1919 年，该股已经涨到了 56 美元，1920 年 11 月又跌到了 15 美元。1922 年 7 月，上涨到了 71 美元，这就是我所谓的“渐次抬升的低点”，换而言之就是间隔数年的支撑点位变得更高了。具体来讲，1915 年的支撑点位为 8 美元，1917 年的支撑点位为 11 美元，1920 年的支撑点位为 15 美元，1921 年的支撑点位为 30 美元。只要一只股票的低点在持续抬升，那么趋势就是向上的。在这种情况下，交易者顺势买入就是安全的。这条规则适合一切时间框架，从日线到年线。

我们来看第二个实例——墨西哥石油。这只股票也经历了低点和高点渐次抬升的情况。该股在 1913 年的最低点为 42 美元，1914 年的最低点为 51 美元，1917 年的最低点为 67 美元，1918 年最低点为 79 美元。到了 1918 年 10 月，该股第一次大幅上涨，刷新了高点，并在 1919 年 10 月上涨到了 264 美元。此后，该股在 1921 年 8 月跌到了 84.5 美元，这个点位仍旧高于前一个低点，也就是 1918 年的低点。因此，可以看出墨西哥石油的低点在逐年抬升，趋势向上，在进入派发阶段之前，该股会持续上涨，直到触及最高价。

交易者可以按照这一模式查看任何感兴趣的个股，分析过去数年的走势，查看是否存在低点和高点渐次抬升的情况。另外，不要忘了，吸筹和派发的规模越大，则在底部和顶部横盘的时间就越长，最终该股上涨和下跌的幅度就会越大。

接下来，我要介绍的第三个实例是玉米食品（Corn Product），参考附图 2-9。这只股票在 1906 年首次公开发行上市，当时的价格是 28 美元。1907 年，该股跌到了 8 美元；1909 年 6 月该股上涨到了 26 美元；1912 年下跌到了 10 美元；1913 年上涨到了 22 美元；同年又跌回到了 8 美元；1914 年该股回升到了 13 美元，同年也跌到过 7 美元。此后，该股窄幅波动，持续到了 1915 年春天才上涨到了 10 美元上方。

该股的第一个关键支撑点是 1907 年的 8 美元，1913 年再度在 8 美元获得支撑。1914 年战争引发了恐慌情绪，该股跌到了 7 美元，随后进入到了主力吸筹阶段。1906 年，该股触及 28 美元的历史最高点，这个关键点位直到 1917 年才被突破。**该股在上市后的第一个 10 年当中，大部分时间都在 8~20 美元的区间内波动。**在经历了长时间的吸筹阶段之后，该股创出了新高，这意味着一波大行情就要展开了。

有些资深股市交易者非常重视那些创出上市以来新高的股票，如果这些股票有业绩支持，商业模式具有持续竞争优势，则是很好的长期投资标的。

1919 年，该股上涨到了 99 美元，此后下跌到了 77 美元，接着又上涨到了 105 美元。1920 年 12 月，下跌触及 61 美元；1921 年 3 月，回升到了 76 美元；同年 6 月，下跌触及了 59 美元，在此前重要支撑点位下方 2 美元处获得承接。此后，该股持续上涨到了 1922 年 10 月的 134 美元。

从上述走势可以发现，当该股向上突破 10 年的高点之后，交易变得比以前更加活跃了，同时股价再也没有回落到 24 美元以下，稳健地上涨到了 1920 年的 105 美元。该股此后的调整幅度非常小，低点不断抬升，趋势明显向上。

如果交易者想要卖出或者做空股票，那么判断主力的派发区域非常重要。如果交易者想要买入，那么判断主力的吸纳筹码区域非常重要。

龙虎榜对于掌握重要玩家的筹码和成本也极其有用。

我要谈到的第四个案例是美国橡胶（U.S.Rubber），参考附图 2-3。从该走势图中，我们可以看到该股在 1919 年 6 月的时候触及 138 美元，同年 7 月再度触及这个点位；8 月见到高点 137 美元；10 月第三次见到高点 138 美元；11 月的高点为 139 美元；12 月第四次见到高点 138 美元。股价在这段时期的底部位于 111~117 美元。到了 1920 年 1 月，该股最后一波上涨，见到高点 143 美元。随后就是暴跌，这表明主力已经完成了派发筹码的工作，长期下跌展开了。

此后，**该股的高点和低点渐次下降。**当股价跌破 111 美元的时候，该股失去了所有的支撑，派发完全结束。1921 年 8 月，该股跌到了 41 美元。该股在 1914~1917 年的支撑区域位于 44~45 美元。

你或许会好奇为什么一些股票在数年内其价格触及某些关键点位就会遭受阻力或者获得支撑？原因之一是同一主力一直在其中运作。这些人往往与内部人士有密切的关系，他们知道股票的真实价值。因此，他们会在某些价位买入，而在某些价位卖出，反复在某些价位附近操作就形成了重要的阻力点位或者支撑点位。因此，交易者需要仔细研究自己感兴趣的股票，确认历史行情中重要的支撑和阻力点位。

趋势变化的信号

乌云密布时，我们知道天要下雨了，于是会立即寻找避雨之所。过去的经验让我们得以识别暴风雨的征兆——降雨云层。同样，交易者也可以基于过去的经验发现一些派发的征兆，如果出现这类趋势即将变化的信号，交易者应该全身而退，及时离场保护自己的本金和利润。当交易者看到一些主力吸筹的信号时，就应该立即回补空头，同时买入该股。

确实存在一些少数人最先发现的高效形态信号。

我们可以通过树上结的果实判断出树本身的健康状态。在股市中，**交易者需要根据个股自身的情况而不是其他股票**

的信号采取行动。当出现买入或者卖出信号时，我们要下市价单，而不是限价单。毕竟，限价单很难让你及时入场，也很难让你及时离场，往往带来一些损失。我们会因为在乎0.125美元或者0.25美元的差价而错失良机，因此失去丰厚的利润，或者遭受更大的亏损。买卖时机显现时，不要在乎些许的差价，不要因为贪图0.125美元的差价而损失几美元的利润。

1/8美元或者说0.125美元是当时美国证券交易报价的最小变动单位。

第21章

个股在某一区间的震荡次数

在我看来，时间要素是最为重要的。

——W.D.江恩

活跃股或者高价股涨到主力想要出货的目标价位时，就在一个较宽的区域内波动数月时间，这就是主力派发筹码的阶段。交易者看到这样的信号后会及时卖出或者做空。这些区域持续时间较长，以致不明就里的参与者会逐渐习惯这样的高位，因为他们觉得价格获得了支撑，买入是安全的。

如果某只股票快速上涨了20~30美元，期间并未出现什么像样的调整，很快就触及了顶部。握有大量筹码的主力不可能在1日、1周或者1月就完成派发。但是，如果这只股票在高位某一区间内反复震荡，上下多次，那么主力就能够完成其出货的任务，这就是主力派发的信号。当然，新主力也可以在高位完成吸筹工作。这类震荡如果只有5美元的幅度，则往往维持一个横盘整理的走势，无法突破区间上方，也无法跌破区间下方，有些个股会在某一区间震荡10~20次。

你可以查看一下1922年的斯蒂旁克汽车（Studebaker）、1919年的美国工业酒精公司（American Industrial Alcohol）、美国橡胶（U.S.Rubber）和美国毛纺（American Woolen）。从这些案例你可以发现，当主力派发时，股价会在较宽的区间内震荡。1922年5~11月，斯蒂旁克汽车在114~139美元震荡

横盘整理放大量，如果是在低位，那么主力吸筹的可能性很大；如果是在高位，那么主力派发的可能性很大。但是，低位和高位其实是一个伪命题，低位之后还有更低位，高位之后还有更高位。次新股的炒作就存在高位吸筹或者换主力的情况。因此，不要简单地根据股价的高低区分是吸筹还是派发，而要结合历史走势、大盘和题材来分析。如果横盘整理，不放量，要么是主力没出货，要么是根本没有主力。如果横盘整理显著放量，要么是主力在吸纳筹码，要么是主力在派发筹码。还有些被套的主力，也可能通过对倒的方式制造低位吸筹的假象，然后再放量突破吸引跟风盘，接着迅速抛售筹码，股价拐头下跌，而且跌得更狠，后来才发现这并不是低位，顶多算半山腰而已。

了 20 个来回。在这个震荡区间内，大幅的波动只有 5~6 次。而那些波幅在 5 美元左右的波动超过了 20 次，这表明主力的派发正在进行，该股正在酝酿长期的下跌。

离场观望的时机

如果我们成功地捕捉到一轮持续数月的上涨行情，并且已经累计到了一大笔丰厚的利润，那么就必须随时注意上涨趋势结束的最初信号。什么是上涨趋势结束的信号呢？正如前面讲到的那样，**如果股价在高位剧烈震荡，同时成交量显著放大，**那么交易者就要离场然后观望接下来的走势了。当主力大举出货的信号出现时，我们要立即了结多头头寸，等待做空的入场机会。**切记不要兑现多头利润后立即匆忙入市。**交易者必须耐心等待机会，机会肯定会再度降临的。

在熊市刚刚结束时，空头也要离场观望。主力在低位的吸筹阶段会持续一定时间，因此交易者不要匆忙抄底。如果空头在下跌过程中获得了大笔的利润，那就不要着急再度杀回去，应该等到牛市的信号明确了再介入。

拔高建仓这类手法在江恩时代可能还没有出现，至少不普及。

内幕消息（Inside Information）

股价处于高位比处于低位更容易出现大幅的震荡，因为派发的时候更加需要活跃的股价来吸引大量的参与者。当股价最终跌到较低的价位时，波动幅度就会下降，并且往往在一个较小的区间内震荡。这个时候，主力吸纳筹码的行动就开始了。

主力吸纳筹码和派发筹码的行为是相反的。如果主力想要出货，那么他们会努力吸引大众参与的热情，他们会大张旗鼓地宣传，以便招徕尽可能多的买盘。**当股价跌到低位时，他们想要吃货的时候，就会变得悄然无声，他们会掩饰自己进场的踪迹，同时避免其他玩家抢筹。**

主力这样做在商业上来讲是无可厚非的，如果你是主力你也会这样干。他们想要从其他人手中低价买入股票，以尽可能低的成本买入，这就意味着他们不想别人知道自己的行为，以免卖家惜售和其他买家抢筹。所以，即便一位主力操盘手平时为人坦诚，但是出于利益的考虑，也不能指望他能够告诉我们他正在买入。

同样，当股价在顶部附近时，主力正在卖出，他也同样不会告诉大众，股价已经足够高了，他正在卖出。倘若他管不住自己的嘴，将自己的行动透露了出来，那么他就是一个十足的傻瓜。**要想将自己的筹码高价卖给大众，他必须守口如瓶，隐藏自己的行为和意图。**

非零博弈充满了诡计。你只将它看作一个无关慈善与道德的商业游戏即可。只要遵守那些法律和市场规范，这类诡计就不会绝迹，因为这是一个非零博弈的市场。金融市场需要投机客，也惧怕投机客。没有投机，就没有市场流动性；有了投机，就有了金融危机。

许多人认为要想在股市中赚钱，那么获得内幕消息是唯一可行的方法。但是，基于我 20 年的经历，我认为得到和依靠内幕消息是不可能的。越早认清这一点，则越早可以从错误中走出来。如果你正在同一个人玩扑克，在大家都想要取胜的前提下，你还会让对手将他的底牌透露给自己吗？对手肯定不会这么傻，如果他这样做了，你就会赢了他口袋里的钱。同样的道理，**你怎么能够指望内幕人士和主力能够坦诚地告诉你他们真正的行动和意图呢？**无论内幕人士和主力是一位投行家，还是基金经理，又或者是庄家、大投资者等，他们都不会和盘托出自己的真实意图，特别是当他们在吃货或者出货的时候。

如果交易者能够恰当地解读盘口，就能够发现主力当下的动作和真实意图。盘口体现了所有玩家的买卖动作，如果我们能够正确地解读它，那么盘口绝不会说谎的。无论是散户还是主力，都无法完全掩盖自己的进出行为的，特别是主力。因为每一股的买入或者卖出都会体现在成交明细上。我

> 无论是价值投资者，还是趋势投机者，复利原理都是最为重要的法则，而时间是这个法则发挥作用的最重要因素。因此，时间因素是最为重要的。在江恩看来，时间周期非常重要，因此时间因素重要。我更倾向于从科学，而不是玄学的角度去理解时间因素在交易中的重要性。江恩认为时间周期重要，所以时间因素重要；我认为复利公式重要，所以时间因素重要。仁者见仁，智者见智，实践多了，你就会明白玄学和科学的差别了。

们知道如何正确地分析价量关系，就能判定买卖时机。

在我看来，**时间要素是最为重要的**。我经常在股市的年度预测中采用时间周期这门工具。我不是要透露什么不为人知的秘密，而是让读者能够清晰地明白时间周期这项工具是有用的，连同其他一些交易法则，要从市场中赚到足够多的利润。倘若你能够恪守我在本书中给出的任何一个交易法则，那么在接下来的 5~10 年，或许会为你带来成千上万美元的财富。倘若我的教诲能够让你在进入股市的前几年避免一些损失，并且从中获得经验，那么你从本书中获得的东西就是具有巨大价值的，此后你就踏上了快速获利的道路。

第22章

突破历史上的关键点位

没有共性，就没有理论；没有个性，就没有实践。要把握共性，靠理论；要把握个性，靠实践。江恩理论再好，也不能解决个性问题。

——魏强斌

当股价向上突破数月或者数年的吸筹区域时，上涨空间就被打开了；如果股价向下跌破数月或者数年的出货区域时，下跌空间就被打开了。此后，股价就会持续上涨或者下跌，直到遭遇新的关键点位。当交易者在关键点位进场后，都会在高于或者低于关键点位3美元的地方设定止损单，这样操作的胜算率是极高的，风险报酬率也极高。

我们来看一些具体的例子。第一个例子是共和钢铁公司（Republic Steel），请参看附图2-10。该股在1916年的高点为93美元；1917年的高点是94美元；1918年的高点为96美元。股价每次触及这一区域时，就是卖出的时机。1919年，股价向上突破了96美元，触及104美元，接着又回调到了81美元。接下来，该股再度突破了96美元，触及145美元。当个股上涨到新的价格区间时，第二次突破才买入要比第一次突破就买入更加可靠一些。**因为当股价第一次涨到新的价格区间时往往会遭受较大的抛压，股价容易回落；当第二次股价再度进入新的高价区间时，该股的抛压可能已经极大地减轻了，很容易上涨。**从1914年到1919年，该股的低点和高

外汇市场有类似的运动模式，参考附录的“直接进攻+间接进攻”突破模式”。

点都渐次抬升，也体现了上述原理。

第二个例子是沃巴什公司的 A 股（Wabash Pfd.A）。该股在 1916 年的最高价为 60 美元，此后逐年下跌，低点和高点渐次降低。这轮跌势一直持续到了 1920 年 12 月，见到 17 美元。

1921 年，**该股全年都在 18~24 美元的区间内震荡**，主力吸筹迹象明显。到了 1921 年 8 月，该股跌到了 20 美元，形成了一个抬升的低点。从 1921 年 8 月到 1922 年 2 月，每个月的低点都是 20 美元，这是一个强大的支撑点位。我们可以在这一关键点位附近买入，初始止损单设置在 18 美元。

当该股向上突破 1921 年的高点 24 美元时，我们可以加码买入。到了 1922 年 4 月，该股上涨到了 34 美元，这是 1920 年 10 月形成的阻力点位，**主力在此区域附近有派发的显著迹象。**

1922 年 12 月，该股跌到了 23 美元，并且下方承接有力，**此后股价在 2 美元的区间内窄幅震荡，然后开始恢复上涨走势。**

交易者要经常进行横向比较和纵向比较。

总之，**交易者在研判不同板块的个股时，需要观察每只股票的相对强弱，进而判断出谁将是领涨股或者是领跌股。**

第三个例子是铸钢公司（Crucible Steel），该股在 1915 年启动上涨，此后大幅攀升，最终见到高点 109.875 美元。从 1916 年到 1918 年，**每年的高点和低点渐次降低**。1916 年的低点为 51 美元，1917 年的低点为 46 美元，1918 年的低点为 52 美元。

当该股最终向上突破 1918 年的高点之后，进一步上涨的空间被打开了。1919 年，该股向上突破了 1915 年形成的 109.875 美元历史高点，这是该股将继续上涨，刷新历史高点的信号。

从 1916 年到 1918 年的下跌过程中，三年都在 46~52 美元获得支撑，这是主力逢低吸纳筹码的表现。

这波上涨，该股在 1920 年刷新历史高点，见到了 278 美元。当然，这是一个极端高价，并不是该股内在价值的合理体现。在一股分拆为两股之后，该股就出现了暴跌。1921 年 8 月，该股已经跌到了 49 美元。这个点位是分拆前股价的支撑点位，买家可以在此处买入等待下一轮涨势。

股息红利的增减

我在前面已经反复强调过：不要因为股票不分红派息就卖出，也不要因为股票分红派息而买入。我们来看一些具体的例子。第一个例子是铸钢公司 1921 年 12 月，铸钢公司的股价涨到了 69 美元，当时支付的股息红利是 4%。到了 1922 年 2 月 27 日，该股跌到了 53 美元。

同年 3 月初，上市公司宣布延期支付股息红利，当时股价则在 58 美元附近。接下来，该股跌到了 53.5 美元附近，并未跌破延期支付前的最低点。这是表明延期支付的信息已经被市场完全消化了，并且如果股价维持在先前的最低价之上，则可以忽略分红派息而买入该股。

1922 年 9 月，该股涨到了 98 美元，这个点位恰好是 1921 年暴跌的低点。此时，上市公司正在以每股 100 美元向持股人增发股票。一些持股者选择卖出，趋势转而向下。

到了 1922 年 11 月，该股已经跌到了 59 美元。**当增发价在市价附近时，交易者要密切关注股票接下来的表现。如果市价不能高于增发价，则需要卖出或者做空。**

筹码的成本差异可以作为一个有价值的指标。

第二例子是联合零售公司。该股受到了上市公司宣布减少分红派息率消息的影响。该股在 1920 年 12 月的低点为 46 美元，次年 5 月回升到了 62 美元。1921 年 8 月，跌到了 47 美元，在更高的低点获得了有效支撑。1922 年 1 月，该股上涨到了 57 美元。全部的信息都显示主力在过去的一年中有明显的吸筹迹象。1922 年 2 月，股价跌到了 53 美元。此后，由于宣布减少股息，股价继续下跌到了 44 美元。

如果我们在 1920 年的历史底部区域，具体来讲就是 46 美元附近买入这只股票，并且在 46 美元下方 3 美元的点位——43 美元，设定初始止损单，这个止损单将不会被触发。

1922 年 3 月，该股见到低点 44 美元，见到高点 47 美元，**1 个月内只有 3 美元的波动幅度**。这表明股价在此区域企稳了，到了 4 月开盘价为 45 美元，上涨启动了。

假设交易者耐心等待该股向上突破了 3 月的高点，并且在 48 美元买入。那么，在接下来的一个多月时间当中，该股上涨到了 71 美元。在回调了 10 美元之后，该股继续上涨，于 1922 年 10 月见到高点 87 美元，这是 1920 年的历史性阻力点位。该股在这一阻力点位附近遭遇了猛烈的抛盘，于 1922 年 12 月跌到了 66 美元，这是一个支撑点位。

这个案例说明内部人士和主力在宣布降低股息之前很早就已经知道了这一消息，他们耐心等待利空发酵引发股价调整，从而逢低买入。

下面，我们就需要耐心等待和跟踪，看主力是否会在历史低点附近买入。主力持有该股两个多月，同时不允许股价跌破历史低点超过 3 美元，因此交易者在这个历史低点买入，同时将风险控制在 3 美元以内是很安全的。

大多数时候，股息降低引发股价回调，都是买入这只股票的良好时机，因为利空消息已经被大众广泛获悉，也已经被市场全部消化了。相反情况下，如果上市公司宣布增加股息和分红时，主力和内幕人士往往趁机抛售筹码，因为利好消息往往成了他们高位出逃的掩护措施。类似的例子我可以举出成百上千个，但是只要这个例子就足以说明分红派息信息在不同情况下的含义了。

高位见最后一次利好或者是一次性利好，则主力大举出货的可能性很大；低位见最后一次利空或者一次性利空，则主力大举买入的可能性很大。

第三个例子是美国钢铁。该股在 1917 年 5 月刷新了历史新高，触及 136.625 美元，同时宣布支付 5%的股息。股息和额外的分红合计起来相当于支付了 17%的高额股息。不过，此后该股再也没能触及历史最高点。

到了 1921 年，该股已经跌到了 70.25 美元，因为内部人士很清楚，这样高的分红派息比例已经是最好水平了，不会比这更好了。**他们在高位发布利好消息，以便为自己出货制造足够多的对手盘。**

谈到美国钢铁，我们还需要谈及另外一个需要股票交易者注意的事项，那就是账面价值（Book Value）容易误导人。会计专家计算出该股在 1917 年的账面价值是每股 250 美元。那些市场经验不足的新手轻信了这样的说法，并且在高位买入该股，他们深信该股将涨到 250 美元。股价上涨很容易让交易者赚钱，但是想要将公司清算进而获得账面价值是非常困难的。

所以，账面价值或许给了交易者虚幻的希望，让他们买入并且持有一只股票以便等待股价上涨到与账面价值相符的水平。但事实如何呢？100 只股票中也很难找到 1 只股票靠近过账面价值。

江恩认为绝大部分股价不曾靠近过账面价值，而格雷厄姆则认为绝大部分股价都会最终靠近账面价值。从实际效果来讲，格雷厄姆更加正确一些；从理论上来讲，江恩此处的观点很难自圆其说。或许江恩完全站在投机的角度来分析，因此失去了中肯的离场。对于投机客而言，估值并不是最核心的要素，筹码和预期才是。

1915 年 2 月，美国钢铁宣布延迟支付股息，当时股价在 40 美元左右。接着跌到了 38 美元，此后再也没有回到这个最低点。交易者应该在此时买入“折扣商品”，而不是在股价超过 130 美元，并且支付 17%实际股息的时候买入。

1915 年，该股触及高点 89 美元，到了次年 1 月，见到低点 80 美元。同年 3~4 月，该股再度回升到了 80 美元。此后，该股在 80~89 美元震荡了接近 9 个月的时间。

1916 年 8 月，该股回升触及 90 美元，这个点位高于前一年的最高点。**股价窄幅震荡了如此长的时间，有迹象表明这是主力在吸筹。如果这段时间主力在派发，那么股价会跌到 80 美元以下。**

接下来，该股涨势如虹，持续上涨到了 129 美元，期间并未出现超过 5 美元幅度的回调。

1917 年 5 月，该股达到最高点 136.625 美元之后下跌到了 80 美元，这是 1916 年的最低点，这里存在强大的支撑，股价在此企稳。按照我给出的交易规则，交易者应该在此点位附近买入，同时在最低价下方3美元的地方设置初始止损单，具体来讲就是在77美元处放置初始止损单。

1918年8月，该股回升到了116美元，并且**在这个点位附近震荡了2个月**，这表明该股正处于派发阶段，因此交易者应该卖出股票，转而做空。进场做空的初始止损单放置在116美元上方2~3美元的点位。

1919年1月和2月，该股跌到了89美元，**窄幅震荡了2个月的时间，期间并未跌破此前一个月的最低点**。所以，一个买入机会出现了，初始止损单放置在历史低点下方2~3美元的位置。

1919年7月，该股上涨到了115美元，这个点位只比1918年的高点低1美元。在这种情形下，交易者应该卖出，并再度做空，初始止损单方式在历史高点之上不远处。此后，该股步入跌势，次年跌破了1919年形成的89美元的低点，同时也跌破了1916年和1917年形成的80美元的支撑点位。

连续跌破关键点位的形势表明下跌空间被完全打开了，股价还会继续下跌。到了1921年6月，该股跌到了70.25美元，接下来的7月和8月，该股一直在72~76美元之间波动，主力吸纳筹码的迹象明显。

两种买入策略：第一种称为“见位进场”，第二种称为“破位进场”。除了这两种常见的进场策略之外，还有两种进场策略，参考“附录6 进场的常见策略”。

此时，交易者应该买入，同时将初始止损单设置在70美元下方，这是一种买入策略；第二种策略是等待股价向上突破了2个月的最高点后再买入。

1922年10月，该股上涨到了111美元，这是1919~1920年的主力派发区域。在我写作本书的时候，种种迹象表明该股正处于主力出货阶段，1923年年末之前的另一波下跌在酝酿中。

没有共性，就没有理论；没有个性，就没有实践。要把握共性，靠理论；要把握个性，靠实践。江恩理论再好，也不能解决个性问题。

我们应该对每只股票逐一进行研究，进而得出捕捉个股运动的特定策略。事物运动的特点并不完全一致，股票形成高点或者低点的具体方式也千差万别，但是可以从中得出弱势还是强势的结论。交易者可以绘制各板块指数最近数年的周度高低价走势图，从中判断其强弱态势。

股票创出新高或者新低的时机

当股价上涨或者下跌进入到新的区间时，又或者是股价刷新了数月或者数年的新高时，这就表明背后存在强大的驱动力推动股价做趋势运动。

长期蓄势待发的力量，在制约减弱或者消失后，喷薄而出。这就好比大坝蓄水，一旦水压过大冲垮堤坝，则水流就会势不可当，除非遇到另外一个大坝或者有力的阻挡物才会停下来。

作为交易者，要留意股票的历史关键点位，这样做非常重要。**一只股票在突破历史关键点位之前的蓄势时间越长，则突破后的行情也就越大。**毕竟，震荡时间越长，积蓄的能量也就越大，一旦开启，则运动幅度就会非常巨大。

投机看筹码和预期，而筹码的交换有很大一部分发生在窄幅整理阶段。预期有犹豫，有迟疑，有分歧，但是真正塑造预期的是震荡，改变预期的是震荡后的突破。

突破 1921 年高点的个股

1921 年是经济和金融大萧条时期最为低迷的一年。虽然股市在 1921 年 5 月出现了一波看似强劲的回升，但是绝大多数股票还是在同年 6~8 月创出了历史低点。

我们现在可以回顾一下个股的历史表现，并且找出那些突破了 1921 年高点的个股，因为这类股票往往是 1922 年牛市中涨幅最大的龙头个股。而那些没能突破这一高点的个股，则到了 1923 年 1 月仍旧大多处于低位徘徊之中。请看表 22-1，这是在 1922 年突破了 1921 年高点的个股列表。

表 22-1 突破 1921 年高点的个股

序号	股票名称	1919~1921 年的高点	突破高点的情况
1	Allis Chalmers	1921 年的高点为 39 美元	1922 年上涨到了 59 美元
2	American Can	1921 年的高点为 32 美元	1922 年上涨到了 76 美元。当该股向上突破 68 美元进入新的价格区间时，意味着上涨空间被进一步打开。在我撰写本书的时候，该股在 1923 年已经涨到了 85 美元
3	American Smelting	1921 年的高点为 44 美元	1922 年上涨到了 67 美元
4	American Woolen	1921 年的高点为 82 美元	1922 年上涨到了 105 美元
5	Atchison	1920 年和 1921 年的高点为 90 美元	1922 年向上突破了 90 美元，并且在 1922 年 9 月上涨到了 108 美元
6	Baldwin	1921 年的高点为 100 美元	1922 年上涨到了 142 美元
7	Canadian Pacific	1920 年和 1921 年的高点为 129 美元	1922 年 2 月向上突破了 129 美元，9 月上涨到了 151 美元
8	Chile Copper	1921 年的高点为 16 美元	1922 年的高点为 29 美元
9	Coca Cola	1919 年的高点为 45 美元	1920 年的高点为 40 美元，1921 年的高点为 43 美元，1922 年年初向上突破了所有高点，上涨到了 82 美元
10	Continental Can	1919 年的高点为 103 美元	1920 年的高点为 98 美元，1922 年 2 月向上突破所有高点，并且上涨到了 124 美元
11	Great North Pfd	1921 年的高点为 79 美元	1922 年向上突破了 79 美元，并且上涨到了 95 美元
12	L&N	1921 年的高点为 118 美元	1922 年向上突破了这一高点，并且上涨到了 144 美元
13	New York Central	1921 年的高点为 76 美元	1922 年向上突破了 76 美元，并且上涨到了 101 美元
14	Pan Pete	1921 年的高点为 79 美元	1922 年上涨到了 100 美元
15	Sinclair Oil	1921 年的高点为 28 美元	1922 年上涨到了 38 美元
16	Studebaker	1921 年的高点为 93 美元	1922 年 1 月向上突破了 93 美元，并且上涨到了 141 美元
17	U.S.Cast I.P	1921 年的高点为 19 美元	1922 年上涨到了 39 美元
18	U.S.Steel	1921 年的高点为 88 美元	1922 年上涨到了 111 美元

熊市最后一年的高点或者是牛市第一年的高点，是江恩用来筛选大牛股的两个常用参照点。

从表 22-1 可以看出，1921 年 5 月个股普遍形成了年内高点，所有向上突破了 1921 年高点的个股，在 1922 年都有了较大幅度的上涨。这些股票处于强势状态，多头的力量强大到足以推动股价向上突破前一年的高点，进一步上涨的空间就被打开了。

未能突破 1921 年高点的个股

1922 年至写作本书完成为止，那些在 1922 年年初没有处在强势状态的个股都没有向上突破或者接近 1921 年的高点。这些个股目前仍旧处于低位，属于不活跃的弱势股，这就再度证明了我此前提出的交易法则：做多强势股，做空弱势股。我们不要受到绝对股价高低的影响，因为高价股常常会继续上涨，而低价股常常会继续下跌。

表 22–2 列出了一些 1922 年年未能向上突破 1921 年高点的股票，请注意以下这些个股现在（1923 年 1 月）的点位。

表 22–2　未能突破 1921 年高点的个股

序号	股票名称	1921 年的高点	未能突破高点的情况
1	American Agricultural Chemical	1921 年的高点为 50 美元	1922 年年末为 32 美元
2	American International	1921 年的高点为 53 美元	1922 年年末为 26 美元
3	American Linseed	1921 年的高点为 60 美元	1922 年年末为 32 美元
4	American Sumatra	1921 年的高点为 88 美元	虽然这只股票股性呆滞，同时在见底时间落后于其他股票，但到了 1922 年年末股价仍旧在 28 美元附近，靠近其最低价
5	Atlantic Gulf	1921 年 5 月见到年内高点 44 美元	1922 年年末为 22 美元
6	Chandler Motors	1921 年的高点为 85 美元	1922 年的高点为 79 美元，同年末的股价为 65 美元
7	International Paper	1921 年的高点为 73 美元	1922 年年末的股价为 52 美元
8	Pierce Arrow Common and Preferred	1921 年的两个高点为 41 美元和 49 美元	1922 年年末的股价仍旧处于低位
9	United Drug	1921 年的高点为 105 美元	1922 年年未能超过 84 美元
10	U.S.Industrial Alcohol	1921 年的高点为 74 美元	该股见底的时间晚于其他个股，直到 1921 年 11 月才见底。不过，该股在 1922 年仅仅回升到了 72 美元，未能突破 1921 年的高点
11	Virginia Carolina Chemical	1921 年的高点为 42 美元	1922 年年末的股价为 25 美元
12	Worthington Pump	1921 年的高点为 55 美元	1922 年 11 月下跌，刷新低点，见到 27 美元
13	General Asphalt	1921 年的高点为 78 美元	1922 年该股反弹到了 72 美元，没能触及 1921 年的高点，意味着这个价位附近抛压沉重。此后，该股跌到了比 1921 年更低的点位

从表 22–2 的数据中我们可以发现，序号 6 和序号 8 的个股与通用汽车都未能触及 1921 年的最高点，且在 1922 年年末仍旧处在低位。但是，表 22–1 中序号 16 的个股却在 1922 年年初就创出了新高，到了 12 月股价仍旧在较高的水平。

交易者需要观察股价在历史关键点位的表现。当股价上涨接近此前的关键点位，但却长时间未能向上突破时，意味着该股的抛压沉重，主力派发迹象明显。一旦股价跌破主力派发的区间，那么做空的机会就出现了。

那些买入通用沥青（General Asphalt）的交易者，本来认为该股会像墨西哥石油（Mexican Petroleum）、泛美石油（Pan American Petroleum）等股票一样上涨，但是却遭受了巨大的损失。根本原因在于通用沥青处于弱势状态，而墨西哥石油等个股处于强势状态。

橡胶轮胎股和糖业股都未能向上突破 1921 年的高点，直到 1922 年年末，它们的股价仍旧处于低位。1923 年 1 月，橡胶股开始上涨，倘若它们能够突破 1921 年和 1922 年的最高价，则表明此后会进一步大涨，哪怕其他板块在下跌。如果这种情况发生，则交易者应该买入而不是卖出，我们应该期待这一板块的个股能够复制那些在 1922 年突破创出新高个股的走势，它们最终在更高的位置完成主力派发。

趋势变化时交易

点位和周期是江恩经常用到的工具，在这本著作中江恩非常注重点位，对于周期并未正面阐述。但无论是周期还是点位，在窄幅整理行情中都有所体现。江恩在本书中对窄幅震荡行情的着墨可谓不少，希望大家能够明白其用意所在。

如果主力在一只股票上完成了筹码吸纳或者派发的工作，无论是创出了新低还是新高，则都表明新的行情拉开了序幕。

参考附图 2–9，这是玉米食品（Corn Products）的月度高低点走势图。从图中我们可以看到**该股在 108 美元附近窄幅震荡了数周时间**。当股票在 106~108 美元之间波动时，主力吸筹迹象明显，但是波动幅度有限，因此在此期间交易者很难挣钱。

当股价向上突破 108 美元，则意味着趋势向上。如果交易者在这个时候买入，则可以在两个月不到的时间内抓到一波 20 美元幅度的涨势。

同样的盈利机会也会出现在下跌情形中。从 1922 年 9 月开始，该股持续在 124~134 美元之间震荡，数月时间窄幅整理。如果交易者在此期间参与其中，则利润有限。

当股价最终跌破 124 美元之后，向下趋势就确立了。如果交易者此时才介入其中做空，则可以迅速获利。

大家需要明白一个道理：**只有在主力吸纳筹码和派发筹码之间的大幅波动阶段，交易者才能获得丰厚的利润。**因此，我们需要等待个股趋势明确后才进场，这样才能赚到更多的利润。

知己知彼，百战不殆。

这就好比赛马一样，需要花 15~20 分钟将赛马赶到起跑线处，但是正式比赛只有 2 分钟不到的时间。交易也是同样的道理，如果我们能够赚到丰厚的利润，那么比底部高出 10 美元、20 美元，甚至 30 美元又有什么好在意的呢？

这个道理也可以用在做空交易上。行情已经从顶部下跌了多少并不重要，当股价跌破主力的派发区间时进场做空的胜算率就非常高了。在这样的情况下进场做空，空头盈利速度会很快。不要在乎具体的价格高低，不要惦记着顶部或者底部。交易的目标就是赚钱，不是为了完美地抓住顶部或者底部。内幕人士和主力也无法准确地抓住顶部或者底部，何况是普通交易者。

第 23 章

铁路股的高点和低点

恐慌暴跌形成的低点和亢奋飙升形成的高点也是两个用来判断强弱态势的重要参照点。

——魏强斌

在前面的章节当中，我们已经讨论过了龙头股和龙头板块。最为重要的是无论是在大盘上涨还是下跌的时候，交易者都需要紧紧抓住龙头股和龙头板块。从 1896 年到 1909 年，铁路板块是龙头板块，因此银行将铁路公司视为优质客户，而对普通制造业公司惜贷。

查看附图 2-11，这是道琼斯 20 种铁路股平均指数月度高低点走势图。1896 年 8 月，该指数为 42 点。此后，耗费较长时间于 1899 年 4 月见到第一个重要的高点 87 点。

尽管这个高点与当年 2 月、3 月的高点邻近，仅仅高出了 1~2 个点。接着下来的 5 月出现了调整，幅度较大，该指数跌到了 78 点。

同年 9 月，指数回升到了 86 点，**与 4 月的高点相比相差了不超过 1 个点**。指数在这一点位附近遭受了巨大的抛压。到了 1899 年 12 月，该指数跌到了 73 点。

次年 4 月，指数回升到了 82 点；**6 月再度下跌到了 73 点，与 1899 年 12 月的低点相同，一个双底形成了。**

双底构筑完毕之后，一波大幅上涨的行情拉开了帷幕。

双底可以见位进场买入，也可以破位进场买入。结合附录中的进场策略剖析，想一下这两个入场方式在双底和双顶上的具体位置。

1901 年 5 月，铁路股指数触及 118 点。5 月 9 日，北太平洋铁路公司的逼空行情出现，导致市场出现恐慌情绪，铁路股平均指数下跌到了 103 点，这是上涨趋势行情中的第一波暴跌。这一迹象表明次轮上升行情已经结束了，我们应该先卖出，再观望接下来的机会。

指数在随后的 5 月下旬和 6 月出现了上涨，铁路股指数基本上回升到了 5 月的高点。接下来，指数回调到了 105 点，恰好位于 5 月恐慌形成低点的上方不远处，并且**在此区域窄幅整理了 4 个月的时间。主力吸筹迹象明显。**

恐慌暴跌形成的低点和亢奋飙升形成的高点也是两个用来判断强弱态势的重要参照点。

接下来，铁路股平均指数持续上涨，并且在 1902 年 9 月触及了 129 点，构筑了一个尖状顶部。陡直上涨后，陡直下跌。到了 1903 年 9 月，该指数跌到了 89 点。从 1903 年 9 月到 1904 年 6 月，有主力吸筹迹象，上涨趋势恢复了。

1905 年 4 月，该指数回升到了 127 点，距离 1902 年 9 月的高点不到 2 个点。6 月出现的暴跌导致指数跌到了 115 点。接下来，指数涨势如虹。

1906 年 1 月，该指数触及 138 点，刷新了历史高点。铁路股指数在 10 年内一共上涨了 96 个点。

指数从 138 点下跌，旧金山大地震后，该指数在 1906 年 5 月触及低点 120 点。同年 9 月，该指数又触及了同年 1 月的高点。

接下来，**该指数在这个点位附近持续窄幅波动，一直持续到了 1907 年 1 月跌破了区间下边缘，这是主力派发结束的信号。**

此前，指数经历了长时间的上涨，因此完成筹码派发的耗时也较长，持续了差不多一年的时间。一旦主力完成了出货的工作，那么接下来的暴跌就不可避免了。

1907 年 3 月 14 日，恐慌情绪爆发导致铁路股平均指数下跌到了 98 点。这次下跌算得上是纽交所历史上最猛烈的一次。接着，快速反弹出现了，然后又恢复了下跌走势。

该指数跌到了 3 月 14 日的低点附近，一些个股甚至跌到了比 3 月 14 日更低的点位上。此后，指数止跌回升，涨势持续到了 8 月。不过，整个涨势显得疲弱，这意味着抛压仍旧沉重。

1907 年 9 月，抛压加重，最终演变成了 11 月的恐慌性下跌，铁路股平均指数下跌到了 82 点。与年初相比，指数下跌了 56 个点。

直到 1908 年 3 月，主力才开始吸纳筹码，上涨趋势再度开启。到了 1909 年 10 月，上涨触及了 134 点，比历史最高点低了 4 个点。该指数在此区域遭受了强大的阻力，**窄幅震荡持续了半年左右的时间，主力出货迹象明显。**

趋势性下行从 1910 年开始，7 月出现了一次暴跌，指数触及 106 点，在此点位附近构筑了尖状底部。指数出现了报复式回升，持续涨到了 1911 年 7 月，**见到高点 124 点。**

接着，该指数在高点附近窄幅震荡，接下来的几个月股价疲弱。同年 8 月和 9 月，该指数暴跌到了 110 点。然后，逐渐回升到了 1912 年 8 月，**见到了高点 124 点，与 1911 年的高点相同。**

1912 年 8~10 月，该指数形成了一个平坦顶部，次年 6 月跌到了 100 点。**指数进入窄幅波动状态，**逐渐上涨到了 110 点，稍微低于 1913 年 4 月的高点。

1914 年 5~6 月，该指数发动了一小波上涨，波幅有限。同年 7 月，大幅下跌启动了。大战爆发后，股市出现了大幅暴跌，导致了纽交所在 7 月 30 日停业。

纽交所于 1914 年 12 月 15 日重新开业，铁路股指数在 12 月时跌到了 87 点。然后**在这个点位附近窄幅震荡，持续到了次年 3 月。**股市开始步入上涨趋势，铁路股平均指数于 1915 年 11 月见到高点 108 点。

次年 10 月，该指数最终触及了 112 点。从大格局来看，1916 年时铁路股遭到抛售的一年，因为铁路股平均指数在 1916 年的高点仅仅比 1915 年的高点高出 3 个点，相比之下工业股大幅上涨。**在战争时期，工业股相比铁路股更加获益，**

任何炒作都需要一定的事实基础，这个基础牢固的话就倾向于价值投资，这个基础不牢固的话就倾向于题材投机。

也更容易受到资本市场的追捧。

1917 年是铁路板块暴跌的年份，也是铁路股遭到大举抛售的年份。铁路股平均指数创出了数年以来的最低点，在 12 月跌到了 71 点。当政府被迫接管铁路行业时，铁路股普遍反弹。

1918 年 11 月，该指数上涨到了 93 点。

战争随后结束了，但是该指数于 1919 年 1 月跌到了 81 点。接下来，美国资本市场出现了最大规模的工业股热潮，铁路股却表现欠佳。1919 年 7~8 月，铁路股指数仅仅上涨到了 92 点，比 1918 年的高点还低了 1 个点。

同时期的工业股要比 1918 年的高点大幅高出了 20 个点。显然，工业股已经成了新的龙头板块，铁路股成了明日黄花。

1920 年 2 月，铁路股平均指数刷新低点到 68 点。此后，铁路板块与工业板块的走势逐渐同步。铁路股平均指数于 1920 年 11 月回升到了 85 点，然后步入长期下跌走势，持续到了 1921 年 6 月。整个跌幅为 66 个点，这是该指数从 1897 年以来的最低点。

从这个最低点开始，铁路股平均指数于 1922 年 8 月上涨到了 93 点，与 1918 年的高点一致。1922 年 8~10 月，**铁路股处于窄幅震荡状态，主力出货迹象明显。**

同年 11 月，**该指数跌破了派发区间的下边缘**，当月 27 日，指数已经跌到了 82 点。从那时开始，只要铁路股指数反弹到 87 点这个关键点位，就会遭受抛压，屡屡如此。

对于交易者而言，最恰当的策略还是离场观望，等待铁路股平均指数上涨突破 86 点或者跌破 11 月低点 82 点。我个人的看法是除非该指数再度向上突破 1922 年的高点，否则会继续处于弱势状态。

收敛和发散是市场波动的基本形态。发散是利润的主要来源，而收敛则是风险的最大来源。一般人认为收敛时，价格波动小，亏损也小，怎么会是风险的最大来源呢？其实，江恩讲得很清楚，主力吸纳筹码和派发筹码基本上发生在收敛区域，也就是说转势点往往在收敛区域。你在顶部买入，在底部卖出，按照江恩的看法都是在收敛区域迷失了方向。收敛不一定是反转形态，也可能是中继形态，它最容易让人迷惑和失去耐性。

第 24 章

工业股的高点和低点

牛市在绝望中启动，在分歧与怀疑中上涨，在极度乐观中结束。如果股价和指数上涨，但是市场观点显著分歧，那么上涨可以持续。如果股价和指数上涨，但是市场观点一致看涨，那么回调和反转不可避免。

——魏强斌

首先请参考附图 2-12，这张图显示了道琼斯 20 种工业股平均指数从 1896 年到 1922 年 12 月期间的高点和低点。

从这幅走势图可以看出，1896 年 8 月该指数的最低点为 29 点。1899 年 4 月，该指数回升到了 77 点，在这个点位附近主力有出货迹象。同年 5 月，该指数跌到了 68 点。接下来，该指数出现了回升，于同年 9 月涨至 77 点，**与 4 月的高点共同形成了双顶。**

同年 10 月，该指数下跌到了 71 点。11 月反弹到了 76 点，比 9 月的高点要低 1 个点，**一个三重顶部形成了。**因为指数不能向上突破这个顶部，这表明主力正在大举派发筹码，意味着一波长期下跌走势即将拉开序幕。

主力出货会有哪些特征呢？第一，利多不涨；第二，放量不涨。当然，还会有其他特征，不过这两个特征特别需要注意。

这个指数在当年 12 月已经跌到了 58 点，接下来反弹到了 68 点，**这个点位是此前派发区间的下边缘，跌势恢复。**到了 1903 年 11~12 月，工业股平均指数跌到了 42.5 点。

接下来，该指数于 1904 年 1 月回升到了 59 点。同年 6 月，**该指数处于窄幅震荡状态，波幅仅有 4 个点，主力吸筹**

迹象明显。工业股基本上都在酝酿一波涨势。不过，铁路板块仍旧是当时的龙头。

1904 年 7 月，工业股平均指数开始上涨，攻势凌厉，只有小幅的调整。这波涨势一直持续到了 1906 年 1 月，见到高点 103 点。一个尖状顶部在此点位附近形成，下跌随机展开，跌至 1906 年 7 月见到了低点 86 点。

同年 8 月，该指数回升到了 96 点，**接着进入窄幅震荡状态，波动幅度大约为 4 个点。这波震荡行情持续了半年左右的时间**，一直到 1907 年 1 月才结束。期间主力派发迹象明显，而且持续了很长时间，一波显著下跌走势即将展开。

在什么情况下容易形成尖状顶部？在什么情况下容易形成平坦顶部？从题材生命力、事件的突然性、筹码分布情况和主力出货风格的角度去思考。

1907 年，无论是对工业板块来讲，还是铁路板块来讲，都是整体下跌的年份。从走势图中可以看到，工业股平均指数在 11 月下跌到了 53 点，形成一个尖状底部。接着出现一波持续时间较长的上涨，并于 1909 年 8 月构筑顶部。

工业股当时的表现开始超过铁路股，成为新的龙头板块。工业股平均指数在 8 月触及了 100 点，在此形成一个平坦顶部。在此整数关口震荡了半年时间，主力出货迹象明显。1910 年1 月，该指数开始下跌，并且**在 1910 年 7 月跌至 74 点**。

接着，一波速率较小的回升出现了，最终在 1911 年 7 月见顶。**市场在这个高点停留了 2 个月，波幅狭窄，主力出货迹象明显**。交易者经常听到“不要卖出窄幅波动股”的说法，不过这个问题要具体情况具体分析，要看窄幅整理区域处在什么位置，是接近顶部，还是接近底部。

如果窄幅震荡区域处于顶部附近，那么这是买盘乏力的表现，卖出股票是或早或迟的做法。最终会因为多头踩踏而出现下跌。工业股平均指数在 1911 年 8 月跌破了窄幅整理区间的下边缘，持续下跌，**直到 1911 年 9 月才见到底部 73 点，从而与 1910 年 7 月的 74 点形成双底**。

接下来，工业股平均指数逐渐上涨到了 1912 年 10 月。第一个高点是在当年 6 月形成的，指数在这一高点附近震荡了大概半年时间，主力出货迹象明显。此后，该指数展开下

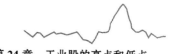

跌，跌势持续到了 1913 年 6 月，**工业股平均指数跌到了 73 点，与 1910 年和 1911 年的低点持平，进而构筑了三重底部。**

工业股平均指数在见底后开始回升，这波回升在 1914 年 2~7 月形成顶部，这期间波幅狭窄，主力出货迹象明显，多空对比之下，多头乏力。

1914 年 7 月，工业股平均指数开始下跌，波幅扩大，交投活跃，跌破了派发筹码区间的下边缘。7 月 30 日，纽约证券交易所停业，等到当年 12 月重新营业时，**工业股平均指数已经跌到了 53 点，与 1907 年的最低点构成双底。**当然，这个双底跨度达到了 7 年之久。

告诉大家一个诀窍：可以查看历史上相同低点的基本面和筹码分布情况，从而预判股价或者指数的走向，是将继续下跌，还是转而上涨。

该指数维持窄幅波动状态，一直持续到了 1915 年春季，这个时候工业股带头上涨，因为这是战争最大的受益板块，这个板块的个股每天都被市场追捧。

1915 年 12 月，工业股平均指数上涨触及 99 点，这是战争中股市走牛的第一个阶段性顶部。1916 年 4 月，工业股平均指数跌到了 85 点，主力吸纳筹码的迹象显著。

此后，该指数出现了迅速的上涨，并于 1916 年 11 月刷新了高点，触及 110 点。从这个高点开始，该指数出现了近乎垂直的下跌。不过，主力真正的派发是在 100 点以下展开的，也就是从最高点下来 10 个点的位置才开始出货的。我在前面的章节已经介绍过了什么位置出现尖状顶部，以及主力怎样在一波大幅下跌后出货。

1917 年，该指数持续下跌，2 月出现第一个低点 87 点。反弹随之展开，但是多头力量处于疲弱态势，交投并不活跃。当时股价相对于 1916 年的高价似乎“已经打折不少”，于是大众蜂拥买入。但是，下跌贯穿了 1917 年，一直到了当年 12 月才在 66 点见底。这是一个尖状底部。此后，指数上涨了 10 个点，主力吃货的迹象明显。

从附图 2-12 可以看出，主力在 76~84 点附近吃进筹码。从这里可以得出一个规律：**主力派发筹码出现在尖状顶部下方几个点；主力吸纳筹码出现在尖状底部上方几个点。**

尖状底部上方不远处。

该指数在1918年整年都处于窄幅波动状态。到了当年11月，战争结束，该指数已经涨到了88点。随后，快速跌到了80点，并且在此点位附近横盘整理了4个月时间，波幅区间为4个点。在这期间，每个月的低点基本相同，这是主力第二阶段的筹码吸纳，这意味着工业股正在酝酿大幅的上涨。

第一波上涨，回调，然后主升浪到来，这种规律很普遍，以至于不少投机客专做上涨回调后的再度上涨突破。

这波大涨从1919年2月启动，我在《1919年预测》中，准确地预判出石油板块和工业板块在1919年的大涨。1919年我们见证了纽交所史上最大的牛市，工业股平均指数在短短9个月的时间内上涨了40个点。

当然，就个股而言，许多工业股的涨幅都在50~150个点。整个股市的成交量也是纽交所成立以来的最大值，从8月到10月，日均成交量高达200万股。

当年11月初，这轮牛市以尖状顶部结束。在此前的上涨中，全年最出现过两轮调整，第一轮出现在6月，第二轮出现在8月。在构筑顶部之前，主力已经利用大涨行情在进行派发。飙升行情与大众的热情相互强化，大众买入的时候甚至连股票的名称都不清楚，根本不在乎价格和基本面情况。

牛市在绝望中启动，在分歧与怀疑中上涨，在极度乐观中结束。如果股价和指数上涨，但是市场观点显著分歧，那么上涨可以持续。如果股价和指数上涨，但是市场观点一致看涨，那么回调和反转不可避免。有空的时候我会看一些电视台的财经节目，有4位嘉宾的那种，从中可以看出共识预期是绝望，还是乐观，是存在分歧，还是高度一致。

大众买入这些股票是抱着希望，他们认为牛市将永不落幕。不过，最终牛市结束了，而且是**在众人预期它不会结束的时候突然终结**。投机的市场运动都是这样的结局。

1919年11月，市场出现恐慌性暴跌，工业股平均指数持续下跌，跌到了103点附近。接着，股价出现了反弹，继而进入窄幅震荡区域，并且在1920年1月触及109点。

主力的第二次派发在1920年1月展开，此后的2月股市暴跌，使得工业股平均指数跌到了90点。同年4月，美国最高法院宣布股息红利不用缴税的决定。这一重磅消息导致另一波股票投机热潮。许多上市公司宣布分红派息，公众热情洋溢地买入上市的股票，根本不管质地如何。

该指数在此投机热潮下上涨到了105点，然后步入长时间的下跌走势。这轮下跌持续到了1920年12月21日，当日成交量高达300万股，该指数触及67点，这个低点与1917

年的低点基本一致。大家可以翻看本书后面我进行的年度股市预测，从中可以看到我 1920 年的股市预判多么准确，甚至对恐慌性下跌开始的时间都做出了准确的预测。

希望大家更多关注江恩理论科学的一面，而不是玄学的一面。就多年的经验而言，江恩的周期理论并不能决定你交易的成败，可以锦上添花，但并非必不可少。而且，按照这条思路走下去，容易误入歧途。

这轮下跌之后，指数出现了回升。指数持续上涨，直到 1921 年 5 月才结束，最高点为 81 点。接下来，股市变得疲软，空头力量显著超过了多头力量。5 月 10 日左右，抛售潮再度出现，于是股市继续下跌走势，直到 8 月才企稳。这时候工业股平均指数已经跌到了 64 点。这时候指数位于极端低价区域，哀鸿遍野。不过这时候却是买入和吸纳筹码的机会。这一区域刚好与 1919 年极端高价区域相反，那时候市场一片狂热，极端乐观。

过了 1921 年 8 月，崩盘后的回升开始了。可以参考本书后面部分我对 1921 年股市的预判，其中精确地预测了 1921 年的年内顶部在 5 月，底部出现在 8 月。

回升开始后，期间的回调幅度都比较小。工业股平均指数于 1922 年 10 月触及高点 103.42 点，抛售潮也是从这个点位开始的。**该指数随后在 1922 年 11 月跌破了派发区间，跌到了 92 点，也就是派发区间下方 4 个点的位置。**

我在 1921 年 12 月发表的《1922 年股市预测》中指出当年的高点将出现在 10 月，并给出了具体的时间。另外，我在这份预测中，也提到了 11 月的指数下跌。

江恩的这些股市年度预测与里昂证券在香港发布的年度股市风水预测都属于金融玄学的范围，事后来看都能够做到 7 分准确，但为什么真正用起来却比较难以落实呢？如何才能让这类报告得到恰当的使用呢？我想这个问题只有交给大家自己去完成了。

从走势图中，我们可以看到指数从顶部到 1923 年 1 月，主力持续派发了大概半年时间。到了 1923 年 1 月，仅仅上涨到了 99 点。**我个人的观点是如果工业股平均指数不能超过 1922 年 10 月的最高点 3 个点，就会转而下跌到 75 点，甚至更低的价位。**

1923 年春天，股市的每一波上涨都会引发沉重的抛盘，到了当年秋天我们将会见证股市的恐慌性暴跌。

第25章

主力吸纳低价股

市场走势基本上与高度一致的共识预期相反。

——魏强斌

如果我们检查历史行情数据，就会发现大多数高价股，比如那些100~300美元的高价股，它们在早期阶段的部分时间当中其股价其实是非常低的。那些此后成为龙头的个股，在主力吸筹阶段，大部分股价都低于25美元。

我们以玉米食品（Corn Products）为例来说明，参考附图2-9。在1906年的大牛市中，该股年度最高价为28美元。到了1907年的熊市，该股跌到了8美元。

1909年，该股上涨到了26美元。比1906年的最高点低了2美元。1911年股价下跌到了10美元，1912年股价上涨到了22美元，但是未能再度触及1909年的高点。

1914年，股价跌到了7美元，这也是该股的历史最低价。此后，该股在1915年的报复性上涨中触及到了21美元。1916年，该股涨到了29美元，这也是当时的历史性新高，比1906年的高点还高出了1美元。

1917年，整个大盘处于熊市之中。许多股票都跌到了多年以来的最低点。不过，玉米食品仅仅下跌到了18美元。**到了1917年年末，股价超过了1916年的最高点，进入到了新的区域。股价向上突破了10年来的所有高点**，这表明主力已经完成了所有的吸筹工作，一波大幅上涨就要出现了。所以，对于交易者而言只要趋势向上，就要敢于在这种情况下追买。

1917年年末，该股上涨到了37美元，在熊市中创出了新高，这意味着多头力量足够强大，因此推动该股逆市上涨。现在许多股民都存在一个错误的观点：如果股价向上触及或者突破多年来的阻力点位，则很容易出现调整。这个观点在我看来是极其错误的。

1918 年是反常的一年，因为股价波动不合常态，不能把这一年的股市当作是牛市，但是玉米食品却显著上涨到了 50 美元。

接下来，当其他股票在 1919 年 1 月和 2 月承受大幅下跌时，该股仅仅回调到了 46 美元，仅从最高点下跌了 4 美元。

此后，1919 年的大牛市开始了，该股跟随大盘上涨。**该股的高点和低点渐次抬升，**这表明需求大于供给。1919 年，该股上涨到了 99 美元。1920 年春季，触及到了 105 美元。从周度走势图和月度走势图上可以清楚地看到，当股价达到这一点位时，主力开始派发了。

该股在这 105 美元附近形成了尖状顶部，快速跌至 88 美元，接下来反弹到了 97 美元，但是股价弱势日益明显。**在趋势拐头之后，该股一直跌到了 1920 年 12 月的 61 美元。**

1921 年 3 月，该股上涨到了 76 美元，而到了 1921 年 6 月，该股又跌到了 59 美元。这个点位比 1920 年的低点 61 美元仅仅低了 2 美元。这意味着在这一区域附近，下方承接有力。因此，该股从形态上仍旧看涨，交易者应该在此区域附近买入该股，并且在初始止损单设置在最低点下方。

随后，该股上涨到了 68 美元，进而回调到了 64 美元。1921 年 7~8 月，该股在 64~68 美元处于窄幅震荡状态，有主力吸筹迹象。

市场走势基本上与高度一致的共识预期相反。曾经有一江浙地区的期货交易者，在大赚 10 亿元准备移民德国前，营业部经理与其关系甚笃，于是请求他在 A4 纸上写下一份十几年来的经验总结，其中有一条就是与共识预期相反。

此后，股价上涨，期间调整幅度很小，一直涨到了 105 美元，也就是 1920 年的最高点。当然，在这个点位附近的抛压非常沉重，因此**当时绝大多数市场参与者都认为股价已经非常高了，进一步上涨的空间不大。**

1922 年 3 月，该股上涨触及了 108 美元，比 1920 年的最高点还要高 3 个点，这表明尽管抛售规模大，但是持仓者仍旧坚定，多头力量不可小觑。同年 5 月，该股跌到了 99 美元，在这个点位附近交投沉闷，成交量缩小，这表明抛压减轻了。此后，股价开始回升，支撑有力。上涨过程持续到了

1922 年 8 月，向上突破了 1922 年 3 月的高点 108 美元。

此后的半年时间内，该股仅仅回调了 9 美元，然后再度创出新高。这表明趋势仍旧是向上的，因此交易者就应该追随上升趋势买入。

1922 年 10 月 21 日当周，该股上涨到了 134 美元。随后回调到了 124 美元，接下来的 5~6 次反弹都在 132~133 美元，不过均未能触及 10 月 21 日的高点。

从 1922 年 10 月到我写作本章的 1923 年 1 月 12 日，该股的价格在 124~134 美元之间持续震荡。这表明该股在这一区域遭遇了强大的阻力，抛压沉重。交易者在这种情况下的恰当做法是卖出，转而做空该股。如果这只股票跌破了 124 美元，那就意味着主力完成了派发，交易者应该追随该股的下跌趋势，直到再度获得强有力的支撑，同时有迹象表明主力吸筹。

第 26 章

照顾好你的投资

你的投资在某种程度上与健康一样重要，甚至比健康还要重要。

——W. D. 江恩

许多人对待他们的投资就像对待健康一样，总是草率无比。在健康上，他们往往等待病入膏肓才去看医生，不过为时晚矣。在某些情况下，他们可能要比早点就诊多花 10 倍的金钱。

无论你持有金边债券（Gilt-edge Bond）还是优先股（Preferred Stocks），作为投资你都应该至少每年找合格的专家来查看下自己手中的投资是否应该继续持有。当第一个危险信号出现后，你就应该立即卖出，而不是等待大家都在逃命的时候被强制平仓。

很少投资者愿意每年支付 25 美元以便获得合格专家的意见。不过，当他们亏掉了大笔金钱后，已经来不及获得专业的意见了，这个时候他们却愿意支付几百上千美元以便取得有用的信息。亡羊补牢的故事一再重演。

法兰西债券（French Bonds）

哪怕是最睿智的投资者，也不能百分之百保证他购买债券和股票的行为是完全理性而正确的。任何一个行业，包括投资都需要支付一定的成本，承受一定的风险和不确定性。而在投机行业中，最常见的成本就是快速接受的损失。

当交易者发现自己的某个头寸变得弱势时，他必须在第一信号出现时卖出，这个

债券的利息与价格成反比，票面利息和价格是固定的，但是成交价格是变化的，因此实际利息是变化的。成交价格与实际利息成反比。信用等级越低、期限越长、流通性越差的债券其利率越高。债券相关的各种期限利差和信用利差是金融市场的先行指标，在外汇和股票市场，甚至商品期货市场都有广泛的运用。例如，收益率曲线是一种重要的宏观经济形势预测工具。

时候一定不要犹豫不决。不少交易者以 107.5~108 美元的价格买入法兰西债券，因为其票面利息是 7%~8%。

法国政府为什么愿意支付如此高的利息呢？稍微有点头脑的人都知道这表明了法国政府的信用存在问题。如果法国国债真的是优质债券，那么就不可能支付如此高的利息。当这些债券价格跌到 99 美元时，就是一个危险的信号，持有者应该立即卖出手中持有的这种债券。

但是，许多投资者却执迷不悟，他们认为票面利息这么高的债券值得继续持有。现在 8%利息的法兰西债券已经跌到了 93 美元，而 7.5%利息的法兰西债券已经跌到了 89 美元附近。成交价格至少在短时间内没有上涨到票面价值的征兆，因此那些因为票面利息高而买入高风险债券的投资者，现在只能眼睁睁地看着自己的本金亏损了 7%~10%。

投资转为投机所遭遇的问题

稳健的低收益总比冒进带来后悔强。现在，许多大型庄园已经破败了，因为富二代们没能及时出手这些庄园，转而投向其他处于上升的资产。当然，也有不少庄园主没能估计到后来的情况，他们出售庄园后将财富投入到利息为 4.5%~5.5%的金边债券上。他们买入的这些债券虽然收益不高，但是却非常安全。

但是，等他们过世后，继续管理财产的女人们为了应付生活开支需要更多的收入，于是她们卖掉金边债券，买入投机性的资产，比如股票。

她们预期参与投机股票能够带来更多的收益，结果在短短数年之后，她们不但没有赚到什么钱，而且亏掉了一半本金。

人的赌性很重，以致安全的投资并不能永远地满足他们的胃口。直到覆水难收之时，他们才想要去寻找安全的投资。

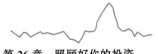

他们总是听信垃圾债券推销者的胡话，后者总是利用人们想要暴富的心理，诱使大众将稳健的投资转变为高风险的投机性资产。一旦这样做了，九成结果都是亏损。

投资之前先调研

当前，我们正处于世界大战结束后的恢复期，百业待兴。投资者要在其中占得先机，就必须学会调查和研究，去伪存真，不被表象所迷惑。每个投资者事实上都需要合格专家的服务。

人最容易被眼前的东西所迷惑，被局部和暂时的东西误导。无论是在人生重大问题的决策上，还是在金融交易上，莫不如此。

许多投资者认为如果买入那些比如摩根和花旗等大财团销售的债券，他们就稳赚不赔了。实际上，承销商只是为了从其中赚取承销费和佣金而言，并不会为这些债券作任何担保。

买入这些债券未必能够获利，即便是信用度最高的交易所也难免会出售一些存在兑付风险的高风险债券。投资者不能在还未调查清楚债券基本面的情况下，仅仅因为承销商名气很大就匆忙买入。

法兰西债券就是美国最负盛名的投行负责承销的，但是这并不能阻止这些债券的价格下跌。即便这些承销商做出承诺，他们会阻止价格下跌。

自由公债（Liberty Bond）

就算是最优质的债券也会遭遇价格下跌的情况，毕竟是供求决定了价格。美国政府目前是世界上信用最好的政府，当然是在 1918 年世界大战结束之后。但是，为什么世界大战期间发售的自由公债会跌到 85 美元呢?

流动性危机引发资产负债表传染，进而引发资产价格的全面下跌，黄金价格在短期内也不能幸免。

大概有几十亿美元的自由公债在大众手中。**当1920~1921年经济出现危机时，大众缺乏现金，于是卖出手中持有的各种资产，当然也包括自由公债。**卖家大增，而买家稀少，自由公债的价格自然就会下跌。当这些抛压减轻后，被大投资者逢低吸纳的公债的价格就会逐渐回升到100美元附近。

艾奇逊公司（Atchison）

不少人认为肯定存在一种价格绝不会下跌的资产。事实上，他们无视最为基本的经济和金融原理：供求决定价格。一个人买入必然有一个人愿意卖出才能均衡。如果买入的人很少，而卖出的人很多，那么价格就要下跌，从而达成新的均衡。

假定你在1915年已经持有了艾奇逊公司的股票，这是一只铁路股。该股先是上涨到了111美元，接着回调到了105美元，接下来又反弹到了108美元。

基本面/驱动面分析的核心是收益差；心理面分析的核心是关注率和认同率；技术面/行为面的核心是波动率。

该股从1916年到1917年都未能向上突破111美元这个高点。这表明该股创出111美元的高点之后，供给一直大于需求。**当该股带来的收益率低于银行存款的收益率时，投资者就会选择卖出这只股票，**等待时机合适再买回来。

1917年年末，该股出现暴跌，一直跌到了75美元。1920年整年，该股都在76美元附近窄幅整理，4~5次在同一低点获得支撑。这个低点与此前108美元的高点相反，前者是强劲的支撑，后者是强劲的阻力。

当需求大于供给时，股价就停止下跌了。在主力完成筹码吸纳的工作后，低价股开始上涨。1922年9月，该股再度触及108美元。股价在此点位停留时间不长，并未突破1916年的高点。卖出和做空的时机又出现了。

1922年11月，艾奇逊的股价跌到了98美元，当需求超过供给的情况出现时，买入的时机又出现了。整个循环可能需要数年的时间。

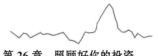

专家意见价值几何

投资者应该亲自制作所有投资标的的走势图表。投资者持续绘制月度高低价走势图所花费的时间不多，但是这种图表可以帮助我们及时离场。

如果我们还不够确信自己的判断，那么就应该寻找一位合格的专家提供服务。一个人可能觉得每年支付 100~200 美元来获取专家的建议太过于昂贵。但是，如果他们换个角度来思考，就会发现缺少专业意见带来的亏损或许远大于这笔开支。

江恩这里的意思是专家是必要的，至于推销的成分有多少，大家自行判断。不过，在投机和投资市场，最好自己成为真正的专家。在金融市场上，依靠自己比依靠大多数人都靠谱。你看这本书的目的是成长，而不是坐享其成。

想一下我给你们提供的专业服务，每年 100 美元，就可以获得我的年度股市预测、月度报告，还有一些额外的增刊。你们可以随时向我询问任何个股的建议，以及调仓换股的专业意见。100 美元其实仅仅是 100 股变动 1 美元带来的盈亏变化。

许多人持有大量的股票，却听任市场的摆布，自生自灭。如果他们能够花上 100 美元获得我的专业服务，那么就不仅能减少亏损，还能带来更多的利润。

专家意见有两种作用，第一是避免或者减少投资者的损失；第二是保护利润。如果你发现自己出现了健康恶化的迹象，肯定不会等到病情严重了才去寻医问诊。你会马上寻求合格医生的治疗并且愿意支付足够的报酬。

你的投资在某种程度上与健康一样重要，甚至比健康还要重要一点。因为当你的投资遭受的亏损达到一定程度时，必然会引发焦虑和担心，寝食难安必然引发你的身心健康问题。

对于交易者的健康，我有一些个人的经验可以分享。第一，坚持不熬夜，良好而有规律的作息是重点；第二，有条件的话每周至少做一次按摩；第三，每天可以做一下 EFT（Emotional Freedom Techniques）；第四，坚持禅修，最好是立禅。EFT 的相关资料可以参考国内外的一些相关书籍，比如《心安有方》《身体能量的智慧》和《轻疗愈》等。在《外汇短线交易的 24 堂精品课（第 2 版）》当中，我针对交易员的情况给出了一些身心练习，有兴趣和需要的读者可以去图书馆找来看看相关章节。

在华尔街，我目睹了无数的人因为亏损而出现了健康问题。因此，合格专家的建议不仅能够保护你的本金，也能够间接保护你的健康。

华尔街的机会远远超过了其他行业，但前提是你必须具备足够的能力与经验才能捕捉到这些机会。我以著名诗人沃尔特·马龙（Walter Malone）的一首诗——机会（Opportunity）来结束本章：

OPPORTUNITY（机会）

Walter Malone（1866–1915）

THEY do me wrong who say I come no more
When once I knock and fail to find you in;
For every day I stand outside your door
And bid you wake, and rise to fight and win.

Wail not for precious chances passed away!
Weep not for golden ages on the wane!
Each night I burn the records of the day—
At sunrise every soul is born again!

Dost thou behold thy lost youth all aghast?
Dost reel from righteous Retribution's blow?
Then turn from blotted archives of the past
And find the future's pages white as snow.

Art thou a mourner? Rouse thee from thy spell;
Art thou a sinner? Sins may be forgiven;
Each morning gives thee wings to flee from hell,
Each night a star to guide thy feet to heaven.

Laugh like a boy at splendors that have sped,

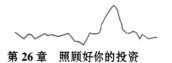

To vanished joys be blind and deaf and dumb;
My judgments seal the dead past with its dead,
But never bind a moment yet to come.

Though deep in mire, wring not your hands and weep;
I lend my arm to all who say "I can!"
No shame-faced outcast ever sank so deep
But yet might rise and be again a man!

第四篇
商品交易的精髓

There is a principle which is a bar against all information, which is proof against all argument, and which can not fail to keep a man in everlasting ignorance! That principle is condemnation before investigation.

——**Spencer**

第 27 章

棉花操盘术

以止损为父母，以趋势为伴侣。

——魏强斌

棉花期货市场每年提供了大量的盈利机会，无论是对投资者而言，还是对投机者而言都是如此。与交易股票一样，交易商品期货业是值得我们去尝试的。

交易棉花期货并不需要交易者去产地购买棉花，再将它们运到仓库，同时支付仓储和保险费用。如果棉花现货的价格出现波动，则棉花期货的波动会更加显著。更为有利的是，交易期货的最大损失不会超过保证金。

供求关系的变化影响了棉花的价格。相对股票而言，判断棉花关系的变化要相对简单一点。毕竟，股市中的板块和个股太多，它们的趋势错综复杂，一些在上涨，一些在下跌。

棉花期货市场的情况则与此不同，如果一个合约的价格上涨，则基本上所有合约的价格都会上涨。在股票市场中，或许交易者选对了板块，但是却选错了个股，由于股性呆滞，远逊于板块整体的涨幅，结果根本没有挣到钱。

对于棉花而言，交易者则不需要担心这样的问题。只要我们顺应了趋势，则赚钱是不难的。所以，交易者可以分配适当的资本参与棉花期货的交易，同时设置合理的止损单以便保护本金和浮盈。这样下来，挣到的钱肯定比股票市场投

提到棉花期货，不得不提林广茂这个人，网名“浓汤野人”，在2010年的一波棉花行情中一战成名，600万元资金多棉持仓3万手，赚到17亿元，后又做空，创造28亿元的传奇。

机赚到的多，特别是在棉花期货市场活跃的时候。

美国南部地区是棉花的主要种植区，当地的人倾向于做多棉花，这是他们最大的问题所在。他们只看到现实的一面，抱着希望长期做多，希望棉花价格能够持续上涨，对于实际情况不管不顾。所以，这些人当中九成都是亏损收场，因为他们不愿意辩证地看待事物的两个方面，一味看多做多。

他们忽略掉了棉花价格步入熊市的可能性，拒绝考虑在跌势中做空的选择。我认识许多棉花期货的交易者，他们在价格处于高位的时候买入，当价格转而下跌的时候，他们每 100 包棉花合约损失了 1000~2000 美元，但是他们拒绝及时离场，看着价格下跌但就是不愿意平掉多头头寸。他们抱着希望在市场中苟且偷生。

请牢记我反复强调的交易原则——**如果你是因为希望而持有头寸，那么尽早离场才是唯一正确的选择。**任何交易都要基于合理而充分的理由。**最为重要的一条交易法则是当市场对我们有利时持有，当市场对我们不利时离场。**

当棉花价格触及极端高点转而下跌时，历史数据表明这样的情况下跌势会非常迅速，而且会持续相当长的时间。1920 年春，棉花的价格为每磅 37~38 美分，到了 12 月价格下跌到了每磅低于 15 美分。如果一个交易者此时选择做多，那么结果会如何呢?

棉花价格继续下跌，期间也有一些反弹，但是幅度有限。跌到 1921 年 6 月才企稳，这个时候的价格低于每磅 11 美分。

当然，不仅不顾趋势的死多头会遭受巨大损失，不顾趋势的死空头也会遭受巨大损失。1921 年 8 月中旬，棉花价格在每磅 13 美分附近，然后开始上涨。在一个月时间之内，棉花期货的价格就上涨到了每磅 21.5 美分。

总而言之，我们可以从中得出的结论是：**交易中最为重要的事情是限制自己的亏损，并且追随趋势。**想要挽回 20~30 个点的亏损非常容易，但是想要捞回 200~400 个点的亏损却难如登天。

不要忘记了我们的交易法则：**及时截短亏损，同时让浮盈增长！**同时，还需要记住采**用跟进止损单来保护浮盈。**因为亏掉大部分浮盈与亏掉大部分本金一样，都是愚蠢的行为。

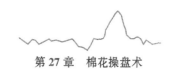

谨慎对待各种报告、消息、谣传和观点

交易者需要谨慎对待棉花种植者们发布的报告，他们虽然是诚实可靠的人，但是他们的立场却是希望棉花能够高价出售。他们倾向于发表不客观的极端观点。倘若棉花生长存在问题，则他们会亏大其中存在的损失；倘若棉花长势良好，则他们也会寻找有利于棉花价格的数据和证据。

社会中的人都有自己的立场，认识不到这点会吃大亏的。

中间商和纺织行业的人则持有完全相反的立场。他们都是为了自己的利益努力，我们难道也不是如此吗？因此我们不能因此而怪罪他们，但是我们必须谨慎地对待他们的报告和观点。

盘口受到供求关系的影响，具体来讲是供求关系的预期，而这些预期来自于市场中的所有参与者。盘口折射了所有预期和观点，是所有观点竞争的结果。因此，交易者要忽略掉那些与盘口不符的报道、传闻和观点。毕竟，观点并不重要，重要的是受到供求关系影响的盘口实际上是怎么走的。

如果空头力量大于多头力量，那么价格就会下跌，无论消息面有些什么，无论是否利空。相反情况下，如果多头力量大于空头力量，那么价格就会上涨，无论消息面有些什么，无论是否利多。

通常而言，市场趋势与大众的一致预期相反，但从根本上来讲供求关系决定了价格，价格是对未来事件的贴现。交易不是基于具体的利好或者利空，而是具体价格本身。在交易者介入市场之前，你必须从走势图表中获得一些确认。

交易者不但要能够解读盘口，而且要正确地进行解读。**对于所有的消息面动向，我们要先确认其真伪，然后再结合价格判断是否已经被市场吸收，吸收程度如何。**

告诉大家一个诀窍：将重要事件和数据标注在走势图上，这样可以帮你很好地理解价格与消息的相互作用，进而很好地揣摩到市场的心理。

正如我此前反复强调的那样，切忌频繁交易。冲动下的频繁交易让交易者越发迷惑。而且，交易的次数越多，则犯错的次数也就越多，可能性也越大。如果交易者耐心等待时机，那么获利就是大概率的事件。

如果连续出现亏损，那么我们最好离场观望一阵子，直到我们的理性分析能力和判断能力变得正常，同时市场也出现了明确的趋势。当局者迷，旁观者清，在场外我们变得更加客观和睿智，不会受到希望和恐惧的干扰。

共同的基本面加上跨市套利者的大量存在，使得三个棉花期货市场的趋势非常一致。

无论是在新奥尔良棉花交易所（New Orleans Cotton Exchange），还是在纽约棉花交易所（N.Y.Cotton Exchange），又或者是在利物浦进行棉花交易，一旦趋势确定，那么三者之间的走势是一致的。或许利物浦的棉花期货走势在某一天会与纽约棉花期货的走势相反，但是这种情况不会超过两天。纽约棉花期货与新奥尔良棉花期货的情况也是相同的。三个市场之间的趋势是非常一致的。

棉花期货交易的资本金要求

想要从事棉花期货交易的人最容易忽略的一个因素就是成功交易所需要的资本金数量。部分人认为当棉花价格处于常态的时候，也就是每磅 9~12 美分，交易 100 包棉花有 200~300 美元的资本金就足够了。

这种想法无益于财务上的自杀行为。原因很简单，如果一个交易者在第一次交易后亏掉了 20~30 点，那么几乎就丧失了交易能力，以致根本无法进行第二次交易。

进入棉花期货市场的人与踏入其他行业的人一样，都是为了追求成功而不是单纯的刺激。如果我们将投机或者投资当作一门生意，那么就需要数年才能积累起一笔客观的财富。但是，如果我们毫无章法地乱弄一通，输得精光是必然的，或许还剩一点希望，但实际上已经破产了。

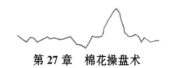

在 1915 年的时候，棉花价格处于异常的高价区域，每磅价格为 15~40 美分。这种情况下，交易者需要大量的资本金，止损单会因为剧烈波动而被频繁触发，当然盈利也是巨大的。

我个人的观点是，如果想要成功地进行棉花期货交易，那么交易 100 包棉花至少需要 2000 美元的资本金，低于这个金额的话承受波动的能力就会极其脆弱。这笔钱不是用来让你在行情不利的时候死扛的，而是让你能够在几笔小额亏损后还能继续交易，直到抓住恰当的机会大赚一笔。

棉花期货的止损单运用

正常的市况下，价格处于窄幅震荡状态，交易者设置的棉花期货止损幅度不应该超过 20 个点；价格处于宽幅波动状态，交投极度活跃，交易者设置的止损幅度在 40 个点左右。

不过，交易者需要将任何一笔交易的风险控制在 200 美元之内。如果我们的本金是 2000 美元，5 次交易之后就亏掉了一半。换而言之，我们需要一笔赚到 200 点的交易才能抵补这些亏损。

绝大多数交易者的交易绩效与此相反：赚的时候只有 20~40 个点，亏的时候却是 200~300 个点。这样的操作遑论战胜市场，就是生存下去都不可能。

作为交易者，在介入之前必须尽最大努力判断出市场的趋势。介入后，如果发现自己出错了，那么此时最为安全的操作方式是及时离场或者是采用能够自动离场的止损单。

因此，一旦交易者设定了止损单，那么就不要轻易取消，也不要改变应设置好的止损价。当改变后的止损单被触及时，亏损幅度其实是变大了。当交易者决定承担更大的亏损时，这种想法 99%的情况下都是错误的。

“不要改变设置好的止损价”，并不是说不能跟进止损价，而主要是说不要放宽止损价。

当市场运动有利于我们持有的头寸时，为了保护利润，

以止损为父母，以趋势为伴侣。

我们应该跟进止损；然而，当市场运动不利于我们持有的头寸时，则决不能改变或者取消止损单。

止损单越早触发，则我们能越早恢复理性和正确的判断，也能保存更多的本金和盈利。**当交易不利时，我们停留在市场中的时间越长，则判断力越差。**实际上，这个时候的交易者已经失去理智了，只会抱着希望被动地等待市场的“最后宣判”。

金字塔加码方法

底仓要设定初始止损单，一旦加码后，则止损单要移动到更靠近的地方，同时保护底仓和加码头寸。

行情走势持续而迅速，则交易者就能够成功地进行金字塔顺势加码操作。不过，具体的市况决定了加码的安全间隔。一般情况下，如果交易者做多了100包棉花期货，那么直到市场上涨了60个点时才适合加码100包，同时交易者要为200包棉花设置共同的止损单。如果这一止损单被触发，那么我们的亏损也是可控的，远小于底仓的初始止损幅度。

假设第一次买入了100包，初始止损幅度为40个点，也就是限定的最大亏损幅度为200美元。此后，行情如预期一样发展，我们加码买入100包，距离加码买入点设置200包的止损单。如果这个止损单被触发，则意味着200包的多单全部离场。加码买入的100包会亏损40个点，而底仓100包则会赚20个点。加码后止损的总亏损要小于第一次买入后止损的总亏损额度。

如果行情朝着有利的方向上涨，止损单并未被触发，那么我们就可以顺势跟进买入做多。但是，不要忘记一点，那就是行情发展越久则反转的日子也就越近了，因此加码的数量不能超过持有头寸的数量，要像金字塔一样，加码头寸递减。

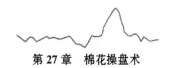

棉花合约的价差交易与锁仓

不少棉花交易者认为他们可以做空一种合约，同时做多另外一种合约，这就是价差交易。如果价差的趋势如预期一样变化，那么整体盈利就出现了，但是，大多数情况下这种操作的结果都不尽如人意，不仅不能挣钱，反而可能亏大钱。

长期资本管理公司的破产就表明了这种交易模式的脆弱性。一旦遇上“黑天鹅”，价差大幅偏离常态，造成“十年的盈利一年就亏光”。为了要避免这种情况发生，必须定期提取利润，保持操作规模恒定。

如果交易者不能很好地判断两个品种的趋势，就最好不要进行价差交易。即便一个交易者足够睿智地设计了一个价差交易组合，但是总是存在一些意外的事件发生，以致让模型失效。

正如某个交易者曾经对我抱怨的那样：“我的经纪人给我推荐一个低风险高收益的价差组合，当我兴冲冲地投入其中时，灾难发生了。”价差交易的常见结局基本都是这样的。

类似于价差交易的操作方式还有锁仓。当交易者发现自己持有的头寸处于不利状态时，他们拒绝认赔离场，而是开立相反头寸来锁住亏损。接下来，他们在一个品种上同时拥有多头和空头。**他们陷入更为复杂的局面中，要同时考虑两个相反头寸的离场时机。**

面对这种局面时，大多数都会兑现盈利的头寸，保留相反方向的亏损头寸，结果亏损不断增加。锁仓是错误的交易策略，一个人不可能对两个方面的运动都有敏锐的洞察力，一个方向的交易已经足够困难了。

总而言之，我们不要毫不自知地进行价差交易和锁仓，要努力判断出趋势，并且与趋势同行。

第28章

解读棉花期货盘口的正确方法

筹码交换充分，才能形成有利于大资金和聪明资金的格局。有了这个格局，才有了大行情发动的可能性和必要性。

——魏强斌

现在的外汇场外市场也缺乏全面的成交量数据，类似于江恩时代的棉花期货市场。因此，价格波动率可以作为成交量的部分替代。

在前面的章节当中，我已经强调过棉花期货的价格是由供求关系决定的。解读棉花期货盘口与解读股票盘口的唯一差别就是棉花期货的报价单并未给出相应的成交量，这会给趋势的研判带来部分困难。

虽然我们不知道成交量的规模，但是盘口上的波动幅度和速率会从另外一个侧面反映出成交量的大小。当市场出现大笔做多或者做空时，价格会出现大幅运动，而不可能静止不动。因此，**市场的波动幅度和活跃程度会透露出是否有大笔的成交进行。**

当市场窄幅震荡的时候，表明交投清淡，成交量稀少，这是没有大行情的标志。所以，交易者此刻能够做的唯一一件事就是耐心等待，直到市况开始活跃起来才介入。

就棉花期货而言，交易者能够采取的最好盘口解读方式与解读股票盘口一样，那就是远离市场，隔绝市场微小波动的干扰。交易者需要亲自绘制走势图表，心平气和地解读盘面走势。不要在经纪商的办公室里逗留，那里是毫无根据的小道消息的源头之一。这些噪声资讯会误导你的判断，干扰你的洞察力。

棉花期货的盘口也如同股市的盘口一样会时常戏弄我们，误导我们。产地天气的变化，总会导致盘口的显著波动，但是不会改变根本的趋势。如果交易者持续紧盯盘口，那么就会被短期的涨跌和强弱所迷惑，进而采取错误的行为。一旦进场我们才发现自己在顶部附近做多，或者是在底部附近做空。等待趋势走出来后，我们才恍然大悟。

趋势无法一览无余，以至于我们在人生和交易上都经常迷失在岔路口上。

不过，**市场并不会无情，它更多的时候是狡黠，频繁出现的回调或反弹，让你仍旧抱有一线希望，进而继续死守不利的头寸。**

如果交易者远离市场，隔绝干扰，就能基于自己的交易法则行动，同时设定止损单。这样交易者就不会受到恐惧和希望的折磨。

不要紧盯盘口波动，远离市场，无论在何种市况下都是恰当的做法。不管市场处于窄幅波动状态，还是大幅运动状态。**不管市场大幅上涨，还是下跌，都需要进行筹码的交换，而这需要时间来完成，因此我们不必担心因为远离市场而错失了机会。**

筹码派发与顶部区域

首先请参看附图 2-13，这是 1919 年 11 月到 1923 年 1 月的棉花期货 10 月合约的走势图。该图呈现出了这段时期全部的高点和低点，以及筹码吸纳和派发的阶段。

1919 年 12 月 6~13 日，该合约从 2970 点跌到了 2700 点。接下来于 1920 年 1 月 17 日上涨到了 3140 点，转而下跌。到了 2 月 7 日，则跌到了 2760 点。

在此后的一周时间当中回升展开，低点比 12 月更高。随着上涨，**低点和高点渐次抬升，每周都刷新高点。**直到 4 月

17 日，涨到了 3715 点。接下来的一周，也就是 4 月 24 日当周，该合约涨到了 3725 点，这是行情的顶部。

该合约快速跌至 3430 点，但是主力还未完成筹码的派发，因此还需要一段时间出货。期价宽幅震荡，几次都触及 3700 点的高位。5 月 22 日，期价涨到了 3690 点，此后跌到了 3410 点。到了 6 月 5 日，最后一波反弹，触及 3670 点。

此后，期价步入下跌走势，到了 7 月 3 日期价跌到了 3170 点，随后在 7 月 24 日回升到了 3530 点。正如我们在附图 2-13 中看到的一样，7 月 3 日期价已经跌破了派发区间的下边缘，这表明大的趋势已经转而向下了，交易者可以逢高做空。

多头平仓潮

暴跌紧随而至，一直跌到了 1920 年 9 月 4 日的 2550 点。随后在 9 月 8 日回升到了 2960 点，接下来的一周进入窄幅震荡阶段。震荡结束后，市场恢复下跌走势，多头平仓潮开始。在 11 月 27 日当周，期价跌到了 1440 点。此后，反弹到了 1650 点。

到了 1921 年 1 月 1 日，跌至 1360 点。1 月 22 日，回升到了 1680 点，这个高点稍微高于 1920 年 12 月 18 日的高点，这一区域附近抛压沉重。

下跌幅度逐渐收窄，但是高点和低点在渐次降低。下跌持续到了 3 月 5 日，见到低点 1200 点。此后，出现一波缓慢的上涨，期价走高。如附图 2-13 所示，从 5 月到 6 月上旬，期价在 1400 点附近横盘震荡。接下来，另一波下跌出现，最终在 6 月 25 日触及最低点 1120 点。

吸纳筹码

这是一个尖状底部，报复性反弹接踵而至，到了 1921 年 7 月 16 日，期价回升到了 1320 点。接下来在 7 月 30 日回调到了 1190 点。到了 8 月 6 日，上涨触及 1350 点，这是棉花期价跌破 3000 点并且创出新低后第一个更高的高点。市场在这里休整数周后又继续上涨并且超过了 8 月的最高点。这一变化预示着趋势已经转而向上了，做多的时机来临了。在数月的低位震荡之后，交投活跃起来，期价逐步上涨。

当期价向上突破 1400 点的时候，5 月和 6 月的高点就被突破了，这是另外一个大涨将要拉开序幕的征兆，当然这也是一个加码做多的点位。同年 9 月，期价加速上涨，向上突破了 1920 年 12 月到 1921 年 1 月形成的阻力区域，大概在 1650 点左右。这波涨势非常迅猛，到了 9 月 10 日就已经触及了 2150 点。

紧随而至的就是快速的下跌，触及 1810 点。当下跌开始时，止损单会及时让我们离场。不要忘记我反复提到的一个规律：**只有在筹码交换充分完成之后，大幅上涨或者下跌的行情才会出现。**

筹码交换充分，才能形成有利于大资金和聪明资金的格局。有了这个格局，才有了大行情发动的可能性和必要性。

期价在 1800 点上方震荡了数日，随后上涨到了 2150 点。此刻，交易者应当做空，同时将初始止损单设置在历史高点上方 30~40 个点的位置。

此后，期价再度跌到了 1930 点附近，并进入持续震荡状态。1921 年 10 月 8 日，期价再度开始上涨，在 2175 点附近形成了抬升的高点。见到高点后转而下跌，持续跌至 11 月 19 日当周，见到低点 1520 点。接下来持续数周的回升开始了，并于 1922 年 1 月 7 日见到高点 1730 点，随后跌到 1510 点，**恰好与 1921 年 11 月 19 日的低点组成双底形态。**一个做多机会出现了，初始止损单放置在低点下方 30~40 个点的位置。

什么情况下双底会被很快跌破？你能给出哪些原因？第一，驱动面突然恶化，棉花处于增产周期；第二，心理面上，大众和分析师一致看多，等等。你能再往下深入分析吗？

牛市的第二阶段

见底之后，期价逐渐上行，到了 1922 年 2 月 25 日，棉花期货合约已经涨到了 1720 点，恰好在 1 月高点的下方。随后其加强走跌，见到低点 1640 点，紧着进入横盘震荡走势，波幅很小。

当市场进入震荡行情时，交易者应该观察期价的突破方向：最终会向下突破 3 月 4 日当周的低点，还是向上突破 1 月 7 日当周的高点。

4 月 22 日当周，期价向上突破了 1 月和 3 月的高点，这意味着趋势转而向上。因为预期到主力在底部进行了大规模的筹码吸纳，因此一波上涨的大行情会出现。

上涨趋势维持，涨势持续到了 6 月 24 日，见到高点 2290 点。接下来的一波下跌，触及低点 2070 点。见到低点之后，市场快速回升到了 2325 点。市场在顶部附近窄幅整理，这个时候交易者应该平掉多头头寸，转而做空。

为什么高位窄幅整理就要多翻空呢？江恩此处有太多关键细节被他省略掉了。

关键点位

到了 1922 年 7 月 29 日，期价跌到了 2090 点，随后回升。到了 8 月 5 日当周，升至 2290 点。见到高点后，转而暴跌，**跌至 2000 点整数关口**。到了 8 月 26 日，期价涨到了 2290 点，期价未能突破 7 月和 8 月形成的高点。显然，在 2300 附近存在沉重的抛压。

双零或者三零价位是非常重要的心理价位，在外汇和期货市场上特别重要。

交易者应该在 2300 点附近多翻空，做空的初始止损单设置在前期高点上方 30~40 点的位置。此后期价转而下跌，在 9 月 30 日当周，跌到了 2000 点。

2000 点是 8 月 12 日触及的低点，当期价跌至这个关键点位时交易者应该回补空头头寸，并且做多，同时将初始止损单放置在这个低点下方 30~40 个点的位置。此后，期价并未跌破这个低点。

牛市的第三阶段

新一波的上涨启动了，期价快速上涨到了 2300 点上方，同时也突破了 7 月和 8 月的高点，进一步上涨的空间打开了。1922 年 10 月 28 日当周，期价上涨到了 2400 点。此后，期价跌到了 2260 点，接下来的回升刷新了高点，触及 2415 点。

见到高点后，期价步入窄幅震荡的走势，我们的跟进止损单被触发。离场观望期间，我们应该关注 11 月 4 日形成的低点。此后的 12 月 9 日当周，当期价跌至这个低点时，交易者应该做多，同时将初始止损单放置在这个低点下方 30~40 个点的位置。

由于期价很快恢复上涨，因此这个初始止损单并未被触发。涨势从持续，直到 1923 年 1 月 24 日，也就是我写作本章的时候，10 月交割的棉花期货合约已经涨到了 2677 点。

如果筹码大规模交换在这一高点附近完成，那么新一轮大跌就会启动，期价会跌回 1500 点的附近，甚至更低。

1500 点相当于 15 美分。

交易者应该参与活跃度较高的期货合约，当合约临近交割时不要参与。对于投机者而言，参与即将交割的合约，并企图在其中寻找大幅波动机会是毫无意义并且危险的。如果确实存在机会，也应该参与新主力合约的交易。

第29章

趋势变化的甄别

当所有人都知道棉花歉收或者丰收时，“过度拥挤的交易”就只能带来亏损了。

——江恩

当期价进入了横盘震荡状态，而且波幅非常小，则交易者应该将等于和大于10点的波动绘制在走势图上。这样才便于交易者判断是否有主力吸纳或者派发筹码的迹象，同时确认关键点位的形成。**一旦期价突破了关键点位，进入到新的运动区域，交易者就能顺势介入。**

如果期价位于高位，且波动幅度很大，交投活跃，那么10个点的参数就太小了，这时候我们应该将一日之内30~40个点的波动记录在走势图上。基于这种记录方法，交易者能够较为精确地确认关键点位，并且及时确认突破筹码交换区域的机会。

交易者在参与主力活跃的时候，应当绘制该合约的月度、周度和日度高低价走势图。每天只需要花费15~20分钟的时间绘制这些走势图，交易者就能从中获得丰厚的回报。

走势图的最大价值在于能够给出关键点位，也就是重要的支撑和阻力点位。所以，走势图能够帮助交易者确定做多机会和做空机会，以及离场时机，也为放置止损单提供了参考。

在大幅上涨或者下跌之后，市场往往倾向于进入到一个休整期，波幅变小。期间，多空处于均衡状态。此后，期价选择突破方向，要么继续此前的方向，要么反向运动。一旦期价突破，我们就可以跟随趋势介入。不过，偶尔也会出现假突破。在主力完成筹码吸纳工作后，一些消息会导致快速下跌，接着快速回升，然后向上突破，向上趋势确立，价格继续上涨。

还有一种多头陷阱的情况出现。期价涨到第一个顶部时，一些多头兑现利润离场，一些空头也趁机建仓。不过，一些利多消息出现，于是空头恐慌离场，这就使得期价回升并且突破第一个顶部，不过至少稍微高出第一个顶部，因此技术面上仍旧属于弱势。然后，期价快速回落，跌破前期低点，交投活跃，向下趋势确认。

可以在重大点位和底部去交易多头陷阱和空多陷阱，不过仍旧需要谨慎为之。

交易者不要每天在市场中频繁进出，要细心观察，并且耐心等待。一旦持仓方向与趋势一致，就要继续跟进，直到出现趋势变化的信号。交易者不要因为有了一些浮盈就平仓或者离场，而要根据行情的表现来判断趋势是否结束。不要在利好频出时冲动做多，也不要在利空频出时冲动做空。在绝大多数情况下，无论是利空还是利多在公布之前已经被市场吸收了。另外，**无论是公布利好消息还是利空消息，我们都需要考虑趋势的方向。**

题材的性质与趋势方向的关系是一个值得细化的主题。例如，如果趋势向上，出现一次性利空题材走势会如何变化；如果趋势向下，出现最后一次利空题材，走势又会如何变化。

不要在行情已经长时间发展之后才开始加码，因为这样可能会让交易者的头寸处于不利地位。恰当的加码时机应该选择趋势初期的时候。当期价触及顶部或者底部之前，会出现一波急速走势，随后波幅变小，进入震荡走势，酝酿下一波走势。

如果某一年的棉花歉收，棉花期货价格在次年春季处于高位的时候，我们要谨慎做多，因为当时的期价已经贴现了半年后新棉上市供不应求的利好预期。利好一旦兑现，一波显著下跌就会拉开序幕。

预期和筹码，不要忘了这两个要素。价格已经充分吸收了这些预期，则消息兑现时，价格反转。过度拥挤的交易意味着筹码高度集中，达到了极致，因此需要一次大交换，行情由此反转。

同样，交易者也需要警惕盲目做空的陷阱。如果某年的棉花丰收，次年春季棉花价格处于低位，这个时候要谨慎做空。因为此刻的棉花价位其实已经贴现了丰产的利空预期。

当所有人都知道棉花歉收或者丰收时，"过度拥挤的交易"就只能带来亏损了。除非后续有新的意外因素发挥作用，否则无论价格高低，图表都会给出未来的变化。

人多的地方，钱难挣！

交易者绝不要因为棉花期货合约的绝对价格过高就选择做空。要记住一点，只要驱动因素和筹码条件具备，那么价格就会继续上涨。交易者也绝不要因为棉花期货合约的绝对价格过低就选择做多，因为价格很可能继续走低。

交易者永远不要与趋势对抗，不要臆测顶部或者底部。等到走势图显示趋势发生了变化再采取行动。在趋势明朗时，做多或者做空总是容易挣到丰厚的利润。鲁莽或者犹豫都会丧失机会，进而赔钱。

如何在技术层面定义“趋势明朗”？每个投机客都应该直面这个问题。

第30章

象鼻虫与棉花价格的故事

做商品趋势交易，一定不要忽略了蛛网周期！

——魏强斌

大概从20年前开始，象鼻虫这种小虫子开始危害得克萨斯州的棉花，其程度日益加剧，穿越了密西西比河，给南部各州的棉花种植带造成巨大的灾难。人类已经采用了一切可以使用的手段，试图消灭这种小虫子，但是截至目前，没有人认为有足够有效的办法对付它。

象鼻虫是鞘翅目昆虫中最大的一科，也是昆虫王国中种类最多的一种，全世界已知的种类已超过6万种，在我国种类可达6000多种。象鼻虫祖籍西非大陆，体躯很小，头上长着一根触须，因形似象鼻故而得名。象鼻虫是比较著名的经济植物害虫，不过并不是所有种类，也有些是不会对经济植物造成危害。它吃棉花棵的芽和棉桃，并在棉花上产卵。孵化出来的幼虫是浅黄色的。幼虫头部特别发达，能在植物的茎内或谷物中蛀食。有些种类，甚至在根内穿刺。由于如此，每至风大的时候，作物常从受害部折断。

1893年，当时的棉花价格跌到了每磅4美分的低位，劳动力从农场流出，情况非常糟糕，意见领袖们号召大家采取行动挽救棉花种植业。不过，市场调节了一切。当人们离开棉花种植园到木材厂工作后，棉花的产量显著地减少了，价格自然就上涨了。当事物的发展走向极端时，自然规律会进行调节，人们的劳动时间和资源会重新配置，从而出现新的均衡和变化。

1917年，德国人把英国人和法国人打得喘不过气来，地缘政治的均势处于坍塌的前夜，形势迫在眉睫，美国人出手了，挽救了大局。当时的美国，经济繁荣，百业兴盛，诞生和培养了大量的顶尖人才。天才总是应时而生，在应对象鼻虫的挑战方法，也是如此。

最近几年，全国投入了数百万美元用来消灭象鼻虫，当前的形势迫切需要一些美国的天才们能够发明一些新的杀虫剂或者工具可以彻底解决象鼻虫带来的困局。

如果真的出现了终结象鼻虫的天才，那么鼓吹棉花价格会上涨到每磅40~50美分的论调将寿终正寝，熊市将会再度降临，棉花将跌到十几美分。

政府与市场的关系，是投机者需要搞清楚的一个问题，否则就会被政府的市场干预行为所误导，认为这些干预行为能够改变趋势。如果政府的行为根本地改变了农产品的供给面或者需求面，那么就对价格趋势造成了重大影响。否则，就不足以改变价格趋势。

这波牛市，棉花从7美分开始上涨。1915年以来，棉花价格就处于高位。对于1914年秋的情况我至今记忆犹新，当时棉花供过于求，价格处于极端低位，南部棉花种植州的情况很糟糕。政府号召大家为了拯救南方的经济，以高于市场价的价格买入棉花。为什么棉花价格会跌到如此低的位置呢？因为战争结束时的欧洲不再需要那么多棉花。

现在，棉花在29美分的高位已经徘徊多年了，以致许多人认为象鼻虫主宰了今天的棉花市场平衡，棉花的供应量在于无法完全满足需求了。

做商品趋势交易，一定不要忽略了蛛网周期！

不过，事情永远处在变化之中。各因素变化时，棉花供大于求的情况也会发生变化。为什么这样说呢？因为25美分的价格导致种植棉花的利润非常丰厚，逐利的人性使得更多的劳动力和资源被投入到棉花种植当中。所以，**目前高企的棉花价格总有一天会导致生产过剩，从而走到另外一个极端。**我确信1923年的棉花产量将会大幅增加，到了1924年春季之前，棉花的价格会跌到15美分这个水平上，数年之后会跌到10美分以下。

分歧，则走势延续；一致，则走势反转！

当棉花走到了那种极端价位时，所有人都会变得极端悲观，对价格上涨不抱任何希望。相反，如果价格处于极端高位时，所有人都不会认为价格会下跌。在这类极端情况下，交易者要独立思考，基于图表走势客观地分析，因为只有它们才能准确地揭示供求关系主导下的趋势走向。

第31章

交易小麦和玉米

大幅波动的异常市况数年才会出现一次。因此，我们不应该希望在正常市况下获得暴利。

——江恩

小麦和玉米的期货市场，与棉花一样，其趋势更为明确，比股票更容易确认与跟踪。正如我之前介绍棉花期货一样，商品期货市场的趋势在绝大多数情况下都是容易辨认的。

同一品种所有合约的运动趋势是一致的，因此交易者比较容易辨认总体趋势。**如果交易者能够跟随趋势，时机恰当地买入或者卖出，那么获利就是自然而然的事情**。但是，股票市场上的事情却不这么简单。在进行股票交易时，交易者或许正确地预判出了铁路板块的上涨趋势，但是如果买进了一只滞涨股，则虽然看清楚了大势，但却只赚了一点小钱，甚至还可能亏钱。

但是这种情况不会发生在谷物期货的交易上。所以，**对于趋势投机者而言，最佳的交易标的是商品期货市场**。毕竟，这类市场每年都会出现几次潜在利润丰厚的交易机会，它们常常是由季节性引发的。

分析农产品期货的大势，有几个心得在这里提一下：第一，产量周期非常重要。比如白糖的宿根蔗效应带来的产量周期等。第二，主产地的气象灾害往往带来大行情。第三，原油的大趋势。第四，宏观经济的通胀形势。第五，季节性因素。这个因素比起产量周期的决定性意义差远了。

异常市况

交易者需要谨记一点：**大幅波动的异常市况数年才会出现一次。因此，我们不应该希望在正常市况下获得暴利。**在过去的7年当中，也就是世界大战爆发时期，我们已经亲身经历了异常市况，小麦和玉米价格的波动幅度远远超过了正常市况下的极限，大大超出大众的预期。

大灾大难，商品有大行情！

许多交易者仍旧沉浸在战时的异常市况中，以致错过了当前市况下无数的赚钱机会。但是，世异则事异，现在缺乏异常行情的基础，因此这些交易者仅仅是基于希望在赌博而已。

小米、玉米和燕麦的极端价格与通胀膨胀率，也就是美元的实际购买力密切相关。1895年和1896年，农民以每蒲式耳60美分的价格出售小麦，比现在以每蒲式耳1美元的价格销售更赚钱。因为现在美元的购买力显著下降了，而劳动力的工资和土地的租金也上涨了。如果情况出现逆转，那么这些农作物的价格自然会下降。因此，当我们在判断商品期货走势的时候，必须将所有重要的因素全面地考虑进去。

成功交易谷物期货所需要的本金

成功交易小麦所需要的具体本金取决于市况是正常的还是异常的。我个人的意见是，无论市况如何，要交易5000蒲式耳的小麦至少需要2000美元。同时，将亏损限制在2~3美分/蒲式耳，则交易者就会有很高的赢面。

假如我们设置的止损幅度为4个点，则意味着每5000蒲式耳的交易会亏损200美元，这样我们的本金可以交易10

次。如果交易了 5 次，全部亏损，那么我们还是有足够的保证金继续交易，但是如果我们成功地捕捉到了趋势，那么 2 次盈利的交易就能够抵补前面 5 次交易的亏损。

在正常的市况下，交易 5000 蒲式耳的玉米需要 1000 本金，因此亏损幅度应该限制在 2 美分，止损幅度一定不要超过 3 美分。在任何一笔交易中，交易者承担超过 3 美分幅度的风险都是不安全的。如果交易者出错了，则应该及时离场观望。

利用止损单保护自己

无论是进行玉米交易还是小麦交易，交易者都需要为每一笔交易设置止损单，一个交易者如果不在交易中设置止损的话，那么迟早会破产。通常而言，在任何一笔谷物期货的交易中，任何一次止损的幅度都不能超过 2~3 美分，即便是在波幅巨大的异常市况下也是如此。如果一个交易者不能在 5 美分的止损幅度下寻找关键点位进场，那么他的判断一定存在改进的余地，应该离场等待趋势明晰。

永远记住我的那句话：不要与趋势抗衡！我们会经常碰到止损单被触发后离场的情况。在牛市中，交易者要学会逢低做多；在熊市中，交易者要学会逢高做空，但是**绝不要去猜测是市场的顶部或者底部**，要等待盘口来告诉你。要耐心等待市场给出明确的信号，因为市场上的筹码供求关系会明确地告诉你趋势何时发生了变化。

猜测顶底其实是“前位出场法”，“等待盘口来告诉你”其实是“同位出场法”和“后位出场法”。

金字塔顺势加码法

衡量一个趋势交易系统好坏的标准："常态市况下能否保存有生力量，异常市况下能否暴利。"

市况活跃的时候，交易者可以进行顺势加码。不过，加码的间隔幅度是由具体市况决定的。在波幅较小的情况下，我们只有在底仓的盈利幅度达到了 4~5 美分之后，才开始第一次加码。如果处于战争时期，波幅巨大，那么应该在盈利幅度达到 7~10 美分的时候加码一次。

正常的市况下，小麦正向运动 10~12 美分，则会休整 3~5 美分。因此，在低点或者高点出现 10 美分的运动后，我们不要追涨杀跌，需要十分谨慎才行。

为什么 J.L. 主张突破加码，而不是回调加码呢？

一旦期价脱离了筹码集中交换的区域，则无论上涨还是下跌都会清晰明了，并且调整幅度也会很小。**当市场处于筹码集中交换区域时，则头寸盈利的幅度会很小，因此不能进行加码操作。**只有在脱离了筹码集中交换区域之后，交易者才能加码。

第32章

筹码吸纳和派发区域的甄别

高度一致的预期，结局都很悲催！

——魏强斌

运用在股票和棉花期货市场上的交易法则，同样也适用于谷物期货市场。正如我之前强调的那样，在任何重大的行情启动之前，市场都需要经过大资金和聪明资金吸纳筹码或者派发筹码的阶段，谷物期货市场也不例外。

对于主力合约，交易者应该绘制其日度、周度和月度的高低价走势图。日度高低价走势图可以告诉交易者仅仅持续数日的小行情的启动和结束，而周度和月度高低价走势图则告诉交易者主要趋势是否发生了变化。这些走势图可以帮助交易者在恰当的时机做多或者做空，进而捕捉到重大的行情波动。

小麦价格的月度走势区间

筹码的供求直接决定了商品期货的价格走向。盘口和走势图则综合体现了多空力量的动态均衡，因此它们可以表明价格的主要趋势。

1894~1895 年，小麦的价格为每蒲式耳 50 美元，这是美国内战以来的最低价。1895 年以后的数年里，小麦价格持续徘徊在低位，并未出现快速的上涨。请参考附图 2-14，该图显示了从 1895~1898 年的小麦价格变化。

1895 年 12 月，小麦 5 月合约见到低点 56 美分，接下来在次年 2~4 月，该合约回升到了 68 美分。**1896 年 5 月，该合约下跌到了 56 美分，与 1895 年 12 月的低点相同。**此后，期价向上突破了 68 美元的高点，也就是说向上突破了派发区间的上边缘。涨势一直持续到了 85 美分。

此后，期价在 85 美分附近横盘震荡了 4 个月，震荡期间的高点较为一致。随后，一波下跌来临，于 1897 年 4 月跌到了低点 64 美分。接下来，上涨开始了，向上突破了 85 美分，刷新了数年来的最高价。

1897 年 8 月，期价升至 1 美元，随后回调到了 88 美分。接下来期价在 88~95 美分的窄幅波动了 4 个月。1897 年 12 月，期价上涨到了 98 美分，并且超过了此前 4 个月的最高点。

我们不要忘记一条规律：**在任何大行情启动之前，都需要经历长时间的筹码集中交换阶段。**从 1897 年 8 月到 1898 年 2 月，主力在过去数年的高点上方大举建立多头头寸。换而言之，价格的变化其实体现了小麦新的价值中枢。

一旦上升趋势确立，同时期价突破了 1 美元，触及 1.09 美元，那么进一步上涨的空间就打开了。1898 年 3 月，小麦 5 月合约一直在 1.02~1.07 美元震荡，全部信号都指明趋势向上。果然，一轮大的上涨行情开始了。

同年 5 月，小麦期价触及 1.85 美元，据说有一位名叫雷特（Leiter）的大佬囤积了大量小麦现货，同时在期货市场上逼空。不过，他的操作并未成功，小麦价格崩盘，很快跌到了 1 美元之下。

虽有实力，仍需待时；虽有智慧，不如乘势！

1898 年 9 月，小麦 5 月合约再度跌到了 62 美分附近，随后在这个低点附近持续震荡了 3 个月。1899 年 1 月，期价上涨触及 79 美分，随后进入窄幅整理行情。同年 7~9 月，价格两度上涨到了 79 美分附近。次年 3~5 月，价格三次跌至 64 美分。随后，期价在这个点位附近窄幅波动，月度波幅仅为 3~4 美分。

波动图（Swing Chart）

在经历长时间的窄幅震荡之后，小麦恢复到上涨趋势中。请参考附图 2–15。这张走势图只绘制出了大幅波动走势以及重点的高点和低点。从这张图可以看出，自 1895 年以来，期价每年都在持续走高，低点渐次抬升。期间的战争将期价推升到一个极端高位，并且在 1917 年 5 月触及 3.25 美元。

在 1904 年秋季到 1905 年年初，小麦期价触及高点 1.2 美元，这是雷特操纵小麦之后的最高价。走势图上显示期价在 1.08~1.20 美元有主力大举建立空头头寸的迹象。当期价跌破这一区间后，下跌迅猛，到了 1905 年 6 月已经跌到了 82 美分。这是经常见到的情形，当价格跌破成交密集区后，大行情紧随其后。

小麦合约价格从 1906 年 3 月到 1907 年 4 月，在长达 13 个月的时间当中持续震荡，构筑底部的迹象明显。1906 年 9 月，小麦合约跌到了 75 美分，直到 1907 年 5 月才回升到了 81 美分上方。在 75~81 美分，主力建立多头头寸的迹象明显，从 1906 年 9 月到 1907 年 5 月，持续了大概 9 个月时间，期间价格窄幅震荡。

1907 年 5 月，价格上涨到了 82 美分，快速突破震荡区域，当月就涨到了 1 美元。同年，虫害使得小麦价格上涨到了 1.12 美元。

从附图 2–15 可以看到，**1911 年 4 月，小麦合约的价格触及低点 84 美分，**1912 年 5 月涨到 1.19 美元。1913~1914 年长时间震荡。**1914 年 6~7 月，价格再度跌到了 84 美分，**这也是 1911 年形成的一个低点。

从 1912 年 10 月到 1914 年 7 月，小麦的价格大部分时间在 6~10 美分震荡，与 1906~1907 年主力大举建立多头头寸类似。第一次世界大战在 1914 年 7 月爆发，小麦的上涨行情启动。当期价向上突破 1 美元的时候，大行情就明确了。

由于当时美国小麦丰收，出现了严重的供给过剩，但是小麦价格还是在 1914 年 9 月涨到了 1.32 美元。此后，期价跌到了 1.11 美元，并在此区间横盘震荡了几个月。此后，股价在 1915 年 2 月向上突破了 1.67 美元，随后在这个位置持续了 4 个月左右的震荡，主力多头资金明显在离场。

1915 年 9 月，期价跌到了 93 美分；到了 1916 年 1 月，期价上涨到了 1.38 美元。**同年 5 月，期价又跌到了 1.04 美元。**此后，欧洲出现小麦短缺，由此导致美国的小麦出口暴增，使得小麦期货合约的价格上涨到了 3.25 美元。

美国政府此时停止了小麦期货的交易，并且固定小麦的现货价格在 2.5 美元。1920 年 7 月，小麦期货市场的交易恢复，合约开盘价为 2.75 美元。此后，期价持续下跌到了 1921 年 4 月，小麦 5 月合约跌到了 1.2 美元。随后，逼仓行为使得 5 月合约在 1921 年 5 月上涨到了 1.85 美元。

1921 年 11 月，期价再度下跌到了 1.04 美元，这也是 1916 年见到的一个低点。请参看附图 2-15，接下来期价处于窄幅震荡走势中。小麦 5 月合约在 1922 年 2 月上涨到了 1.49 美元附近。随后的 3 个月，期价都屡次涨到这个价位附近，但是并未超过 2 月见到的高点。

高度一致的预期，结局都很悲催！

1922 年 5 月初，小麦 5 月的合约价格为 1.47 美元，**当时人人都看多，认为价格能够涨到 2 美元。**不过，反映筹码供求关系的盘口却明白无疑地告诉交易者，主力资金 4 个月来一直在 1.44~1.48 美元附近了结多头，建立空头头寸。

1922 年 5 月，下跌以迅雷不及掩耳之势展开，暴跌到了 1.16 美元。此后，小麦价格继续缓慢下跌。1922 年 8 月，5 月合约下跌到了 1.05 美元。此后的 8~10 月，期价在 1.06~1.12 美元震荡。1922 年 12 月，期价向上突破了震荡区间上边缘，触及 1.26 美元附近。

按照江恩理论，四重底部容易被跌穿。

回过头来，我们发现 1916 年 5 月见到的低点 1.04 美元；1921 年 11 月，再度见到低点 1.04 美元；1922 年 8 月，期价见到低点 1.05 美元。这些低点基本上一致，如果 5 月合约再度跌到 1.04 美元的话，则意味着支撑可能失效了，价格会继续走低，并且可能进一步下跌到 90~93 美分。相反，如果 5 月合约向上突破了 1.26 的高点，则价格继续走高的可能性更大。

按照我给出的方式绘制谷物期货任何一个合约的走势图表，同时基于我的交易法则去解读它们，那么你就可以甄别出主力大举建仓或者离场的区域。一旦期价突破这些区域，交易者就应该跟随介入，直到趋势变化。不要盲目交易，要有客观的依据。不要因为觉得价格低就做多，不要因为觉得价格高就做空。交易者应该等待趋势明朗后再顺势介入。

周度走势图

小麦和玉米期货都会出现尖状底部和平坦底部。附图 2-16 是小麦 5 月合约的周度高低点走势图。从附图 2-16 中我们可以看到，1921 年 4 月 16 日，该合约跌到了 1.19 美元。随后又回升到了 1.32 美元，并在这个点位附近窄幅震荡了 2 周时间。此后，小麦期货价格在 5 月末迅速上行到了 1.85 美元。这是一个从尖状底部陡直上涨的过程，主力拔高建仓，建仓只用了 2~3 周的时间。随后就快速拉升，逼得空头迅速回补，小麦期货价格很快被推升到了新高度。

在江恩时代，日度图杂音太多，月度图信号滞后，周度图是中庸适度之选。

从 1921 年 10 月到 1922 年 1 月的周度高低点走势图中，我们可以看到主力多头建仓大概花了 14 周的时间。期间，小麦期货价格从未跌破 1921 年 11 月 5 日的最低价 1.035 美元。长时间在最低价之上，主力建仓迹象明显。但是，我们还想等待更加明确的信号，那么可以当小麦期货价格突破建仓区间，触及 1.2 美元的时候进场做多。

如果采取突破后跟随的操作，那么可以及时抓住快速上涨的机会，接下来 4 周的时间内，小麦期货价格上涨了 28 美分。

1922 年 2 月 27 日，小麦期货价格触及 1.49875 美元，此后一波暴跌，见到低点 1.3 美元。在这个点位附近，小麦期货价格窄幅波动了 4~5 周，4 月初见到低点 1.285 美元。期价触底反弹，见到 1.49 美元。小麦期货价格在此高点附近徘徊，并未向上突破 2 月的高点。多头主力开始离场，持续了 5 周时间，因此我们有足够的时间了结多头头寸，转而做空。做空的初始止损单放置在 2 月和 4 月下旬最高点上方 2~3 美分的位置。

此后，小麦 5 月合约暴跌后进入缓慢下跌的状态，并在 1922 年 8 月和 9 月触及 1.045 美元。主力在这个新的区域进行了 5~6 周的建仓。到了 9 月 23 日当周，小麦期货价格脱离震荡区间，向上突破。期间有调整，但是低点抬升，直到 1922 年 12 月见到高点 1.2675 美元。见顶时，可以利用日度高低点走势图获得及时的离场信号。

乖离率大的行情可以降低图表的时间层级，以便获得更加及时的信号。

日度高低价走势图

请先参考附图 2–16 右上角的小图。这张走势图展示了小麦合约从 1922 年 12 月 13 日到 29 日的逐日最高价和最低价。我们可以看到 12 月 18 日的最高价位 1.255 美元；12 月 20 日的最高价为 1.2675 美元；12 月 22 日的最高价为 1.265 美元；12 月 27 日的最高价为 1.2675 美元；12 月 28 日的最高价为 1.265 美元。

从上述日度高低价可以发现，从 12 月 18 日开始，此后十天内价格上涨都没有超过 1 美分，趋势转而看空，交易者也应该多翻空。从这个例子我们可以看出，日度高低价走势图可以先于周度和月度高低价走势图显示细微的变化，并且在顶部和底部附近及时离场或者进场。

但是，凡事有利必有弊，日度高低价走势图也经常愚弄交易者，因为它的时间跨度较短，在主要趋势未出现变化时，它也很可能出现相反方向的运动，从而误导交易者。

甄别趋势的改变

交易者在实践中不断积累经验，从中吸取教训，在新的实践中结合实际走势和过往经验，就能快速甄别出趋势的变化。不过，我们在成交量数据的获得上存在限制，无法获得玉米和小麦的可靠成交量数据。但是，我们可以通过价格巨大波幅和波幅频率间接推断出巨大的成交量。

ATR 中的 TR 线可以间接替代成交量，当然波动率指标与成交量指标在大多数情况下都是共振的。类似的例子还有，震荡指标与舆情统计在大多数情况下都是一致的。

请看一个具体的例子：假定小麦 5 月合约在某日的波动区间为 1.24~1.26 美元，而且在这区间震荡了 5~6 次。我们可以据此推断出交投活跃，成交量较大，有大交易者在 1.26 美元附近大举做空或者平多，也有大交易者在 1.24 美元附近大举做多或者平空。

如果次日期价跌到 1.24 美元下方，则就表明支撑已经失效了。如果次日期价涨到 1.26 美元上方，则就表明阻力已经失效了，存在进一步走高的空间。

接下来还是假设期价在 1.24~1.26 美元之间波动，开盘价位 1.24 美元，但是很快涨到 1.26 美元，走势流畅，中间没有任何回调走势和震荡，交易者就可以据此推断整体的成交量并不大，市场并未酝酿任何趋势变化。

筹码的供求关系

期货合约价格的上涨会持续到筹码供求平衡的水平，接下来价格会企稳；如果筹码继续增加并且超过需求，那么价格就会下跌，寻找新的平衡。

趋势性的上涨或者下跌总是跟筹码的集中性交换有关。

如果某个点位发生了主力大举开多的情况，那么价格就会上涨到新的高点；如果某个点位发生了主力大举开空的情况，那么价格就会下跌到新的低点。趋势转折时，往往需要长时间的筹码大举交换行为，然后大行情才会展开。

趋势第一波走势之后会出现回调或者反弹走势，这个时候如果交易者逆着第一波走势显示的主要趋势方向去操作，那么就很容易亏损。与趋势为敌是危险的，交易者必须顺势而为。如果我们逆势抓住了回调或者反弹走势，并且小有斩获，要马上离场，不要奢望更多的利润。

最后，我要再度强调一点，在交易的时候我们必须设置止损单来保护自己的头寸，不要与趋势抗衡，否则只会自取灭亡。

附录1

经纪商的选择

江恩在本书的最后一章有一段谈到了如何选择经纪商的问题，因为与交易无关，所以将其放到附录中。下面是原文的翻译：

末了，我要谈一下特别重要的一个事项，那就是如何选择值得信赖的经纪商。在过去的数年时间里面，不少交易者因为选择了不可靠的经纪商而亏损了几千万美元。

对于交易者而言，掌握了交易的盈利之道还不够，还需要确保本金和利润放在了安全的地方。

我们要进行卓有成效的经纪商调查，确保选择了安全可靠的经纪商。调查事项不仅包括财务状况，而且要确认经纪商是否有自营盘。如果有自营盘的话，是否会挪用客户的钱进行投机活动。如果资金管理存在问题和漏洞的话，那么这样的经纪商是不值得信赖的。

如果经纪商并非纽约证券交易所（New York Stock Exchange）、纽约棉花交易所（New York Cotton Exchange）或者芝加哥交易所（Chicago Board of Trade）的会员，那么最好不要在那里开户交易。虽然其他交易所的会员也有一些是值得信赖的经纪商，但是在开户之前仍旧需要对其进行全面而深入的考察。

我相信自己已经清楚地阐述了成功投机者需要具备的专业知识。这些知识非常实用，因为它们是我多年的股市经验提炼，是我努力工作的结晶。

倘若读者能够经常翻阅本书，那么必然会不断从中获得新的启发。倘若读者能够恪守本书提出的交易法则，在理由充足时进场和离场，那么就一定能够在交易事业中取得成功。我坚信数年后这样的交易者会感谢我，因为我照亮了他迈向成功投机的道路。

W.D.江恩

附录2

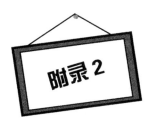

本书指数和股价走势图表

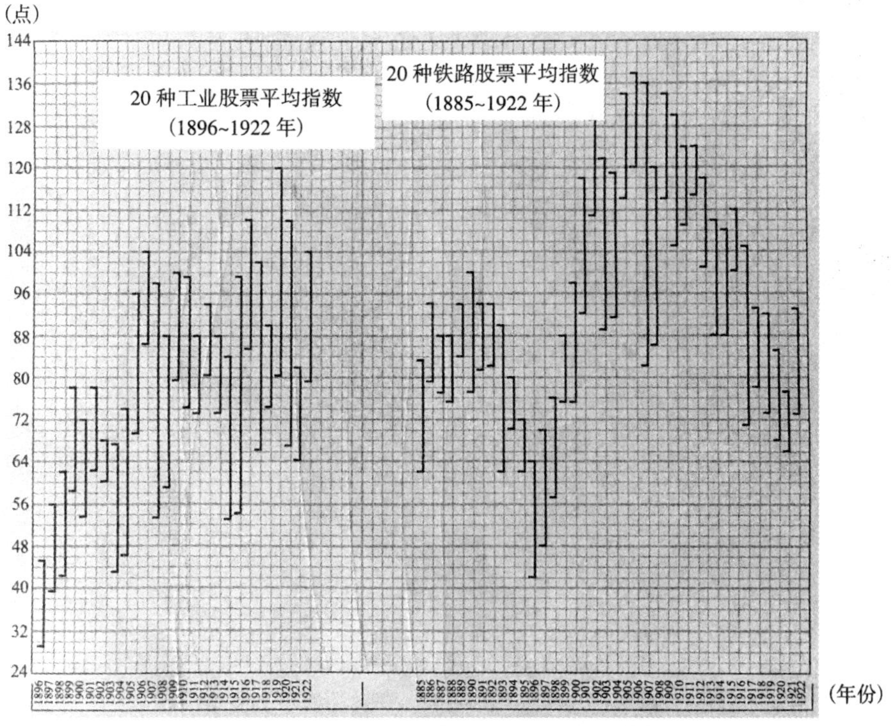

附图 2–1　两大道琼斯指数的年度高低点走势图

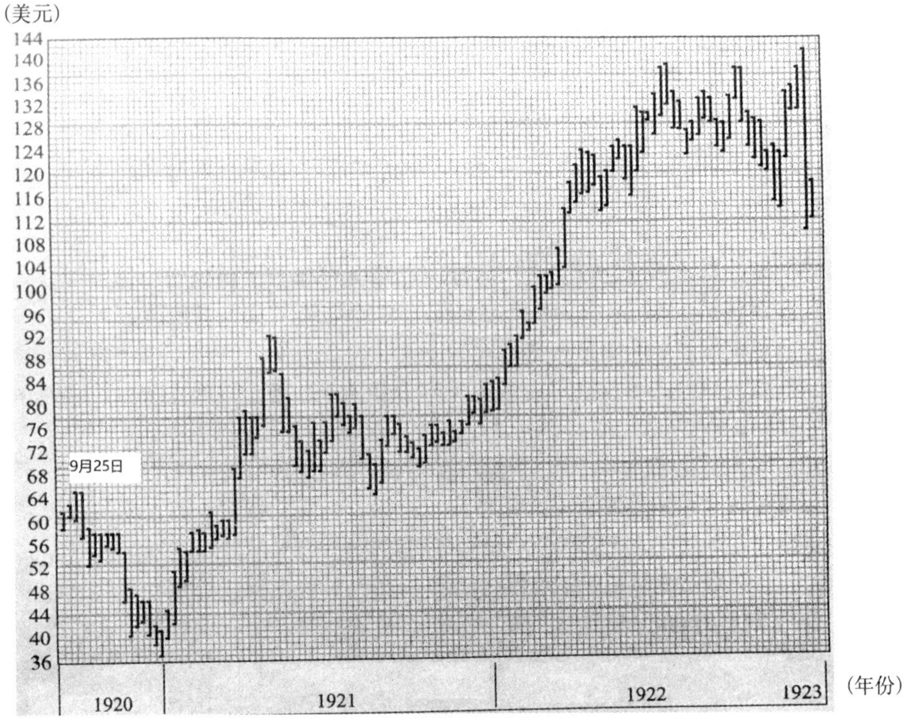

附图 2-2　斯蒂旁克汽车周度高低点走势图

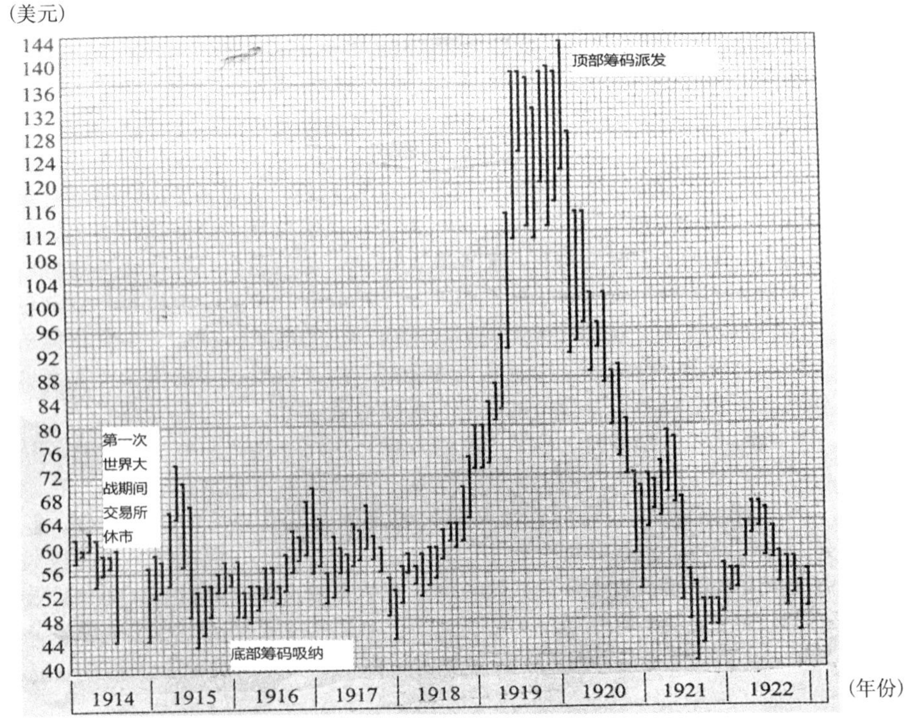

附图 2-3　美国橡胶月度高低点走势图

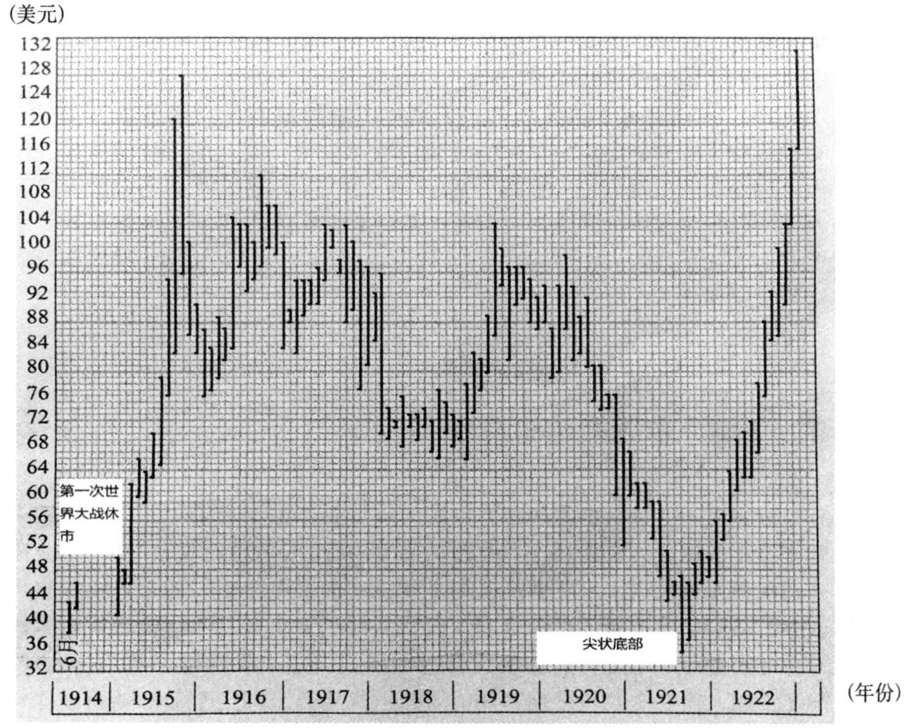

附图 2–4　大陆罐头月度高低点走势图

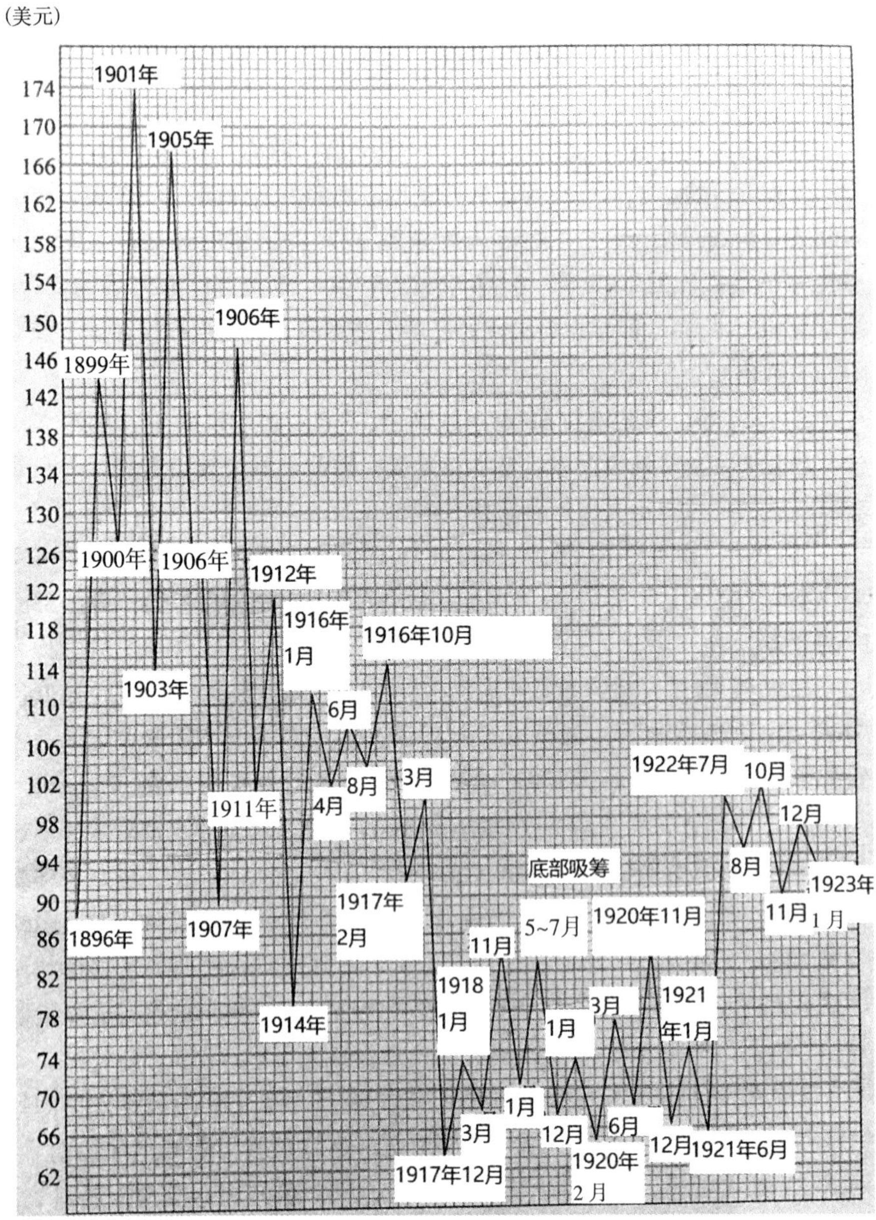

附图 2–5 纽约中央地铁公司波动图（1896~1922 年）

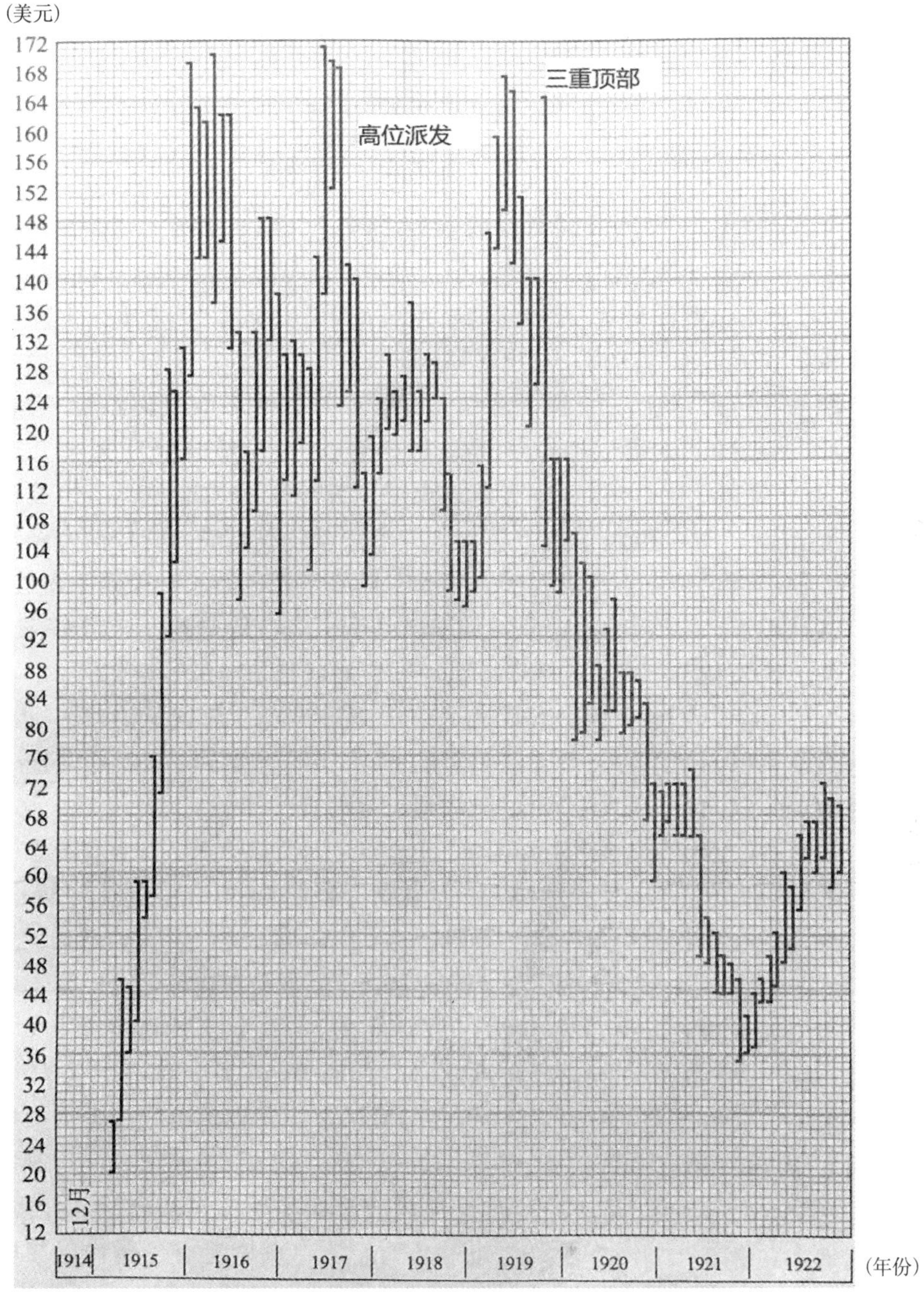

附图 2-6　美国工业酒精公司月度高低点走势图

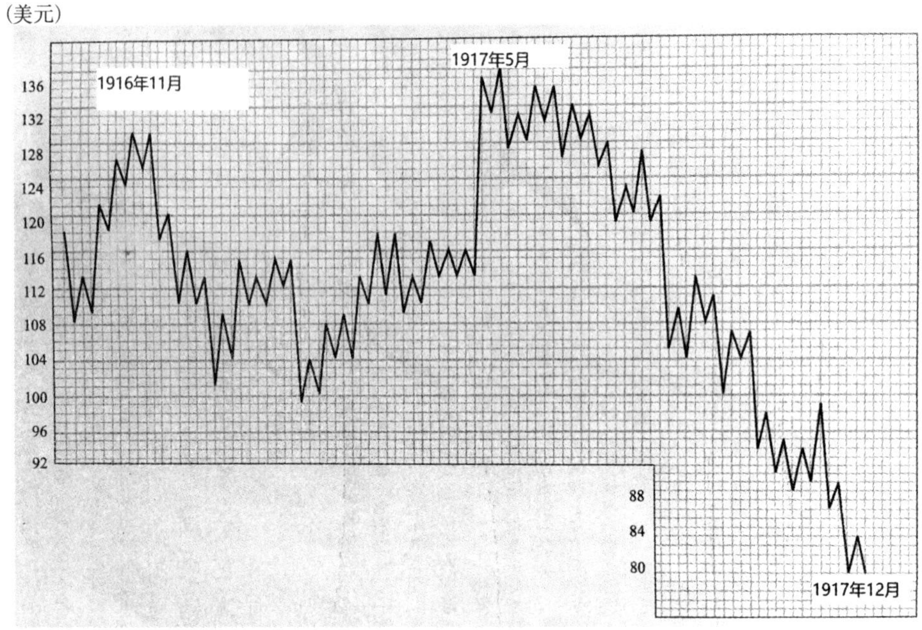

附图 2–7 美国钢铁三点波动图

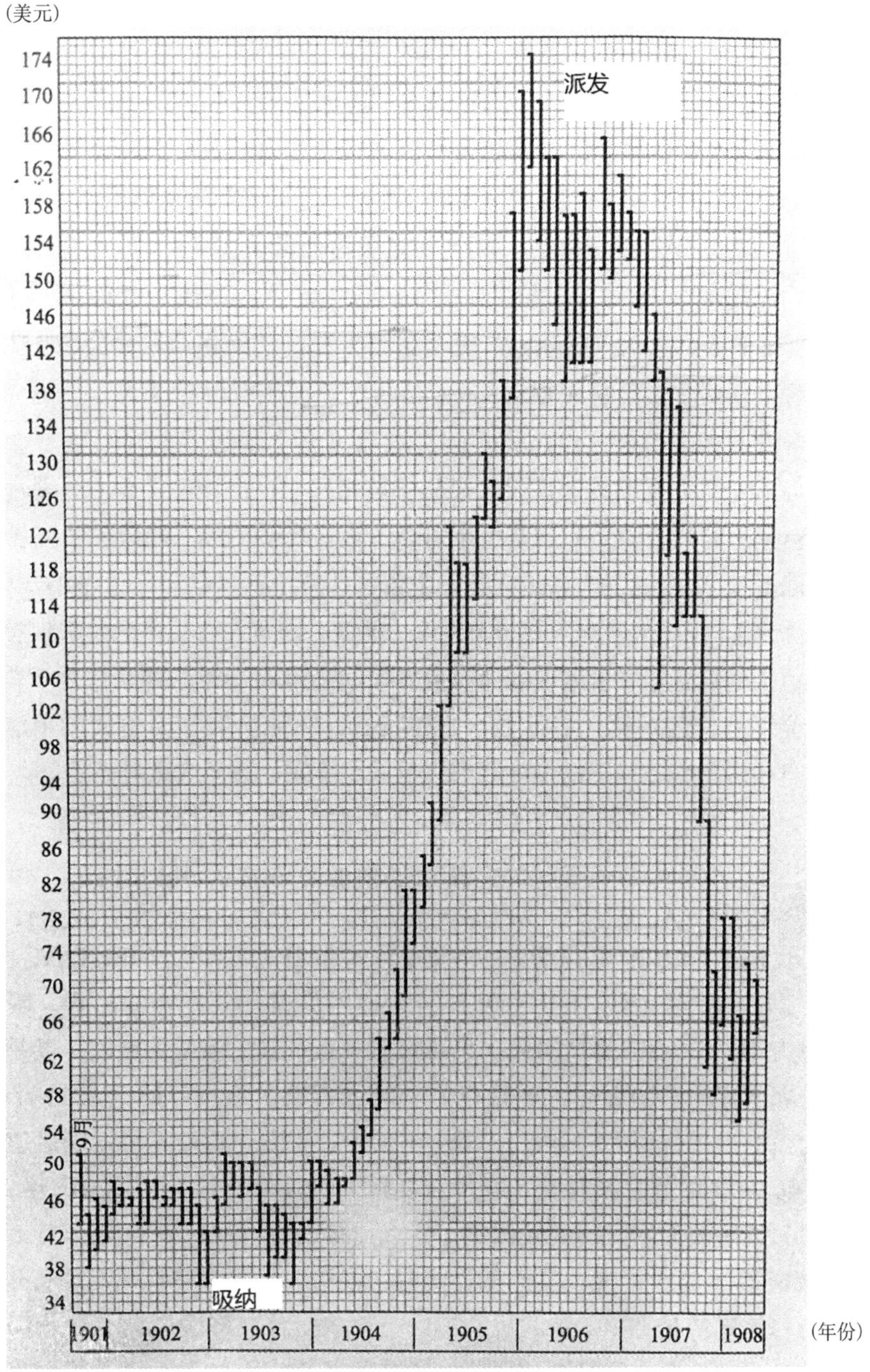

附图 2-8　美国精炼月度高低点走势图

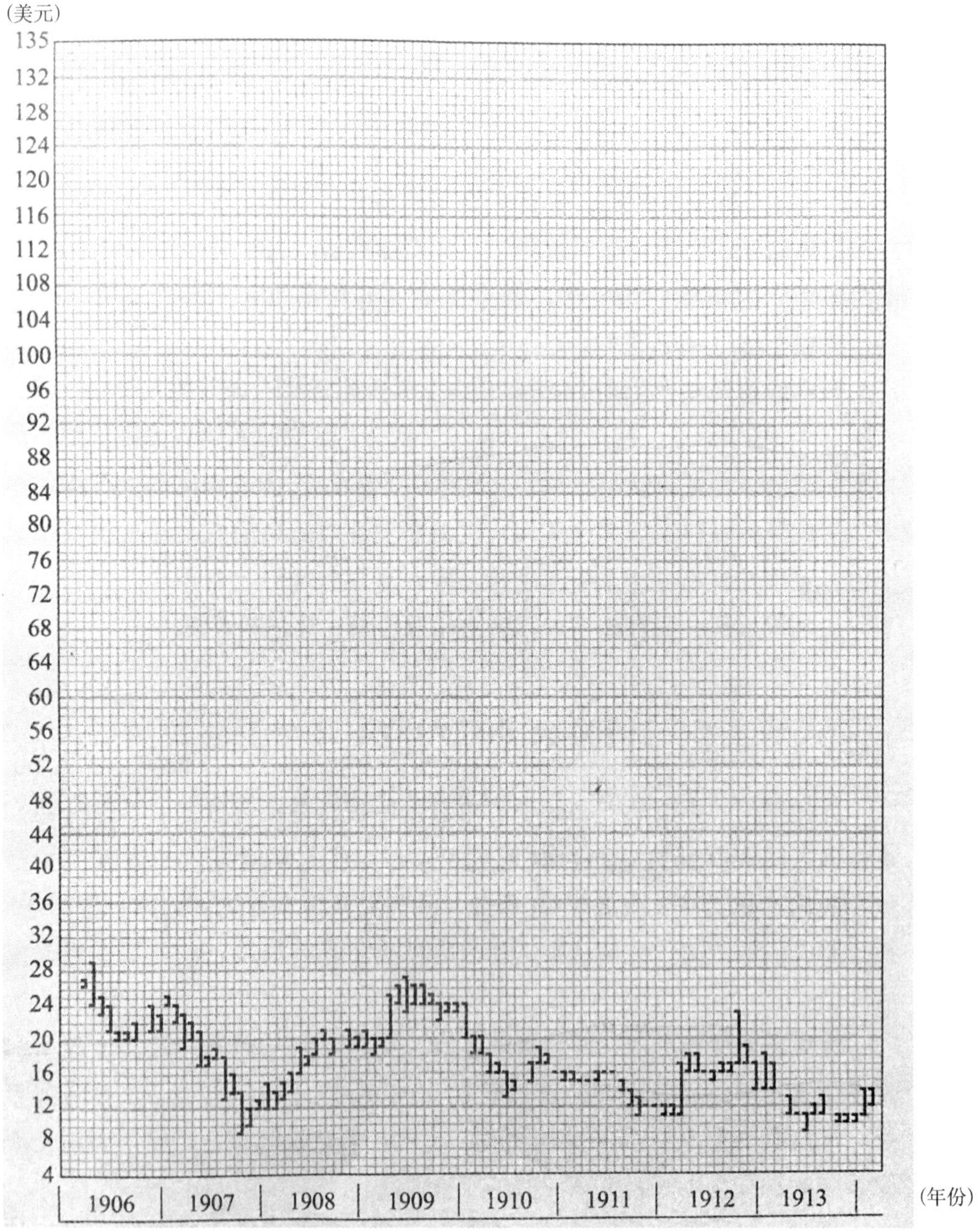

附图 2-9　玉米食品月度高低点走势图

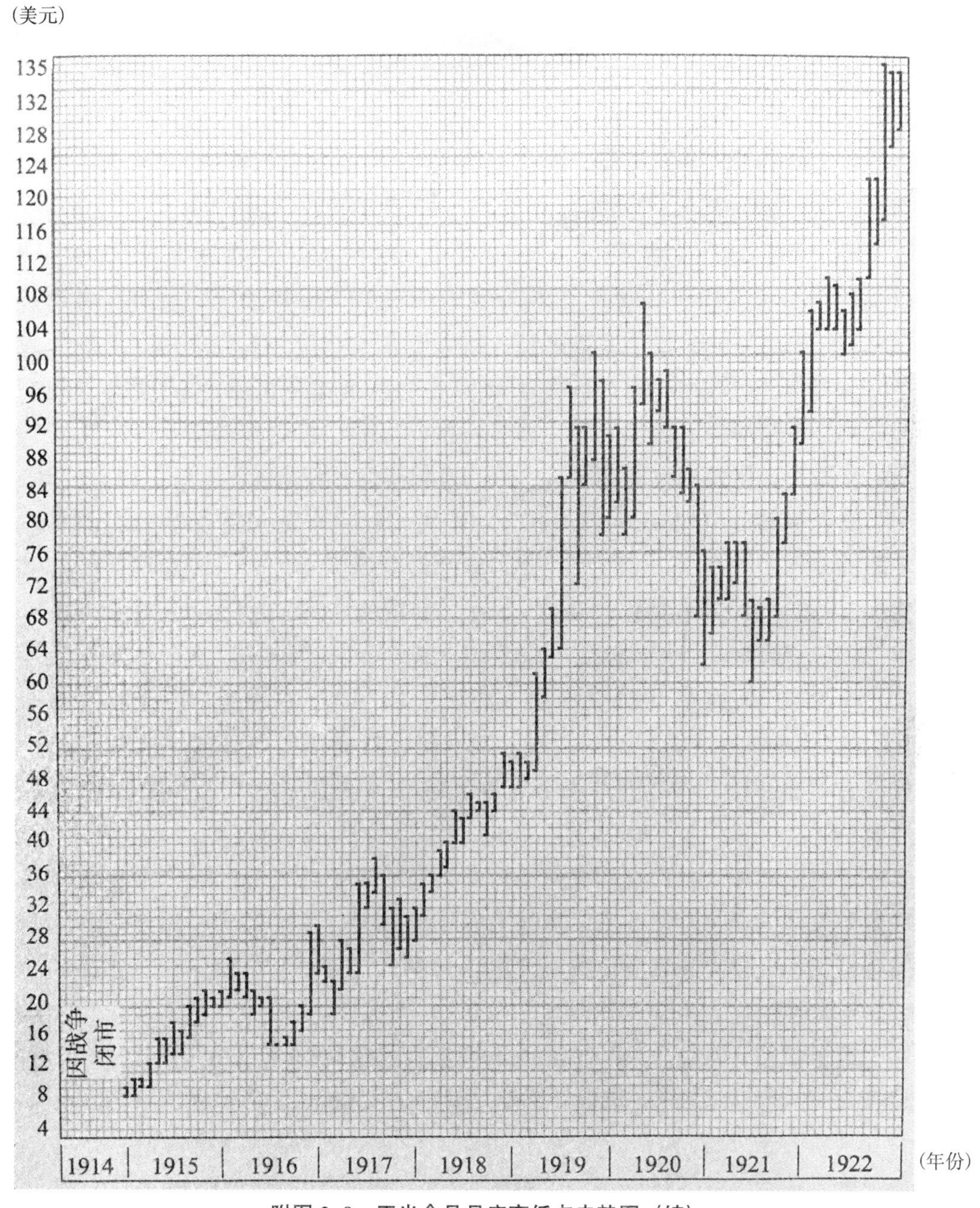

附图 2-9　玉米食品月度高低点走势图（续）

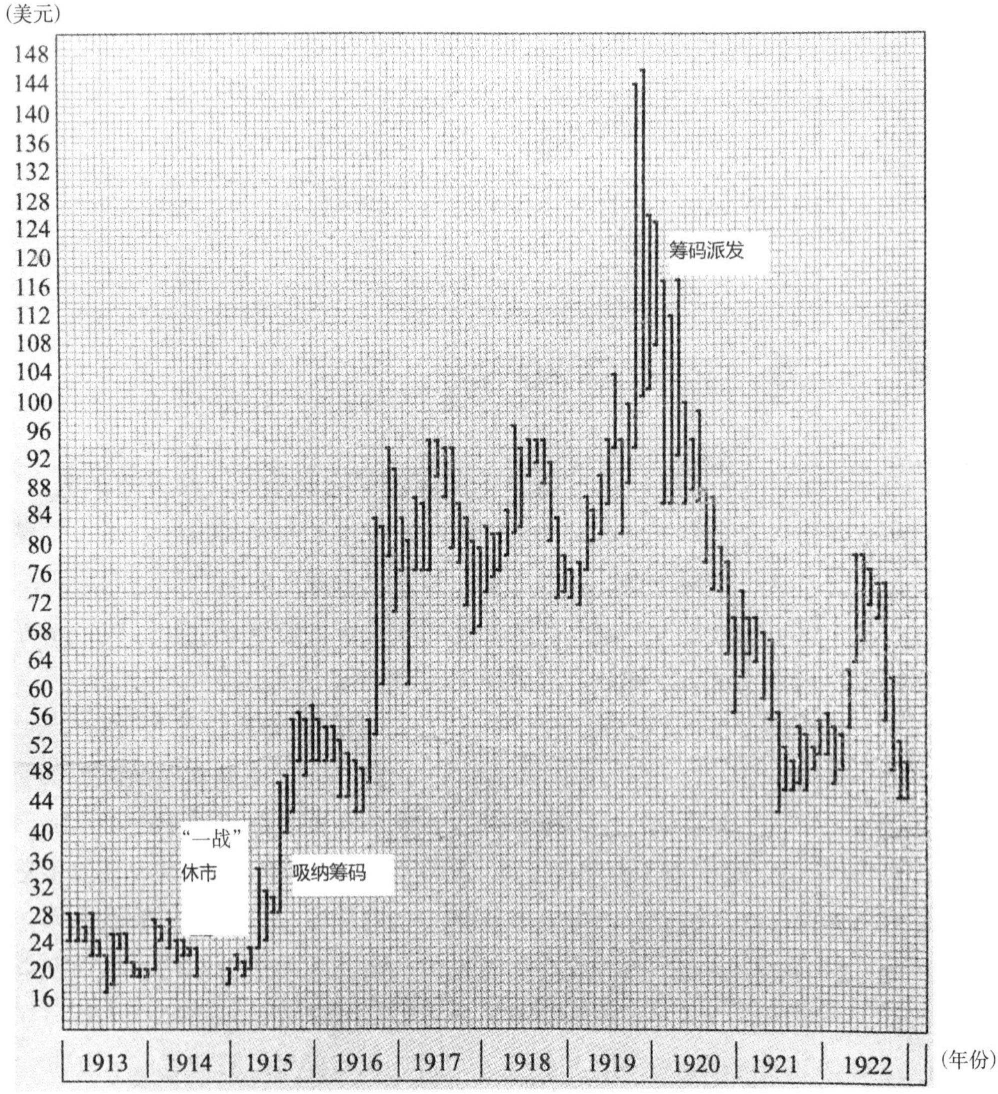

附图 2-10　共和钢铁月度高低点走势图

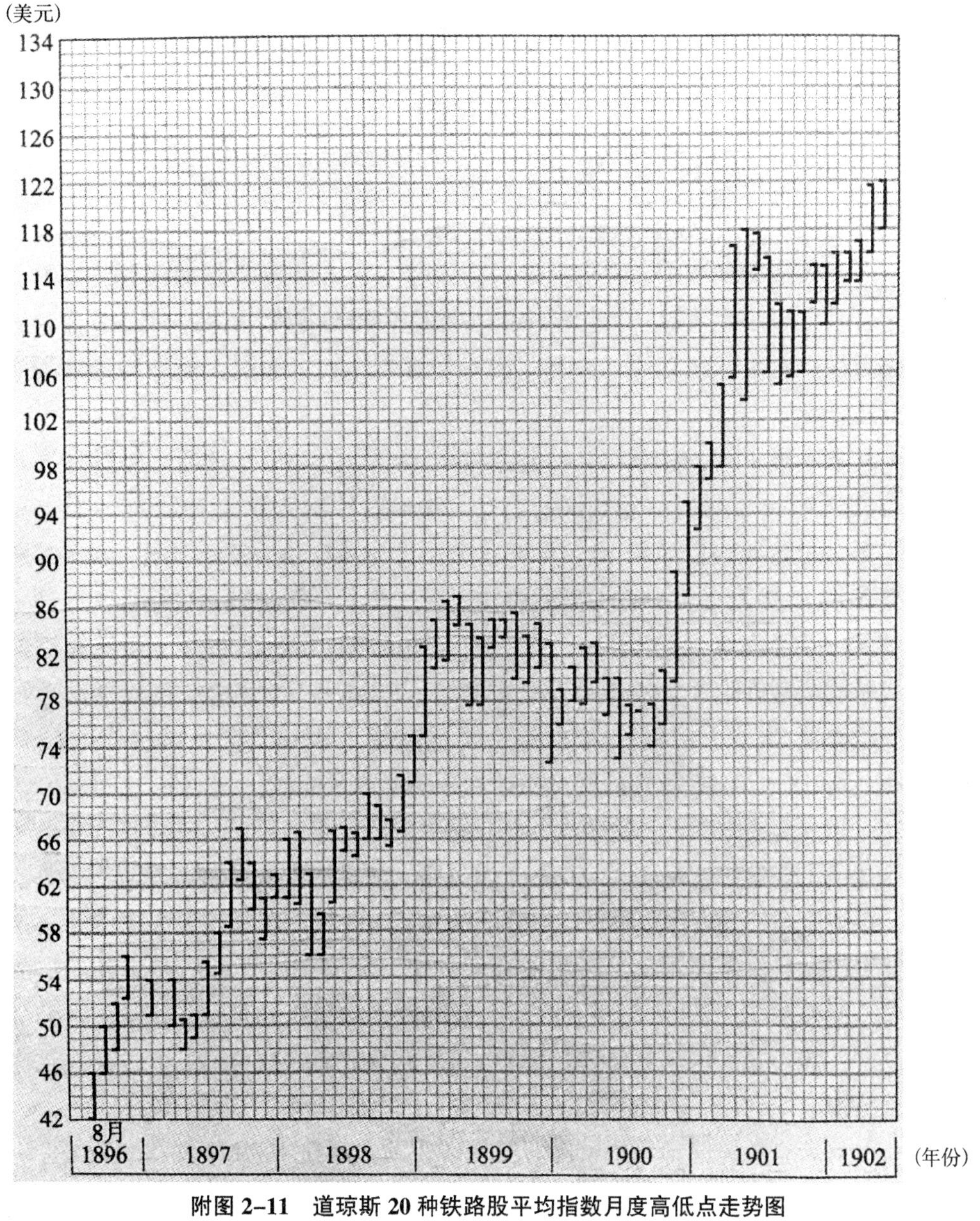

附图 2-11　道琼斯 20 种铁路股平均指数月度高低点走势图

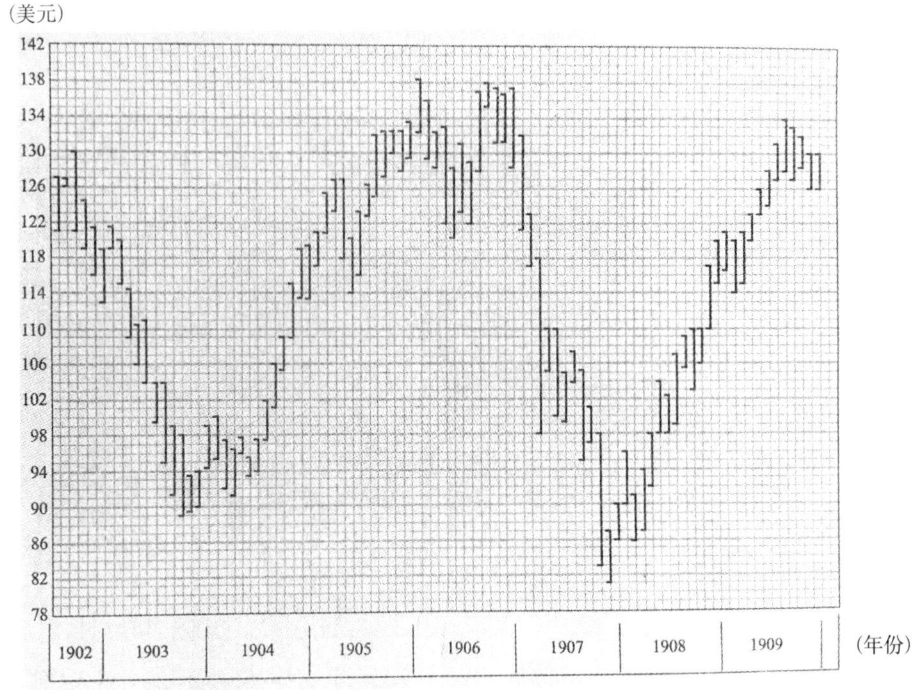

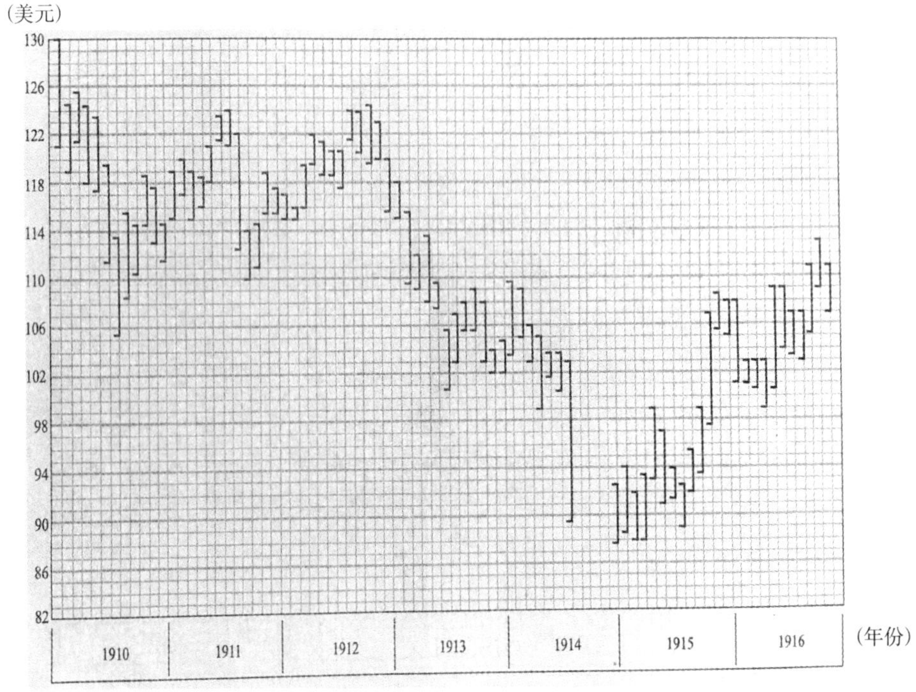

附图 2-11　道琼斯 20 种铁路股平均指数月度高低点走势图（续）

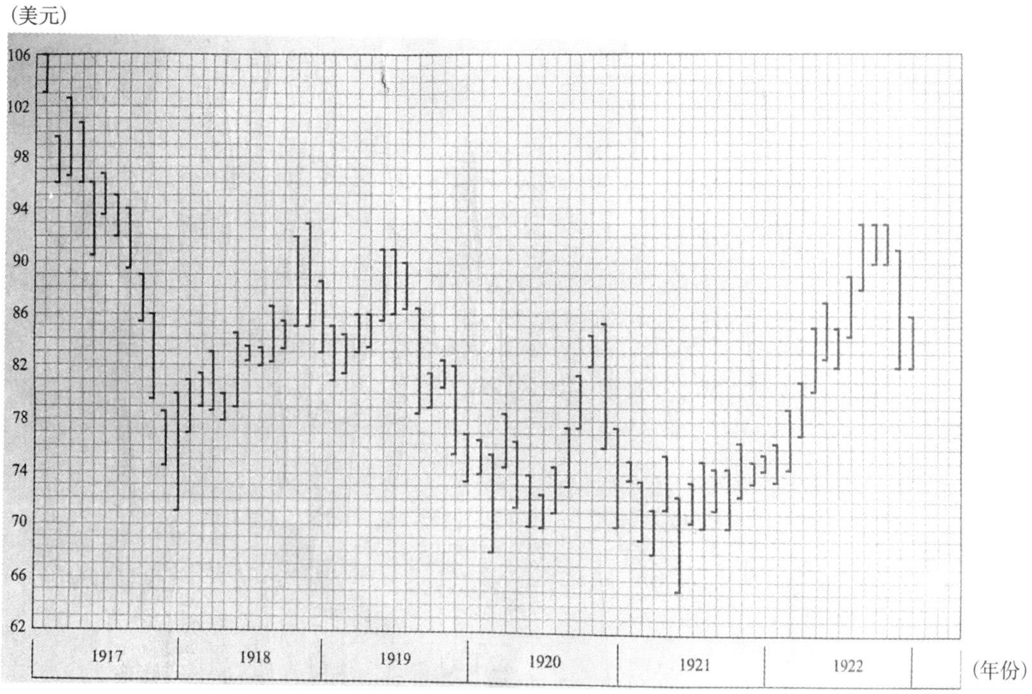

附图 2–11　道琼斯 20 种铁路股平均指数月度高低点走势图（续）

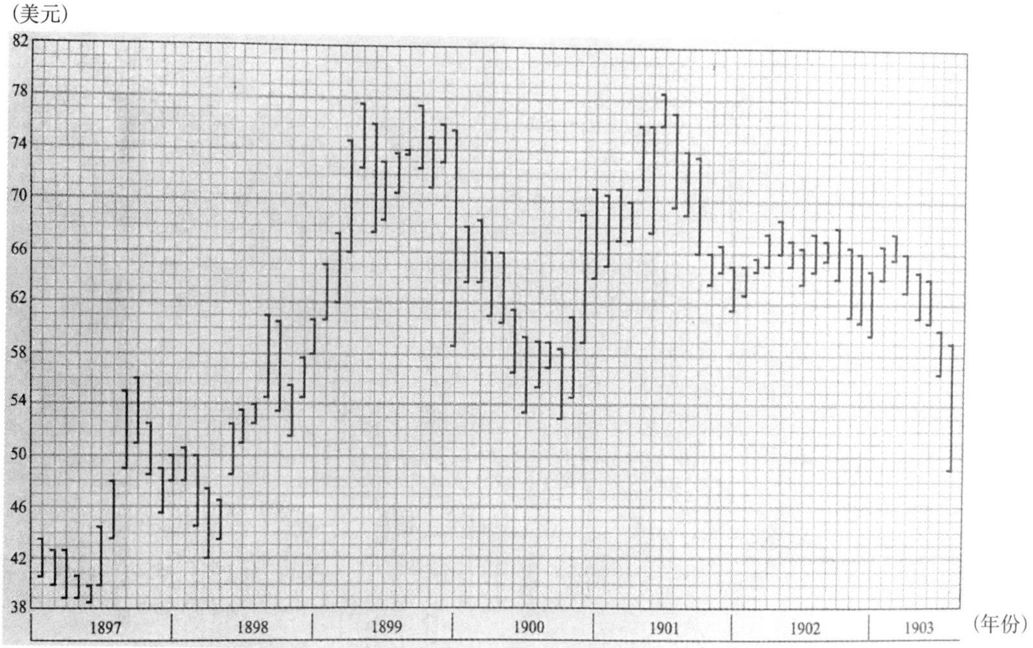

附图 2–12　道琼斯 20 种工业股平均指数月度高低点走势图

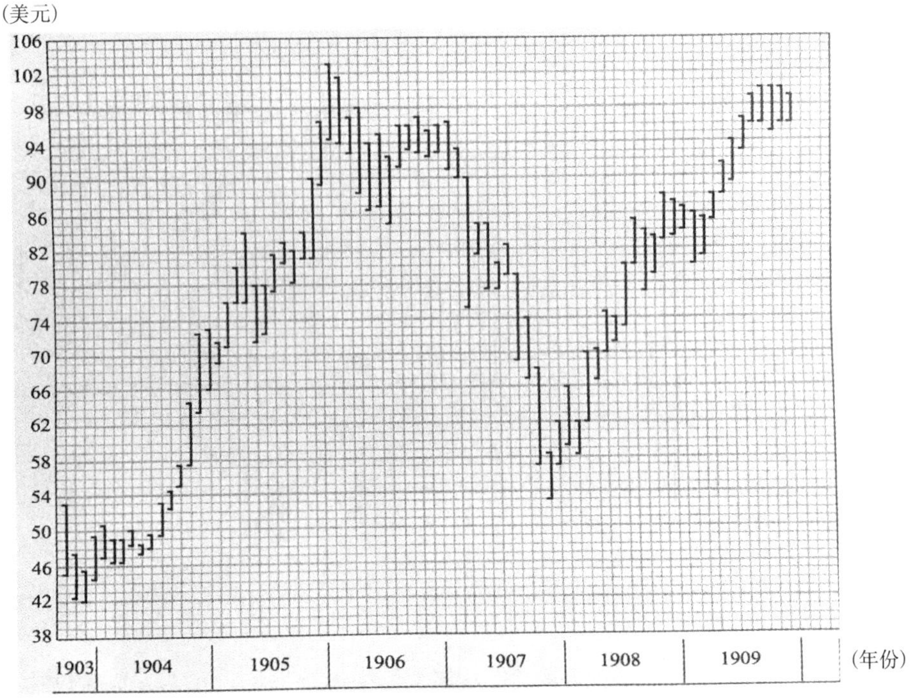

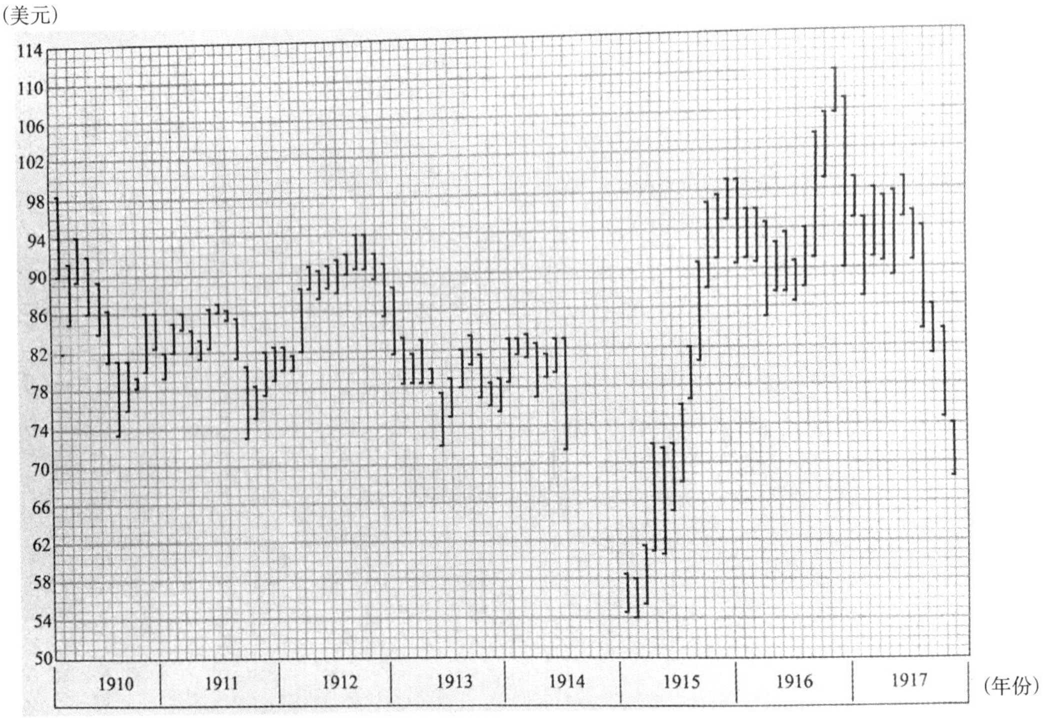

附图 2–12　道琼斯 20 种工业股平均指数月度高低点走势图（续）

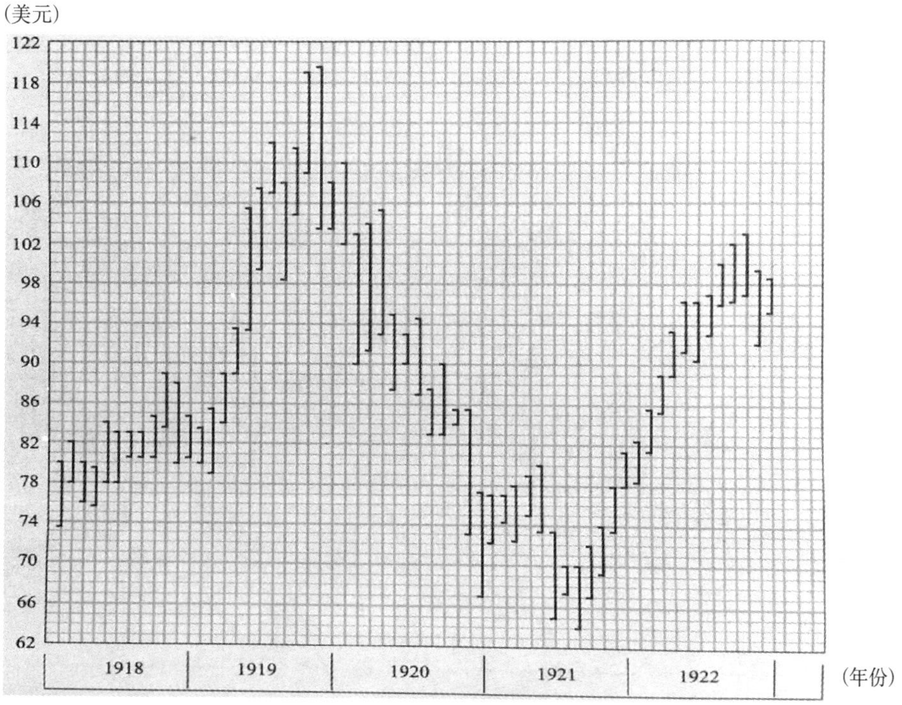

附图 2-12　道琼斯 20 种工业股平均指数月度高低点走势图（续）

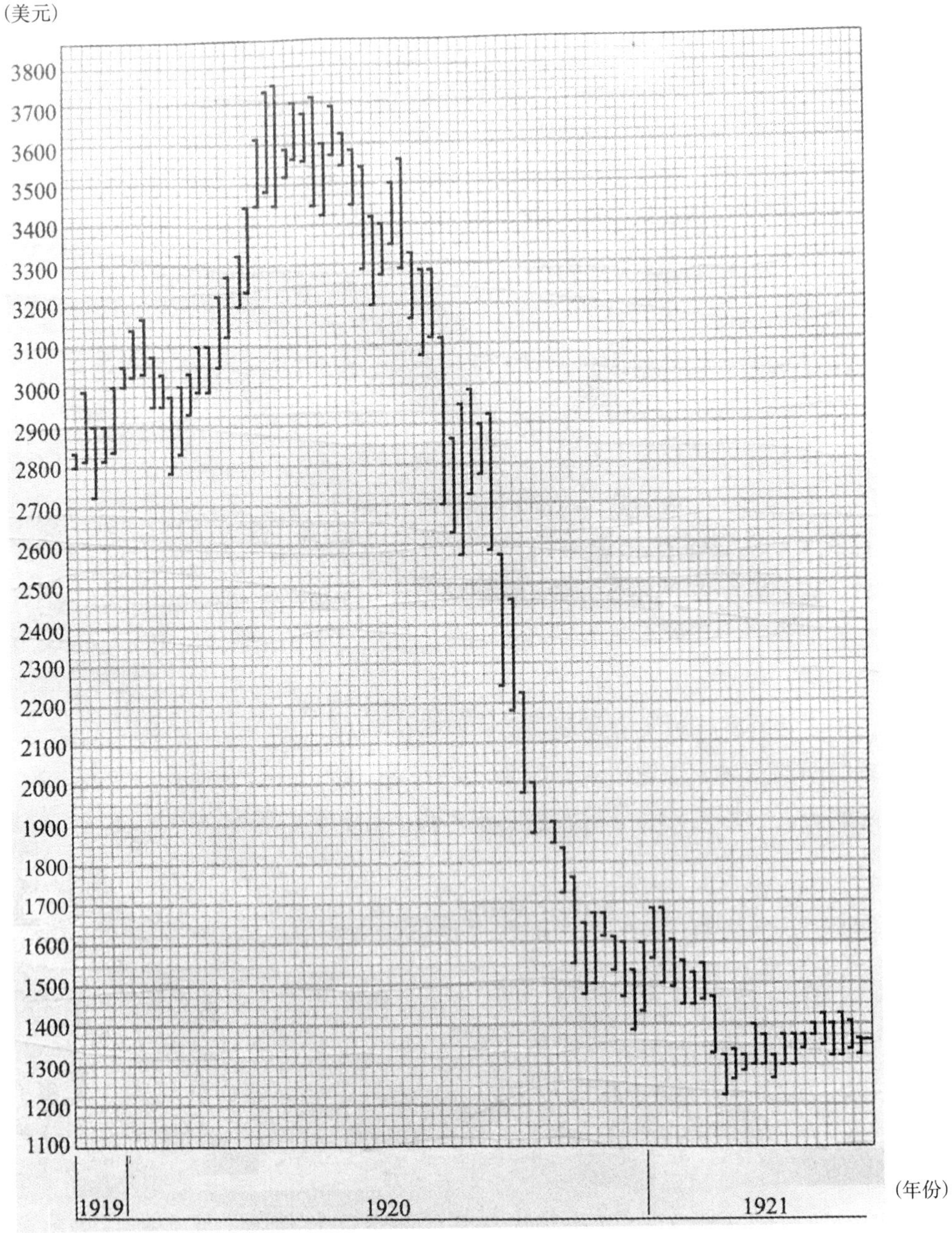

附图 2-13　棉花 10 月合约周度高低点走势图

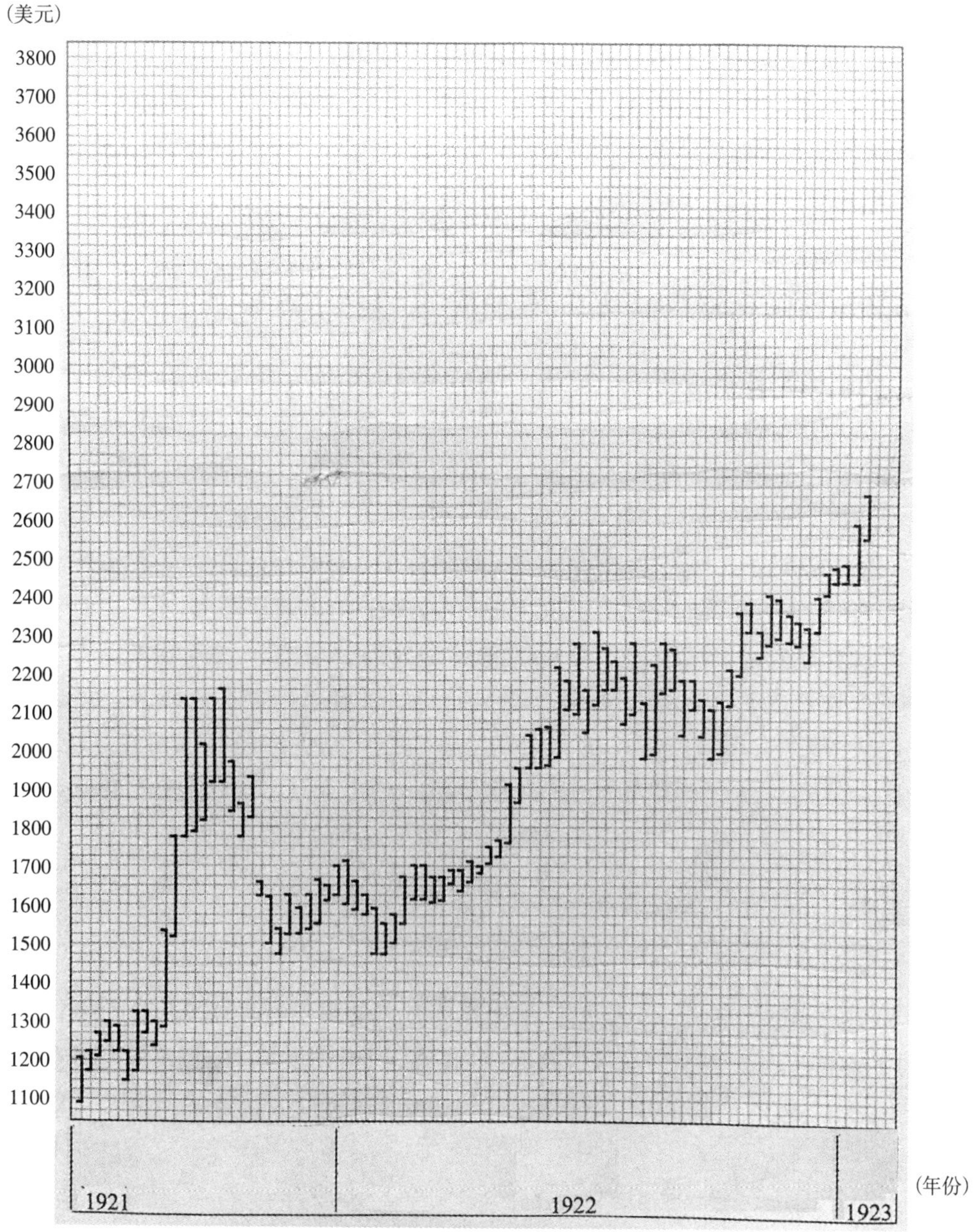

附图 2–13　棉花 10 月合约周度高低点走势图（续）

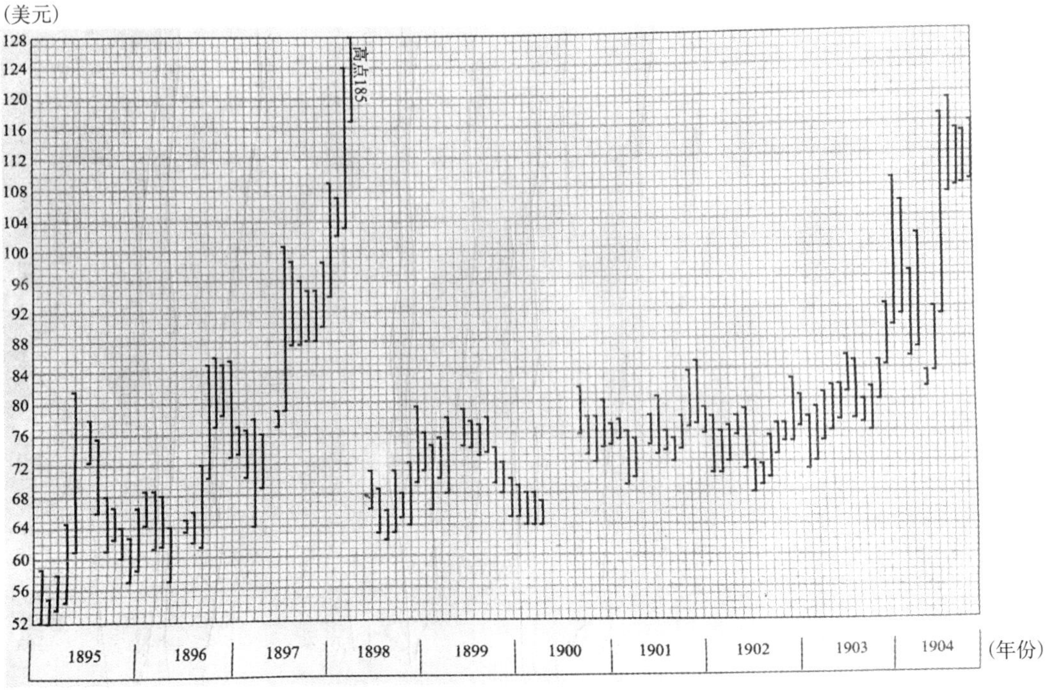

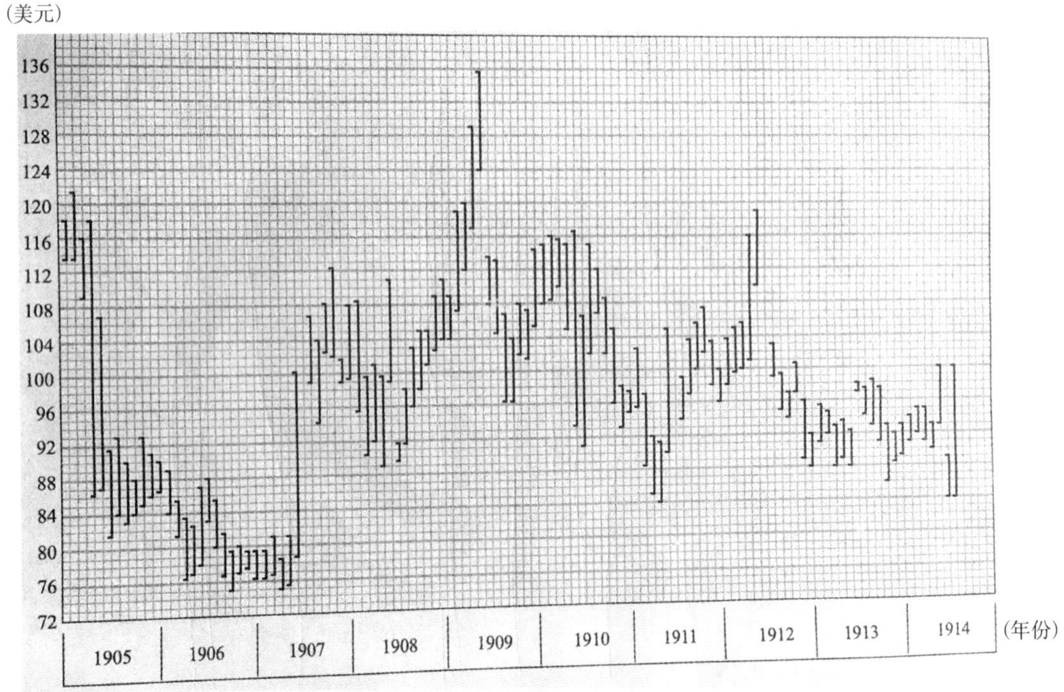

附图 2–14　小麦 5 月合约周度高低点走势图

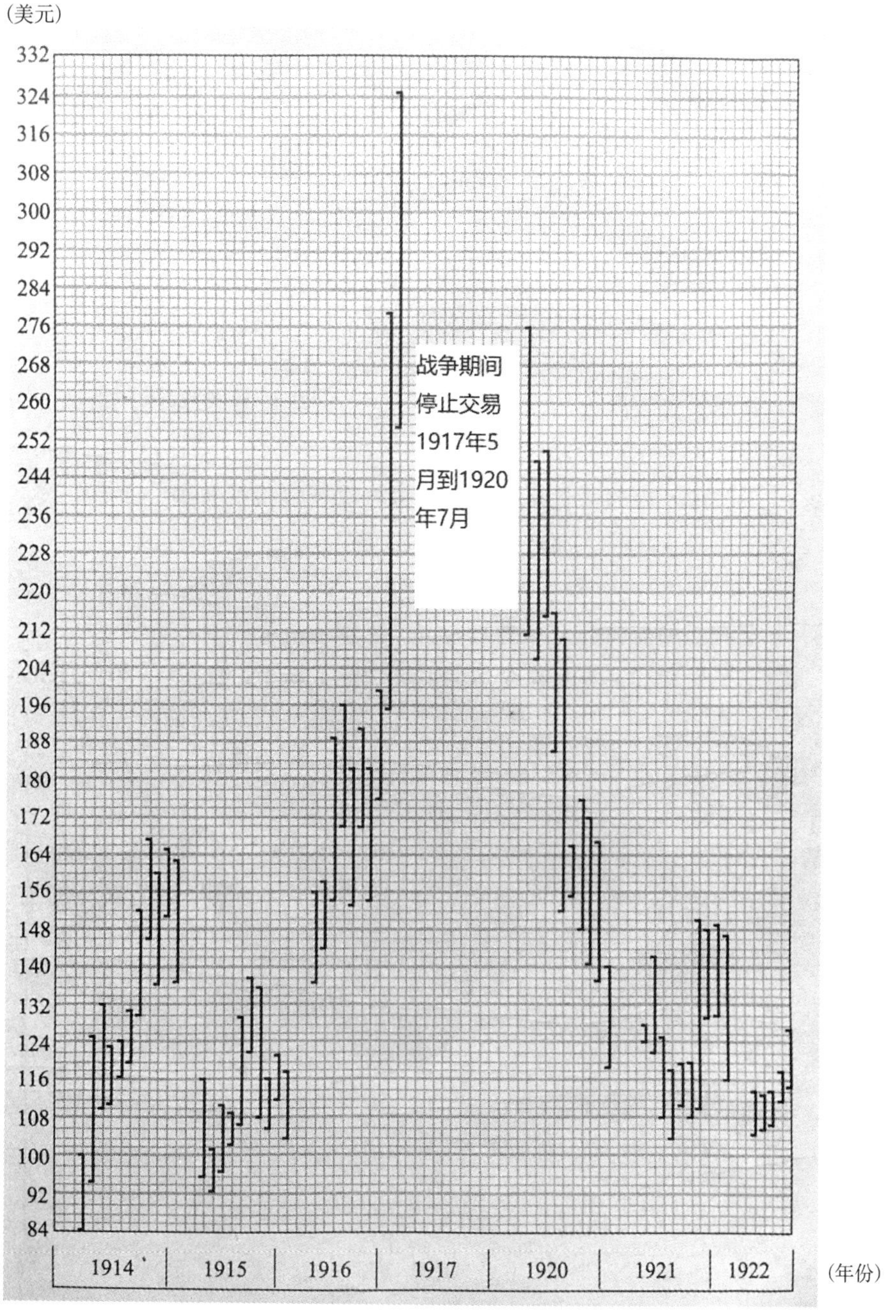

附图 2-14　小麦 5 月合约周度高低点走势图（续）

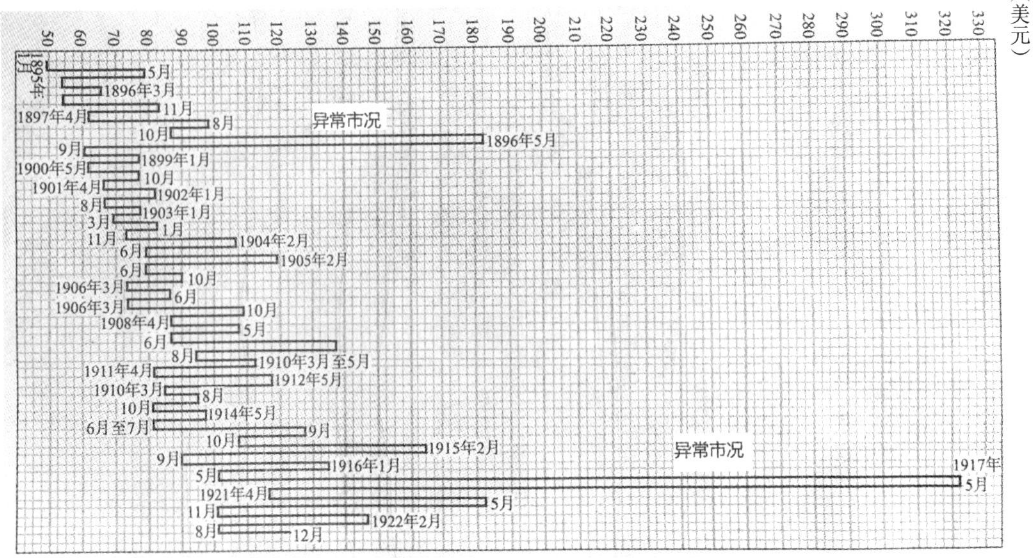

附图 2–15　小麦 5 月合约波动图（1895~1922 年）

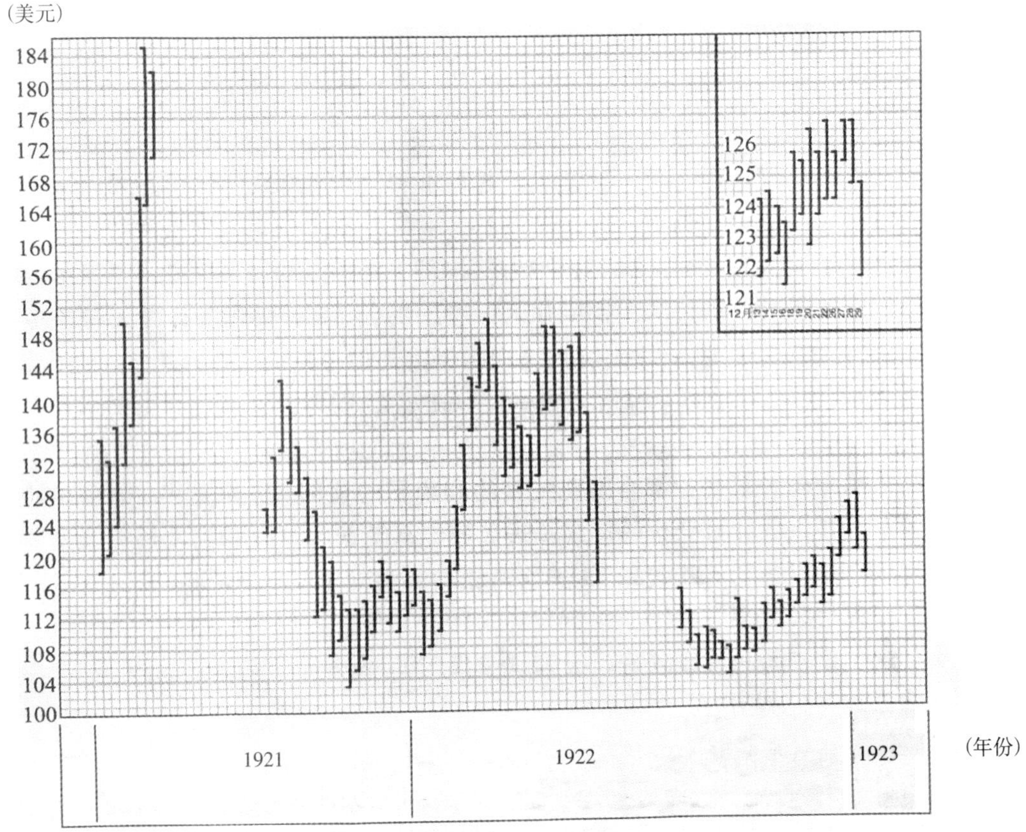

附图 2–16　小麦 5 月合约周度高低点走势图

附录3

只有大的波动才能为你带来大的利润

普通的股价解读痴迷者，也就是过去经常被称为“纸带虫”的这批人会走入某类陷阱之中。我认为他们过度依赖解读报价纸带，将这一技术过分专业化，结果必然导致代价高昂的僵化行为。无论投机的主要法则需要多么严格遵守，但是这一游戏并非是数学或者是死板而机械的规则所决定的。在我解读报价纸带的时候，虽然也会有一些数学或者规则，但是并非仅仅如此，其中还有一些被称为个股行为模式的东西，你在此前的观察中发现了这些行为模式，而此后则可以凭借它们来预判记下来的运动。如果某只股票并未按照你此前的预测轨迹运动，那么你就应该避免介入这只股票。因为**你找不到异常背后的原因，那么就无法预判其未来的轨迹。**没有诊断，就没有推断，没有推断，利润从哪里来呢？

投机界的一个老习惯就是观察和分析股票过去的行为模式和表现，这与赛马历史成绩记录一样。当我刚来到纽约的时候，有一个法国人常常在某家经纪行里面畅谈其价格图表。刚开始我还以为是经纪行的人宽宏大量，让这样一个怪人能够继续留在这里发表奇谈怪论，后来我才知道他是一位十分让人折服的演说家。他指出这个世界上唯一不会说谎的东西是数学，因为它无法承载谎言。这位怪老头基于自己的走势图来预判市场的走势，并且他能够通过走势图来解释为什么Keene在操纵Atchison优先股的上涨行情时是正确的，而在运

当时，投机客的主流方法类似于现在国内期货的炒单手法，而这个法国老头的方法至少是日线上的波段操作方法了，所以很难受到绝大多数操作者的追捧。J.L应该从中受到了较大的启发，从单纯的炒单高频交易者向着交易频率更低的更高层次晋升。

这句话非常关键，里面有三个要素，我们理一下，第一个要素是大盘走势，第二个要素是个股走势，第三个要素是传闻，我们称之为题材。因为那个年代传闻、内幕和公开信息之间的界限并不清晰。现在A股市场当中，很多水平较高的大户和主力都非常注意将个股走势放在大盘的背景下来观察，比较两者之间的强弱。大盘下跌，个股横盘，大盘横盘，个股上涨，甚至大盘下跌的时候个股也持续上涨，这些都是非常有价值的信息。而将股价走势与题材结合起来观察，也是非常有用的角度，可以相互验证。这样的走势，有没有同样的题材支撑呢？有没有利好不涨的情况？有没有利空不跌的情况？股价是不是对传闻做出了反应？这些都是现代的股票作手经常会思考的问题。

J.L. 从来就是反对技术原教旨主义的，但是他有时又会强调价格走势的重要性，以致很多人误认为单纯做点技术分析，看看价格就可以把投机做得风生水起了。任何技术分析都有前提，在这一前提有效的时候，交易顺风顺水，但是一旦市况发生变化，成也萧何败也萧何！J.L. 讲述的这个数学家就是这样的情况。迷信纯粹技术手段的永恒性，最终无非一枕黄粱！

作 Southern Pacific 的股价时却犯下了错误。曾经有若干个职业投机客先后尝试过这个法国怪老头的这套图表技术，但是最后都没能坚持下去，而是回到他们的那套并不算科学的老套路上。他们认为，靠灵机一动和运气赚钱的方法更加适合自己。据这个法国老头说，Keene 本人曾坦承这套图表技术百分之百有效，不过他认为这套方法在激烈的**交投中显得有些落后**。

后来有一家公司专门绘制和更新了日线走势图，只要瞧上一眼就能够搞清楚每只个股数月来的走势。通过比较个股与大盘的走势，同时记住一些规则，这样投机客就能够判断这些有传闻的股票**是否真的能够上涨**。他们将图表作为验证传闻的互补性工具。现在，在许多经纪行你都可以获得这样的走势图表，这些都是统计机构绘制的走势图表，其中包括了股票，也有商品这些品种。

我认为图表对于那些具备相应解读能力的人而言是有用的，或者更近一步来讲，对于那些能够处理其中信息的人来说是有很大帮助的。当然，一般人查看图表的时候容易钻牛角尖，他们认为价格运动的顶部和底部，以及主要运动和次要运动这些技术性的**东西就是股票投机的全部精髓**。如果将按照这一逻辑而对图表盲目相信，那么走极端的结果就是破产。这里刚好有一个这样的例子，曾经有一位极具天分而且训练有素的数学家，他毕业于一所著名的技术学院，之前是一家蜚声业界的经纪行的合伙人，此后他醉心于市场价格行为的研究，覆盖的市场包括了证券、谷物、棉花和货币等。他为所有的品种绘制了各类型的走势图表，并且历史数据追溯到多年之前。他对市场间的相关性和品种的季节性进行了深入的研究，几乎所有方面他都做了研究。他利用这些自己绘制的图表进行了多年的股票交易，具体而言，他利用了某些设计更加睿智的平均线来研判市场，并且据此交易。据说，他持续盈利，获利甚丰，但是好景不长，世界大战让这一切戛然而止。在彻底停止交易之前，他及其大客户都亏损了几百万美元。对此我想补充的一点是市场自有其本身的趋势，世界大战无法改变这一点，持续获利要做的唯一大事便是评估市况。

我并没有离题太远，因为回想起自己初到华尔街那几年走过的弯路，我就忍不住要强调一下。我现在终于搞明白了当初认识上的**盲区是什么，而这些恰好也是普通股票投机者屡做屡犯的错误。**

这是我第三次重新回到纽约，回到华尔街，我想要再度尝试战胜市场，现在我在合法经纪行交易，买卖非常积极。我并不会高估自己在这里的业绩能与对赌经纪行媲美，不过经过一段时间的磨合我能够比自己以前做得更好，毕竟我现在能够支配更大的头寸了，并且这个时候我已经看出来自己的主要问题在于混淆了赌博和投机。不过，我的优势是七年多时间培养出来的阅读报价纸带的能力和经验，另外我在这个领域还是有一些禀赋才华的。在实际的交易绩效方面，虽然我并没有创造暴利，但是业绩稳步增长，总体上还是赚钱的。当然，花销也不逊于挣钱，赚得多，花得也多，我想绝大多数人都是如此吧。倘若一个人不是嗜钱如命的话，**只要轻松地挣了钱都应该会挥金如土。**当然，也有一些例外，比如 Russell Sage 这类极品人物，他挣钱和存钱的本事都很强，因此死的时候能够留下一大笔财富，但是这种事情有什么值得我们效仿的呢？

每个交易日从早上 10 点到下午 3 点，我都会全身心地投入到股票投机的游戏之中，而下午 3 点之后我就会沉浸在生活带给我的快乐之中。当然，我绝不允许生活的享乐干扰到我的投机事业。投机中的亏损是因为操作本身导致的，而不会是因为生活太过安逸导致的。**我从未因为精神不振或者身体不适而影响到交易的正常进行。**任何影响身心平衡的负面冲击我都无法承受，即便到了现在我都是每天晚上 10 点之前上床睡觉。即使我年轻的时候，也不会玩太晚，毕竟倘若睡眠时间不够的话，很难有充沛的精力投入到工作当中。现在

参与者的非理性来源就是 J.L. 经常谈到的这些东西，而这些非理性成分是利润的来源，也是亏损的来源。你如果被这些非理性成分控制了，那么亏算就找上门；如果你能够克服自己的非理性成分，同时利用对手的非理性成分，那么盈利就找上门了。所谓“祸福无门，唯人所召”就是这个意思。

投机客如果没有严格的纪律来约束自己，也会沾染赌客的某些恶习，比如挣了一笔横财就会大手大脚起来，而不会为此后的亏损做一些准备。J.L. 在存钱上态度非常矛盾，这点问题没妥善明确处理好，结果后续的人生就过得起伏太大，从而患上抑郁症。人年龄大了之后，身体状况不如以前，这个时候承受打击的能力就会下降，加上长期的情绪郁结，自然就容易对人生失去希望，哪怕能力能够胜任，心态也无法胜任了。这就好比一个人年轻的时候可以率性而活，因为以后可以补救，但是老了之后，能够回旋的余地就几乎没有了。

交易者的生活必须相当有规律，而且家庭关系要简单而和谐，否则很容易影响正常的分析和操作。J.L. 后期交易出现问题与家庭关系不和谐有一定的关系。所以，一个交易者的成功是一个系统工程，并不是简单地有一个交易策略就行了。不过即使是交易策略，很多人恐怕也没有，完全是受到价格和消息的刺激而冲动交易。

整体上我是盈利的，因此没有必要勒紧裤腰带过日子，生活中有很多值得我去享受的地方。市场成了我的提款机，我开始逐渐对自己的操作建立起足够的信心，这份信心源自我更加严谨地对待自己的这份职业，而不受到感情因素的影响。

在合法经纪行，我对操作方法做出了第一个改进，具体而言就是在时间维度上做了调整，毕竟我不能像在对赌经纪行那般，等待行情非常明确了，胜算率非常高了才进场，然后赚 1~2 美元。在 Fullerton 这类合法的经纪行操作时，我必须走在行情的前面，而不是等待行情非常明显了才介入。换而言之，我必须对行情进行预判，预判股价的波动情况。这听起来似乎是不言自明的浅显道理，不过你应该明白我讲的究竟是什么，这标志着我对投机的根本观念和态度发生了改变，这对于我而言是里程碑式的时刻。我长时间摸爬滚打，市场则逐步展开它的教诲，我终于搞清楚了利用小幅波动与预判大行情在本质上的差异，以及赌博与投机在**本质上的差异。**

对赌经纪行里面根据价格小幅波动的重复模式进行操作，这是 J.L. 称之为赌博的东西，这与我们现在的人工炒单类似。在合法经纪行里面预判价格可能出现的大幅运动，进而顺势加仓操作，这是 J.L. 称之为投机的东西，这与我们现在的趋势交易类似。前者容纳资金的数量较少，而且对成交条件要求较高，后者容纳的资金数量较大，对成交条件要求较宽松。

现在当我开始研究市场的时候，至少要查看 1 个小时以上的历史走势，这种套路在最大的对赌经纪行里面我也难以学会。我逐渐对各种相关报告，铁路公司业绩，**金融和经济数据有兴趣**。自然，在这里我也倾向于做大额的交易，因此大家给我取了绰号“少年赌客”。除了基本面之外，我也喜欢研究市场运动本身，只要有用的东西我都不排斥。**为了解决特定的问题，我先要清楚地定义某个问题，当找出了某种可能有效的解决之道时，我还要进行检验，以证明其有效性。**当然，只有一条途径可以检验我提出的东西是否有效，这就是将金钱投入到操作之中。

纯技术分析在微小的波动中效果更好，随着 J.L. 放大交易时间框架，他必然开始研究基本面。所以，我们不要仅凭他的早期经历和几句随口的话，就认为 J.L. 是看价格走势，这是错误的。

回头来看，我觉得进步显得有些低于预期，不过就当时的情况而言，可能是我能够达到的最快进步速度了，毕竟当时我处于整体盈利的状态，因此难免进取心会受到影响。如果那个时候我亏损的频率更高，也许更能刺激我专注于研习和完善自己的交易系统。不过，反过来想，如果亏损频率太高的话，我可能就会因为缺乏本金而无法通过操作检验自己对策略的改进。

通过研究自己在 Fullerton 的交易记录，我发现尽管自己对市场的预判正确率几乎是 100%，具体而言是对市况和趋势的预判几乎完美，但是我从中挣到的利润却并不太多，为什么会这样呢？

从没能全胜的案例中能够吸取的教训与从失败案例所获得的一样多。例如，在牛市启动时我已经预判到此后的涨势，并且据此进场做多。此后，行情正如我所预料的那样出现一波上涨，头寸处于盈利的良好状态。但是，让我头疼的是接下来如何操作？哎，我听从了所谓稳健的操作建议，以避免年纪轻导致的心浮气躁。于是我就采取了**所谓谨慎和保守的操作，具体而言就是落袋为安，等待市场回调后再度进场，这是我通常的操作**。但是，市场并不会照顾我的想法，因此我所等待的回调往往落空，股价反而继续上涨 10 美元，我只能眼巴巴地干盯着，捏着到手的 4 美元捶胸顿足。老人们总说兑现利润肯定不会让你穷困潦倒，**但是在大牛市的背景下，你只到手了 4 美元的利润，这意味着你也富不起来。**

强劲的单边走势当中，波动操作往往会错失头寸。

J.L 的这段口述其实已经接近其最终的交易哲学了："要让利润最大化，必须让利润奔腾起来！"

当我本能够挣到 2 万美元的时候，却只挣了区区 2000 美元，这就是所谓的稳健操作的结果。在这段日子当中，我突然觉察到在能够挣到大钱的地方我却只挣了小钱，同时我意识到新手的经验存在差别，自然行事风格和操作方式也存在差异。

新手什么都不知道，这点每个人都很清楚，包括他自己。而度过这个阶段之后，处在第二阶段的投机客则自视甚高，旁人也觉得他们懂得确实不少。其实，他们是有经验的傻瓜而已，他们不仅分析市场本身，而且还对更有经验的傻瓜的市场评论趋之若鹜。处在第二阶段的傻瓜们掌握了一些限制亏损的方法，而这些方法可能是最初入行的新手们都不知道的。但是，正是这些半吊子的傻蛋，而不是那些什么都不知道的菜鸟为经纪行一年到头提供丰厚的收入来源。处在第二

J.L 在这段话当中见到的两个阶段其实是绝大多数交易者都会经历的，一部分人浅尝辄止，最终止步于第一阶段。而另外一些人会进行学习，由于他们对别人的经验和理论处于模仿阶段，还未有足够的切身体会，也未能从自己的经验建立起相应的策略，因此这是一个东施效颦的阶段。只有极少数人能够突破第二阶段，进入到第三阶段，这就是印证自己对市场理解的阶段，这个时候就是你从自己的成败得失中建立起完整的策略的时候。

交易这个行当，特别是投机这个行当，真正的老师是一座灯塔，可遇不可求，更多的是要靠自己多记录交易日记，这才是突破第二阶段，晋升第三阶段的法宝。市场中的羔羊是以在第二阶段的人为主，市场中的猎人是以出在第三阶段的人为主，而第一阶段的人在牛市末期成了新增的羔羊。

阶段的这些傻瓜能偶尔在华尔街生存 3 年半的时间，而那些什么都不懂的傻瓜则只能在华尔街挺过 3~30 周。那些处于第二阶段的“半罐水们”热衷于引用所谓的交易名言警句，**他们似乎懂得一切，除了一条：绝不要当傻瓜！**

处在第二阶段的“半罐水们”往往自以为经验老到，因此他们喜欢逢低做多。这类投机客期待市场回调，他们会暗自计算市场回调能让自己捡到的便宜。刚入市的菜鸟在大牛市当中会毫无顾忌，他们不受一切条条框框的束缚，这就是初生牛犊不怕虎，因此他们会疯狂地持续买入，所以他们的账面上会赚很多钱，不过一旦某个正常的回调出现，他们的利润往往所剩无几。不过，那些处在第二阶段的“半罐水们”则往往谨小慎微，他们往往根据所谓的老经验，或者教条进行操作。这就是我此前在对赌经纪行养成的那种习惯。我明白必须改掉此前在对赌经纪行养成的这种习惯，并且我也在身体力行，特别是从**一位真正的资深交易者那里汲取了有益的养分来加速我完成这种转变。**

绝大多数经纪行的“客户”的行事风格都是差不多的，你很少能够找到坦承对待自己交易盈亏的人。在 Fullerton 经纪行，有种最为典型的客户群体，来自于各个阶级和阶层的人都有。但是，其中有一位倒是鹤立鸡群。第一，他年长资深；第二，他从不鼓噪别人进行买卖，也从不夸耀自己的交易经历，相反他善于倾听。他对于内幕消息也很不感冒，具体而言就是他从不主动询问讲话者知道些什么信息。不过，倘若有人主动提供些信息，他总是礼貌有加，如果这些信息事后被证明是真实的话，他还会再度致谢。不过，如果信息未被证实的话，他也从不埋怨谁。由此看来，他对于信息的态度究竟是什么，很难去探究，也很难知道他是否依照信息而操作。这个老头是经纪行营业厅里面的传奇人物，他腰包很鼓，资本雄厚，能够进行大额头寸的操作。不过，他并未给经纪行带来多少佣金收入，反正其产生的手续费微不足道。这位老者名叫 Partridge，不过我们更喜欢称他为“火鸡”，因为他体型与火鸡有几分神似，胸宽背厚，而且习惯性地将下巴收拢贴近胸口，大摇大摆地穿梭于各个办公室。

不少人在决策的时候都希望有人能够帮助自己拿主意，让自己鼓起行动的勇气，如果失败了也可以将责任推到别人的身上，而这些人总是倾向于找 Partridge 来拿主意，他们会宣称业内朋友的朋友给出了一个操作建议，现在还没有操作，希望 Partridge 告诉他们应该怎么做。不过，无论这些人听到的操作建议是做多还是做空，Partridge 的回答都是同样一句话。

等咨询者讲完来龙去脉和自己的疑惑之后，便开始追问 Partridge："你认为我应该如何操作呢?"这个老"火鸡"便会耷拉着脑袋往一侧，然而带着仁慈的微笑看着咨询者，意味深长地回了那句话：**"你要搞清楚，现在是牛市!"**

多少次，我都听到同样一句话："你要搞清楚，现在是牛市!"好像这是一张价值百万的保险单，足以让你应对任何难题和危险。当然，那个时候的我还没有能力领悟这句话的真正意义。

某日，一个名叫 Elmer Harwood 的老兄急急忙忙来到经纪行营业厅里，他快速填好成交单交给柜员，然后又急匆匆地找到 Partridge。这时老头正津津有味地听 John Fannings 重复那个讲了至少四遍的老故事：某次 Keene 经纪行下达了做多指令，而 John 恰好听到这一信息，于是他跟庄也做多了 100 股，但是挣了 3 美元每股之后他就平仓了，而此后这只股票在短短 3 天的时间内上涨了 24 美元。John 向老头再一次倾诉此事，希望获得一点同情和安慰，老"火鸡"确实这样做了，而且表现得好像是第一次听说这个故事一样。

Elmer 找到 Partridge 之后，连招呼都来不及和 John 打，他急匆匆地告诉老"火鸡"："Partridge 先生，我刚才已经平掉了所有 Climax Motors 股票的多头头寸。我的线人说这只股票要回调了，而这是一个低买回补多头的机会，我看最好你也先跑掉，然后再接回来。当然，如果你还有这些股票的话。"

专注于抓大行情的交易者非常善于抓主要矛盾和矛盾的主要方面，他们首先从大局出发，抓住最关键的因素，其余的则可忽略掉。人的精力有限，人的认知能力有限，如何高效配置自己的注意力资源？对于交易者而言，认清大势就能高效配置一切资源。

行情性质与交易者心理容易出现错配，行情走单边的时候，交易者还沉浸在此前的震荡走势中，因此还想要高抛低吸，结果容易在单边走势中错失头寸。而单边走势结束之后，交易者往往后悔自己此前没有坚定持仓，于是在震荡走势中一味追涨杀跌，死拿头寸。这种错配的情况非常普遍，大家做交易的时候可以注意观察，一个是观察自己，一个是观察市场上绝大多数人的表现。

Elmer 疑惑地看着跟前这个老头，最初是他将一线的消息告诉这个老头的。而他这个免费提供消息的“义工”好像总是感觉还亏欠着接收消息的人一样，特别是在自己也对消息没底的时候更是如此。

“对的，Harwood 先生，我手头当然还有这只股票！”老家伙略带感激地回答道。想想看，Elmer 的心里时刻装着老家伙，好人一个啊！

“那就好，不过现在是时候兑现利润了，应该了结了，等到跌下来的时候再进场做多。”Elmer 接着说，好像他正在给老人填写存款单似的。但是，他似乎并未从对方脸上看到感激涕零的反应，于是补充道：“我刚才卖掉了手上的股票！”他这样说的时候，那副神情好像是至少做了 1 万股的大额交易。

不过，Partridge 面露尴尬地摇了摇头：“不行，不行，我不能这样做！”“为什么呢？”Elmer 显得有些迷惑。

“不能这样做就是不能这样做！”Partridge 显得更加为难。

“难道不是我给你捎了消息进场做多的吗？”

“当然是你，Harwood 先生，对此我非常感激，这是我的心里话，不过——”

“停一下，听我说一句，我告诉你买进之后，这只股票难道没有在 10 天之内上涨 7 美元吗？”

“确实是这样的，我亲爱的朋友，对此我十分感谢你，不过，我不能就此平仓。”

“你不能？”Elmer 显得更加疑惑了，这是提供内幕消息者的特点——他们同时也喜欢打听消息，寻根刨底，对任何事情的内幕都感兴趣。

“是的，我不能。”

“为什么不能呢？”Elmer 往前靠了靠，更加急切地想要知道背后的答案。

“没有太多原因，这是牛市哎！”老头似乎已经尽力给出一个对他而言足够长的解释了。

“确实是牛市啊，”Elmer 开始变得有些失望和生气，“现

头寸和立足之地都是 position，所以一语双关。

在是牛市，这我也知道。不过，你现在卖了然后逢低再买回来，这不是最好的操作吗？这样可以降低成本呢！"

"我的朋友，"Partridge这样说的时候显得非常痛苦不堪，"我的朋友，如果我现在就把股票给卖了，那么就丧失头寸了，**那我在市场还有什么立足之地呢？"**

Elmer摊开双手显得无可奈何，晃着头走到我这边来寻求支持和安慰："你能受得了他吗？"他低声说道，"你说说看！"我没吭声，而他继续表达他的不满和疑惑："我告诉他Climax Motors有利好消息，他买了500股，现在已经涨了7美元了。现在我建议他先卖出，然后在逢低回补多头，其实涨了这么高，早就应该调整一下了。我刚才这样跟他说，你听到他说了些什么吧？他说他要丢了工作，这话从何说起呢？"

工作职位也可以用position表述。

"非常抱歉让你理解错了，Harwood先生，我的意思并不是丢了工作。"老头补充道，"我说的是丢掉我的头寸，等你像我这般大的年龄了，就会经历足够多的牛熊轮回，你也就会明白任何人都无法承受丢掉头寸的后果，谁也不能例外，**John D.Rockefeller也不例外**。先生，我当然希望如你所愿，这只股票能够回调，这样你可以在更加低的价位上重新买入。不过，我的能力做不到这点，这些经验教训已经让我付出了足够高的代价，我不想重蹈覆辙。但是，你给我带来的这次机会好比让我将钱存在银行赚利息一样确定无疑，我很感谢你的帮助。不过，你要明白，这是牛市"。说完这些，老"火鸡"走开了，留下了从头到尾都显得茫然疑惑的Elmer。

John D. Rockefeller（1839年7月8日~1937年5月23日），美国实业家、超级资本家，美孚石油公司（标准石油）创办人。出生于纽约州里奇福德镇，父亲是一个无牌游医，母亲是一个虔诚的浸礼会教徒。洛克菲勒是全球历史上除君主外最富有的人，是世界公认的"石油大王"。

Partridge的这番话当时对我而言并没有太大的触动，等我自己对过去无数次赚了蝇头小利而错失大行情的经历进行反思时，我才意识到其中的真正含义。虽然我对大行情的预判非常准确，但是并没有赚到成比例的利润，只是从中赚了点小钱。我对这个问题琢磨得越透彻，就越能明晰看到这个老头的高明之处。显而易见的是，他在早年的时候，也经历了与我一样的艰难时刻，并且因此得到了这些宝贵的教训，深刻认识到了人性的劣势。虽然这些诱惑很难抗拒，但是他现在还是很好地抵御了这些人性的冲动之举。毕竟，这些被诱惑征服的结局是悲惨的，代价是极高的，我也为此付出了沉重的代价。

Partridge 不厌其烦地强调“这是牛市”，这背后蕴含的交易哲学告诉**我们大利润并不是从某次或者若干次小波动中获得的，而是从重大运动中获得的**。换句话来说，**大利润不是来自于阅读报价纸带，而是来自于系统全面地预判大势**。现在我终于意识到了这一点，这意味着我在交易学习之路上又前进了一大步。

动量交易者和波段交易者进阶到了趋势交易者，这就是 J.L 这段话的大意。

这里我还需要强调一下：作为一个资深的行家，我在华尔街混迹多年，赚过几百万美元，也亏过几百万美元，以这样的资历和身份告诫大家：我能够挣到大钱，并不是因为我的思考，**而是因为我坚持了正确的仓位**。你明白了吗？耐心持有正确的仓位！能够看准市场的走向，这点算不上什么高明。因为总是有太多人能够在牛市刚开始的时候看到上涨趋势，而在熊市刚开始的时候看到下跌趋势，同时他们选择进场时机和点位的能力也值得称道，他们可以在潜在利润丰厚之时便建立头寸。但是，他们同我一样并没有捞到大钱。既善于研判大势，又能够坚定持有正确的仓位，这样的人只能万里挑一。我意识到坚定持仓是最难以掌握的技能。不过，只有你真正掌握这一点之后，才能赚到大钱。对于交易者而言，能够透彻地掌握这一点，那么赚数百万美元也不是难事，甚至比懵懵懂懂时赚几百美元都更容易，我毫不浮夸。

《道德经》讲“无为而无不为”，提倡一种无为哲学。J.L 这里让你耐心持仓也是一种无为哲学。不过要恰当地理解这种哲学就必须知道“为”的究竟含义。所谓的“为”其实是顺其自然的反面，自然就是事物本身的规律，顺应这种规律和趋势就是无为，违背规律和趋势的行动就是“为”。“一切有为法，如梦幻泡影，如露亦如电，应作如是观。”有为法就是违背规律和趋势的行动。持仓是因为顺应了趋势，所以是一种无为哲学，不要动。但是，如果与趋势相反，那么持仓反而是有为法了。所以，不动是因为顺应了趋势，看似无为，其实无不为。顺应了趋势，你只要待在趋势中即可，而良好的结果就可以自然得到了，这就是无不为。不过，这里有一个前提，趋势是存在的，如果没有趋势呢？

知易行难，因为某个交易者在判断市况的时候可能非常清楚，但是市场曲折前行的时候，他却容易失去耐心和信心。华尔街上的聪明人很多，根本就不是什么任人宰割的傻瓜，但是却亏了不该亏的钱，错失了应该赚到的钱，原因就在于这一点。不是市场游戏本身打败了他们，而是他们输给了自己。他们有精明的洞察能力，但是却缺乏持仓能力。老“火鸡”能够坚定持仓，并且将这套主张公之于众，他是极少数做到这一点的人。他不但具有根据明智预判行动的勇气，更有坚持下去的勇气，这点难能可贵。

我的最大缺点在于没有考虑市场的趋势，而是醉心于细小的波动。要知道，没有人能够把握住所有的细小波动。在趋势上涨的行情中，做多并且耐心持有多头头寸，直到你判断上涨趋势快要终结。要做到这一点，前提是你必须研究大势，而不是靠什么内幕消息，或者只是琢磨单只股票的影响因素。一旦进场，你就应该不受头寸盈亏的影响，这就好像忘掉了你所持有的股票，放下你才能拥有！耐心持仓，直到你看见市场趋势反转的征兆。要正确地研判趋势的变化，你必须发挥自己的才智，通过深邃的洞察力你才能做到这一点。如果没有这些具体的研判功课，那么所谓的一切建议都无非是像“高抛低吸”**的原则一样显得大而空，是毫无可操作性的废话**。最有用的建议之一是放弃行情最后的0.125美元或者是行情开始的0.125美元，要知道这点小钱足以致命。想要将行情的开端和尾声那么一丁点的利润也吃到，这样的想法让股票交易者们付出了惨重的代价，亏损的金额足以修建一条横跨美洲大陆的两洋公路了。

J.L.这段话被很多人忽视了，因为他其实强调了研判大趋势的重要性，并且强调预判的重要性，而不要想通过简单的趋势跟踪来避免这一功课。他反对和批判那些市场中流传甚广的“无用的废话”，因为这些话说了跟没说一样，不具有可操作性。他强调趋势的重要性，同时又指出了预判趋势的重要性，而不是像绝大多数书籍那样，空谈趋势，好像知道趋势重要就能知道趋势本身一样。“是什么”与“怎么样”之间的鸿沟如何去跨越，大多数交易书籍都没有讲清楚，但是J.L.更加重视后者。盘前功课对于趋势研究非常重要，趋势是一个具体的对象，而不是一个抽象的原则，这就是J.L.想要讲明白的。空谈趋势，是很多非一线交易者的通病！

当我更加明智地交易之后，我对自己在Fullerton经纪行的交易记录进行了复盘研究，进而有了一个新的发现。在我对交易有更深刻的理解之后，进场后的亏损减少了，这就增强了我对自己预判能力的信心，因此我决定开仓就建立大笔的头寸，并且不容易受到别人看法的干扰，甚至也不会受到自己浮躁心态的影响。要知道，在交易这个领域，如果你缺乏对自己判断的信心，那么肯定是难以取得好成果的。这些就是我新的感悟，通过研判大势，建立头寸，并且坚守头寸到大势结束。在这个过程中，我能够耐心地持仓，等待趋势结束的迹象。市场的正常修正丝毫不能动摇我的决心，这只不过是趋势行进中的局部现象而已，只是暂时的。举一个例子，我曾经在做空10万股时就预判到会出现显著反弹，后来果如所料，这确实是难以避免的，当然也对行情的发展大有裨益。虽然这次修正会造成利润回撤100万美元，但是我仍

原文是“It is the big swing that makes the big money for you!”希望大家把这句话用大字号打印出来，贴到你目所能及的地方。当你对自己的趋势交易有所怀疑的时候，看看这句话，我就是这样做的。当然，趋势交易意味着低频率交易，如果你天天都在介入新的大行情，那么基本可以肯定你是功课没做足，只是不断臆想而已。一年抓住一波大行情就胜过许多炒单客了。当然，加仓操作应该算作整个趋势交易的必然组成部分，这是建立在对趋势有效判断的基础上。

旧坚定持仓，眼看利润大幅下降，我并不动心，我不会先了结空头，再逢反弹做空。我心里非常清楚一点，这样做很容易丢掉正确的头寸，而只有坚定持仓方能抓住趋势，进而赚得盆满钵满。记住，**只有大的波动才能为你带来大的利润。**

J.L. 讲得很直白了，从自己的经验和教训中学习才能进步。理论永远无法代替直接经验，只有后者才能带来实质性的进步。

我能够学到这一课花费了很长的时间，**因为我是从自己的经验和教训中学习。**从犯下错误到觉察出错误需要一段时间，而从觉察出错误到改正错误也要花费很长的时间。不过，在我学习历程展开的时候，我自己的小日子过得并不差，毕竟我很年轻，而这是最大的资本。我的大部分盈利还是来自于阅读报价纸带的能力，因为**那个时候的行情与这种方法相得益彰。**有一个进步就是亏损的次数下降了，结果也不那么惹人心烦动怒了。不过提到两年内破产了 3 次就没那么让人好受了，但是正如我此前说过的那样，投机者的最有效教育方式就是破产。

动量交易有其适合的行情土壤，但是一旦趋势来临，那么最赚钱的方式还是趋势交易，而且必定是顺势加仓。

那段日子，我的资本并没有快速地增长，毕竟我不想把日子过得紧巴巴的，那个年纪想要拥有的事物和物质生活对我而言也是难以抗拒的，我并不想克制自己。既然我挣了钱，那么就应该讲究一下生活的品质。当然，享受应该放在报价机停止工作的礼拜天和节假日。**每次当我发现亏损和犯错的原因之后，我会在操作清单上加上一个新的戒律，这就是我真正的新增资产。**想要这些新增资产变现为金钱利润，最好的方式就是维持生活开支，这样我就有动力去利用这些新增资产产生利润。当然，人生和交易总是起起伏伏的，没必要对其中的细节唠唠叨叨。能够在我脑袋里面留下印象的东西都是确实有利于我交易学习的，有利于增强我交易水平的，有利于**我认识自己的。**

认识你自己！J.L. 哲学境界也很高，这是一代大师的必备要素。凡事从内去找的过程，必然是一个为道日损的过程，做的是减法，J.L. 就会做减法，"损之又损，至于无为，无为而无不为"！减去的是妨碍我们顺应规律和趋势的行为，最后就是顺势这一个行为，然后利润自己能够照顾自己，让利润奔跑，就是无不为了。

（本文摘选自：《股票作手回忆录：顶尖交易员深入解读》）

附录 4

经济周期中的板块轮动

月满则亏，物盛则衰，天地之常。

——司马迁

相对于个股选择而言，运用自上而下的方法来分析更广泛的行业板块，才是真正把握市场走势的关键。

——马特·斯拉德

就我个人的经验而言，分析市场行为的最佳方法是自上而下的：首先观察驱动经济循环的基本力量，其次观察股票市场、债券市场与商品市场的趋势，最后分析经济循环的板块和个股。

——维克托·斯伯兰迪

股票市场的大势往往是由行业板块决定的，比如沪深 300 指数的走势主要是由银行、地产、有色和煤炭四个板块决定的。**大多数股票市场波动是靠行业驱动的，而不是公司驱动。**这点与绝大多数交易者的看法并不相符，他们认为指数的走势是由个股决定的。

板块轮动对于股票交易者而言是一个非常重要的概念，经济周期对于股票交易者也是一个非常重要的概念，本附录将从经济周期入手介绍板块轮动问题。

板块轮动是 A 股市场的一个显著特征，低位个股普遍上涨意味着上涨行情的启动，高位指数上涨、个股却出现大面积下跌现象则有可能是主力拉高指数掩护个股出逃的原因。

A 股市场的一个显著特征是板块轮动，这对于指数和个股走势都具有重大的现实意义。板块轮动中，每一轮上涨都有一个最强势的板块，这个板块中的个股很容易超越指数走势，因此个股的选择要立足于板块，指数的走势也要立足于板块，板块是枢纽。

说到这里不得不强调一下，我们操作方法的两个枢纽：心理分析是枢纽，板块是枢纽。**心理分析是分析环节中的枢纽，板块是分析层面中的枢纽**。心理分析可以帮助你不为经济学家和理论家所害，也可以帮助你避免技术分析的机械和迂腐。而**板块则可以帮助你更好地判断指数的走势，同时更准确地选择要操作的个股**。

做题材投机，板块排行榜是要随时关注和剖析的。谁在上涨？为什么涨？资金往哪些板块流入，往哪些板块流出？大盘下跌的时候，哪些板块有资金流入？

板块轮动是指数上涨的一个内部特征，板块轮动效应的形成是有组织的大资金在一波行情中谋求数倍于流动市值增幅的需要所致。**只有存在板块轮动才能用有限的资金来完成吸引散户资金高位接盘的任务**，因为轮动避免了被散户盯死，只有轮动才能让散户不知道行情什么时候会终结，只有轮动才能让散户无法全身而退，只有轮动才能不断避免热点的不可持续性。

在中短线操作中，主力以板块轮动的方式与散户博弈，如果散户一味坚定持股，不知道与时俱进就很容易在高位被套牢。从中短线的角度来看，除非你买入的价格足够低，有足够的安全空间，否则**最佳的持股方式是阶段性持股，跟随板块轮动起舞**。热点能否继续，资金能够加速流入，这些是持股的关键。

在正式展开本文内容之前，还有必要回顾一下经济周期的问题。

经济发展是以经济周期的形式展开的（正如股市的趋势运动是以波浪的形式展开的一样），经济周期一般分为四个阶段，它们分别是复苏、繁荣、滞涨和衰退。

一个完整的经济周期一般跨越几个年份，每个周期的长短存在差别，但是每个阶段具有稳定的某些特征。复苏的特征是经济增长，但是通胀率较低而稳定；繁荣阶段的特征是经济继续增长，通胀率也显著上升，并且仍旧处于上升趋势中；滞涨阶段的特征是经济增长停滞，但是通胀率却在高位继续攀升。

中国过去 20 年的经济周期具有一些共同特点，但也有不同点。我们先来看相同点，每轮经济复苏的时候，在欧美经济、基础设施建设、固定投资和工业生产的带动下经济开始往上走。当经济处于繁荣和滞胀阶段的时候，政府不得不收紧银根，此后物价开始回落，GDP 增长也进一步走弱。但是，并不是每次复苏都完全一致，早一轮经济的复苏以轻工业为主，而最近十几年经济的每次复苏都以固定投资为主。

经济周期中的股票市场除了整体有特定轨迹之外，不同的板块在经济周期中也有相应的运动轨迹。国民经济的各个行业总是处于经济周期性运动中，相关板块的股价总是伴随着该板块对应行业景气循环进行着周期的变化，但一般来说**行业股价的波动超前于行业的景气变化，**行业板块中个股的价格变化存在一定规律，规律之一就是板块个股的价格高低点常常先于行业本身的景气循环高低点，同时股价的波动幅度大于行业景气变化的幅度。

为什么会存在这样的规律呢？我们认为从驱动层面和心理层面的逻辑上进行分析可能存在三个原因：第一个原因是股票市场是一个基于预期进行博弈的市场，这就使得行业板块指数先于行业景气程度运动，股市对产业景气度具有相当程度的预先反应性。进一步来讲，整个股票市场的底部和顶部往往先于经济周期波峰和谷底出现前出现，这个是我们在第一课讲到的一个重点。

不要小看这点，很多市场评论人士经常做出一些有悖于这个规律的分析，比如认为股市没有见底的原因是经济还没有见底，其实这种分析很普遍，错就错在忽略了股市其实是先于经济见底的这一规律。

第二个原因是作为一个自适应的智能组织，股票市场具有对自身预期进行修正的动机和能力。市场可能在经济繁荣阶段产生水平过高的估值预期，预期过于乐观，而实际的经济增长其实达不到这个市场预期，这样就会发生修正，所谓**“市场走预期”**还包括**“市场走修正了的预期”**一层说法。

相反的情况是市场在经济衰退的阶段产生了水平过低的估值预期，而实际的经济运行其实好于市场的预期。市场往往是通过一种过度来纠正另外一种过度，所以市场往往在极度乐观和极度悲观之间摆动，但现实的情况却往往在极端之间。正因为这种过度摆动才为索罗斯和巴菲特等交易巨擘提供了重大机会。

第三个原因是利率调整周期与经济周期的非同步性，利率的变动往往会严重影响股票市场的走势。这种影响甚至可能超过了公司盈利对上市公司业绩，进而对股市相应板块的影响，这就是所谓的“流动性对股市的影响力与业绩对股市的影响力不分伯仲”。

利率与流动性对股市的强大影响力往往为市场交易者所忽视，只是在机构投资者和私募基金那里得到重视。例如，即使经济处于下降期、上市公司盈利萎缩，但如果无风险利率有较大幅度的下降，流动性宽裕，股票市场倾向于上涨，比如2011年之后的美国股市（见附图4–1），美国经济还没有恢复到次贷危机前，实际情况是与之相差甚远，经济复苏相当乏力，但是美国股市持续上涨，接近历史高点，这其实是得益于截至2012年9月的三轮量化宽松货币政策，这也是流动性影响力大于业绩影响力的一个证明。

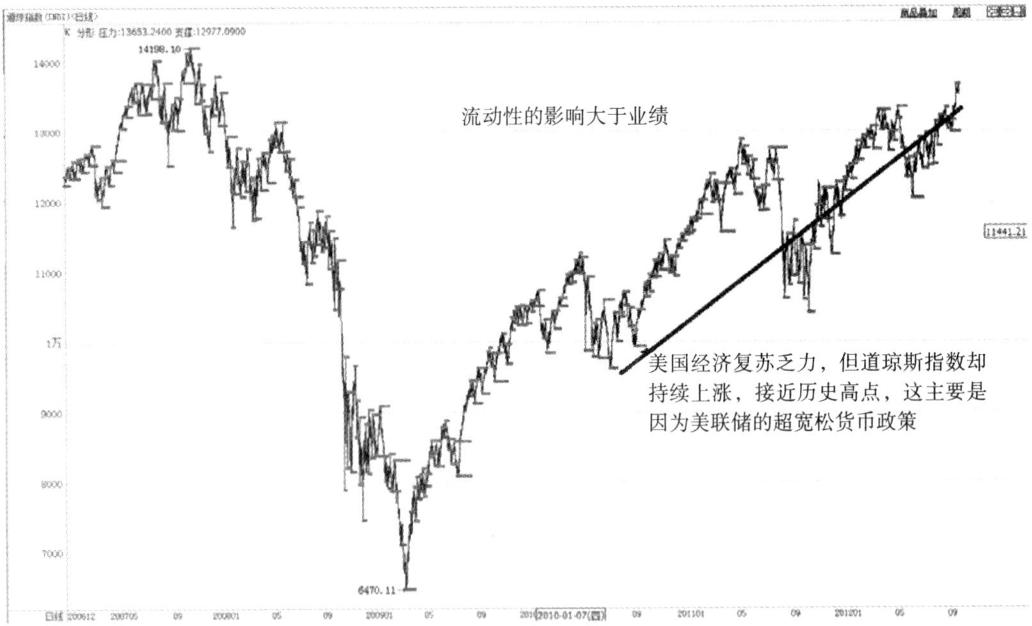

附图4–1　流动性影响大于业绩的例子（道琼斯指数）

股市上市公司板块先于经济产业板块变化的原因我们已经分析了，这个大家要去理解，因为市场是变化的，你不懂得原理，那只是个死板的结论，懂得原理方能变化。接着我们讲讲经济周期与板块轮动存在紧密关系的原因。

GDP总量增长的好处在各产业群之间的分享程度是不同的，具体而言上游基础工业，比如石油、石化、有色金属和钢铁等行业板块对GDP增长的敏感度均大于1。而出口型产业和房地产业的敏感度在0.7~0.8，基础设施类产业和农业板块的敏感度为0.4，敏感度最低的是消费类行业板块，消费类行业板块对GDP总量增长不敏感，这一板块对人均收入的增长敏感。

但由于消费类产业在上市公司中所占的比例很大，差不多接近 60%，大于其在国民经济中所占的比重，因此对应 GDP 增长率 1 个百分点的上升，上市公司主营业务的整体收入增长率上升幅度小于 1，大约为 0.76 个百分点。

由于这种 GDP 增长分布的不均衡，在经济周期中某些板块比其他板块表现得更加出色，经济周期中的不同阶段通常有不同的优势板块，而每一波经济周期中也具有不同的龙头板块。**中短线交易要想获取丰厚的利润，就要学会利用行业板块之间的系统性差异**。这些差异存在的原因有很多，我们大致浏览一下。比如：

军工和航天航空行业板块的主要消费者是政府

电子产品和娱乐行业板块的主要消费者是居民

化工和环保行业板块的主要消费者是制造业企业

零售业是典型的劳动密集型行业板块

能源行业是典型的资本密集型行业板块

交通运输行业则属于能源密集型和资本密集型行业板块

汽车、钢铁、造纸、能源行业属于强周期行业板块

医疗、必需消费品行业属于弱周期行业板块

……

经济周期对上述板块的作用特点与这些板块本身的特点有关，比如**如果利率上升，那么对于资本密集型板块的负面影响最大**。又比如，**如果经济增速下降则对强周期行业板块的影响最大。**

搞清楚板块的驱动因素可以从三个角度入手：第一个角度是分析下这个行业板块的消费主体是政府、企业还是居民。第二个角度是从行业板块的生产要素属性入手，看看属于资本密集型，还是劳动密集型，或者是原材料密集型。资本密集型行业对于利率高度敏感，劳动密集型行业对于工资高度敏感，原材料密集型行业对于大宗商品价格变动高度敏感。第三个角度是看行业板块与经济周期的关系，强正相关还是弱正相关，或者是负相关。比如汽车、建筑、房地产、航空业就属于强周期行业。而餐饮、制药、公共事业则属于弱周期行业。

从上面已经大概明白了这样一个道理：在股票市场中，不同行业板块对于宏观经济的表现反应存在差别。观察并且利用这些行业板块差别进行操作是短线交易的要领之一。

要学会从板块的层面去观察驱动因素，主力资金的流向，学会从板块推断指数走势，从板块入手找出市场题材和强势股。短线交易者应该买入强势板块的强势股，前

提是要明白经济周期与股票板块之间的关系。

个股价格的变动至少50%受到了行业板块的整体影响，有时甚至高达80%。从某一行业板块来思考问题，股票交易者可以充分地利用盈利机会和规避下跌风险。

我们以2005~2007年的A股市场为例来说明板块轮动的道理，2005年6月10日到2006年7月7日，中小板是强势板块，涨幅为106.56%，同期上证指数为70.62%，这波上涨属于牛市的初期。在牛市初期，流动性较为充足，但是大盘股游资还是不敢碰，中小盘股和概念股往往成为热门板块。

随着市场从2006年8月11日开始进入主升浪，基金重仓股表现显著好于大盘，该板块涨幅为226.23%，同期上证指数涨幅为160.58%，蓝筹股开始成为热门板块，这种情况一直持续到2007年6月2日。

从2007年7月5日到2007年10月16日开始，主力开始利用拉抬指数来出货，这时候大盘蓝筹股表现抢眼，涨幅为88.35%，相应的上证指数涨幅为59.64%。从这个板块轮动的过程可以发现，**牛市中的主力热门板块具有一定的稳定性，只要你坚持跟踪每日板块走势就能够发现。**熊市中的热门板块持续性差，需要更加全面和及时的分析才能把握住。

无论是牛市还是熊市，**热门板块的把握都与关注主力资金和题材持续性密切相关。一般而言台阶式发展的题材具有较强的持续性，**这类题材引发的热门板块大家可以重点关注。

前面介绍了一些逻辑关系，下面落实到具体的板块轮动走势上。基于经济周期中的板块轮动规律，在经济周期中的不同阶段往往形成不同的行业板块热点，这种热点的变化推动了板块轮动。

在经济复苏阶段，最先启动的行业板块主要是周期性耐用消费品板块行业，具体而言就是住宅和轿车。在经济繁荣阶段初期则是电子信息、机械设备等资本品以及交通运输业板块。在经济繁荣阶段和滞胀阶段，能源、基础材料开始供不应求，相应的价格也大幅上涨（大宗商品期货此时一般也是表现最好的时候），这些行业板块的增长会延至整个经济扩张期的结束。

随着经济进入衰退期，上述这些耐用消费品、周期性消费品、原材料和能源也是受到经济收缩影响最大的行业板块，而公用事业板块和必需消费品板块，特别是医疗板块在这个阶段比较抗跌。

我们来看国信证券研究所给出的一个经济周期与板块轮动的历史规律总结，从2001年开始到2008年（见附图4-2），这个图体现出来的板块轮动规律与其他一些理论或者研究得出的结论存在差异。

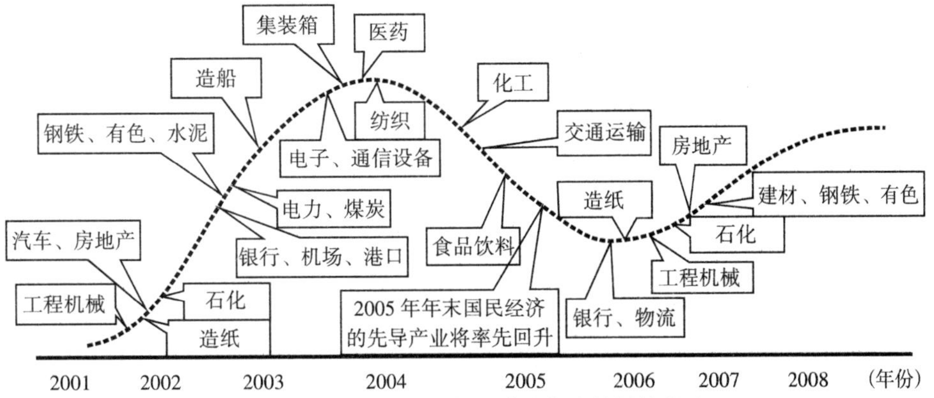

附图 4-2　2001~2008 年经济周期中的板块轮动

资料来源：国信证券经济研究所 Dina Fund。

彼得·纳瓦罗则给出了另外一个版本（见附表 4-1），这个股市板块轮动基于股市本身的周期而不是经济的周期。我们知道股票周期先于经济周期，这是一个大数定律，在运用板块轮动知识的时候不能忽略掉这一点。

附表 4-1　彼得·纳瓦罗的股市周期与板块轮动

股市周期阶段	强势板块	强势子板块
牛市早期	交通运输板块	铁路板块
		航运板块
牛市早期到中期	技术板块	计算机板块
		电子板块
		半导体
牛市中期到晚期	资本制造板块	电气设备板块
		污染处理板块
		制造业板块
牛市晚期	原材料板块	钢铁板块
		化工板块
		纸业板块
		有色金属板块
		能源板块
熊市早期	食品和医疗板块	食品和饮料板块
		医药和医疗板块

续表

股市周期阶段	强势板块	强势子板块
熊市中期	公用事业板块	电业板块
		燃气板块
		通信板块
熊市晚期	大额消费品和金融板块	汽车板块
		银行业板块
		个人信贷板块
		住房产业板块
		房地产
		零售业板块

被认为最为有效，并且经过了最广泛实证和实践的板块轮动版本应该是美林投资时钟框架下的股票板块轮动。下面我们看一下美林投资时钟显示的经济周期与股票行业板块的轮动关系（见附图 4–3 和附图 4–4）。

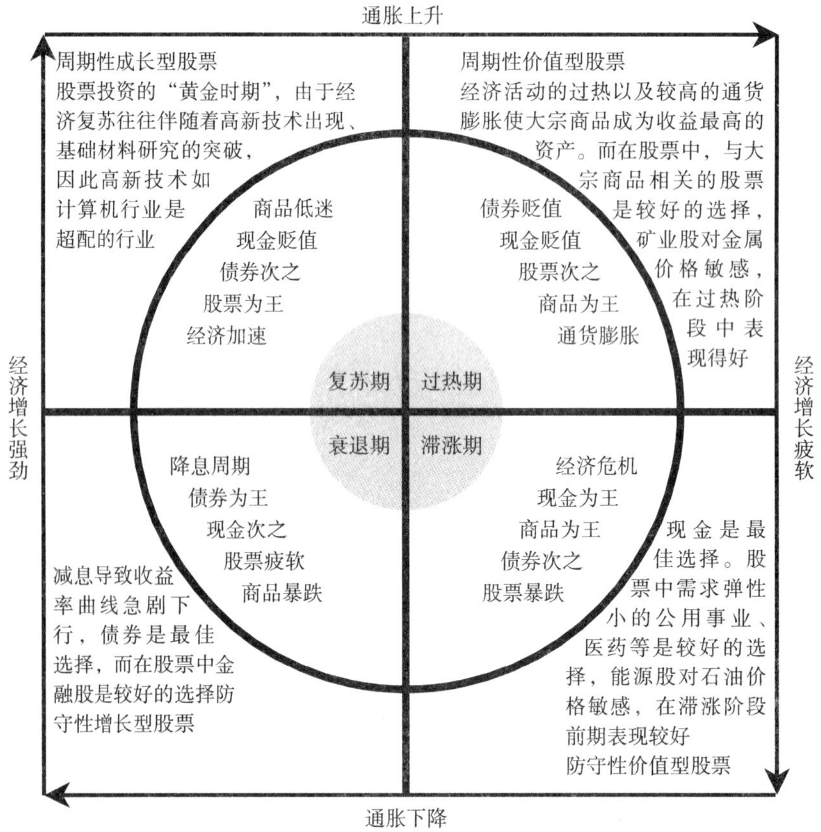

附图 4–3　美林投资时钟框架下的经济周期与股票行业板块轮动（1）

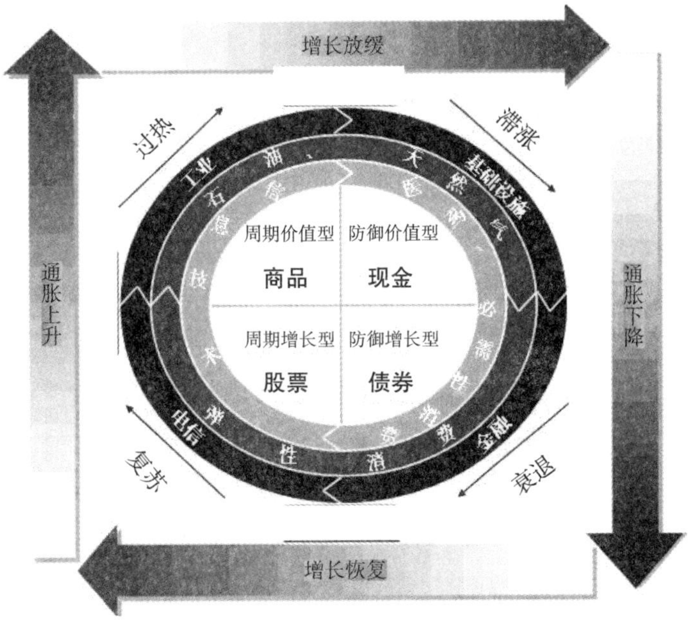

附图 4-4　美林投资时钟框架下的经济周期与股票行业板块轮动（2）

好买基金研究中心的孙志远先生基于美林投资时钟的经济周期框架对中国行业板块的绩效进行了实证统计（见附表 4-2），这个数据能够与美林投资时钟板块轮动框架一道为我们提供有价值的参照。

附表 4-2　中国经济周期不同阶段的优势行业板块及平均收益率统计

衰退阶段		复苏阶段		过热阶段		滞胀阶段	
行业	平均收益（%）	行业	平均收益（%）	行业	平均收益（%）	行业	平均收益（%）
医药生物	-1.61	有色金属	3.30	采掘	7.20	食品饮料	0.90
机械设备	-1.66	采掘	2.59	有色金属	5.93	农林牧渔	0.84
信息设备	-2.00	商业贸易	2.57	黑色金属	5.86	金融服务	0.79
房地产	-2.05	交运设备	2.57	医药生物	5.12	机械设备	0.65
食品饮料	-2.25	餐饮旅游	2.55	信息服务	5.10	医药生物	0.63

资料来源：《基于投资时钟理论的大类资产选择策略》（孙志远）。

上面都是从经济周期的各个阶段入手介绍板块轮动规律，我们还应该从另外一个角度了解板块轮动，这就是看各个板块在经济周期不同阶段的表现。首先来看必需消费品行业板块，如农业、食品、零售业以及医药行业板块。

这类行业板块的特征是受经济周期影响不明显，而是其他一些独立经济变量，比如人口统计特征起决定性作用。在经济步入衰退阶段，投资者一般选择这类行业板块作为投资避风港，因此这类行业又被称为防御型行业。

美林投资时钟在衰退阶段超配的防守型增长股票基本处于这类板块，当成长性股票的利润达到顶峰时，投资者的未来收益预期降低。这时投资组合由周期性转向防御性行业。**品牌和渠道能力是判断这类板块上市公司是否具有中线竞争优势价值的核心指标。**这类板块股票表现占优的开始阶段是通货膨胀率通常加速，造成了利润周期的下行。

通胀风险使中央银行提高利率，这制约了增长，所以防御型的必须消费品板块个股表现开始出众。这类板块个股优势表现结束于利润周期的底部。在这一点，收益增长导致周期性成长类行业占据优势，这时候通胀下降和流动性上升为周期性行业板块提供了强大的驱动力。

金融服务行业在中国主要银行板块为主，银行业的运行表现为顺经济周期波动的特点，经济的强劲增长促成了银行业的高速增长，但也孕育了经济波动时显现的风险。**在经济下滑后的半年到两年，虽然商业银行贷款期限结构及贷款性质存在差异，但是不良贷款都会在不同程度上会有所增加。**

经济处于衰退阶段促进中国人民银行（以下简称央行）降低利率和存款准备金率。**在央行连续降低短期利率后，收益率曲线陡峭，短存长贷使得银行业能够获得相对较高利差。**利润周期落后于流动性周期，而银行业表现与流动性周期正相关，但有一定滞后，在流动性周期加速时高速增长。

利率市场化对银行的利润有重大的长期影响。

宏观经济利润周期接近底部预示着银行最坏的时候已经结束，这时候企业利润和坏账的预期已经反映到银行股的价格中，而贷款质量提高、数量增加是这个时候的主要预期。

事实上，金融业利润的最大制约因素来自于通货膨胀的再次出现，这将使流动性趋紧。随着经济步入繁荣和滞胀阶段，随着央行加息，当收益率曲线开始变平时，银行利差缩窄。与此相应的则是利润周期显示贷款质量变坏，流动周期和利润周期一起发生作用让银行股处于下跌。

弹性消费品和服务也被称为非必须消费品，这类行业板块的占优阶段开始于经济增长的底部。这类板块的行业**主要受到具有中长期意义的需求拉动**，产业增长的关联效应和群体特征明显。这类板块主要以房地产、汽车业为主，同时会拉动相关板块运动，具体而言以房地产业为龙头的高增长产业群，包括钢铁工业、建材工业，特别是砖瓦等轻质建筑材料制造业、建筑用金属制品业等建筑投入品行业，装饰装修行业，以及物业管理、社区服务等相关服务业。而以汽车为龙头的高增长产业群则包括合成材料工业、轮胎制造业、钢铁工业、机械工业中的机床业等。

由于房地产行业资金需求量大、资金周转期长的特点，房地产行业和金融行业具有较紧密的联系。当然，这些相关行业与房地产和汽车行业并不是处于同步的景气运行状态，这点要区分清楚，特别是其中的原材料行业。在经济衰退阶段，消费者缩减不必要的开支，这就包括对弹性消费品的购买。也就是说衰退阶段积蓄了被抑制的需求，当经济复苏时这些积蓄的购买力被释放，促使这些板块的股票价格上涨。在这个阶段，利率、通胀率一般偏低，这就增加了货币的购买力，同时较低的购买成本鼓励消费者获取消费信贷，因此有利于非必须消费品。当经济增长顶点来临时，伴随着收入和流动性的紧缩这类板块个股的占优表现结束。

信息技术行业和一般工业板块的表现其实是滞后于经济增长的，这是因为在衰退阶段企业缩减所有不必要的成本。只有在经济增长开始见底后，企业管理层才开始增加对信息设备的开支，因此这类行业板块的表现落后于经济增长周期。在表现窗口初期，持续的央行利率降低和下降中的通货膨胀，促使购买成本更低，这允许企业在资本开支上更多，相应的弱势表现开始于通胀见到顶点之后不久。

基础工业和原材料板块与大宗商品走势密切相关，这个板块与宏观经济的景气程度有极强的关联程度。另外，受资源禀赋、规模经济、必要资本规模高等行业技术特点的影响，这类行业进入壁垒往往较高，竞争程度比下游产业相对要低。

随着经济开始扩张，提高的生产能力创造了对基础工业和原材料的需求。

这类行业在经济复苏阶段保持稳定或缓慢增长，当经济步入繁荣阶段时，其产能一时难以满足需求，从而拉动这些基础产品的价格快速上涨，使得该行业板块的效益有比较显著的增长，直至滞涨阶段的中期。**对于基础工业和原材料板块而言，整个经济的通货膨胀率是其定价能力和利润增长的最佳风向标。**

基于经济周期和行业景气循环的板块轮动只是帮助我们选择操作板块的工具之一，需要与其他工具结合使用才能发挥最大效果。

（本文摘选自：《股票短线交易的 24 堂精品课：超越技术分析的投机之道》（第 2 版））

附录 5

“直接进攻+间接进攻”突破模式

很多时候短期行情的发展不是一蹴而就的，这种曲线路径也使得不少外汇短线交易者迷失方向，被市场“瞒天过海的伎俩”所扰乱。在面临关键支撑和阻力的时候，行情的发展倾向于两次突破，第一次突破的节奏比较快，而第二次突破的节奏则比较慢。

第一次突破的目的是打掉反向仓位的止损盘，所以有“热刀过黄油”的快速态势；第二次突破的目的是逐渐击退那些反方向进场者的进攻，这个过程不能太快，要慢慢消磨其力量，否则容易引发此后关键价位筹码的集中倾泻。

在本模式中，我们需要的主要技术指标构件是（见附图 5-1）：第一，Vegas 隧道（Vegas1HR，又名 Vegas1 小时隧道）；第二，斐波那契混合轴心点指标（Live Charts Fib Pivots），这个指标主要为交易者提供非常有效的日内支撑阻力水平；第三，蜡烛线，通过蜡烛线形态的变化我们能够更好地把握市场中博弈群体的即时心理和力量变化。

我首先对“直接进攻+间接进攻”突破模式的分析和操作要点进行详细讲解，其中有些东西对于没有接触过外汇短线实际操作的人而言比较难以理解，对于那些交易经验不够的读者也是这样的。如果你一时半会儿还无法理解这些东西，则你需要进一步的时机操作，然后再回过头来研读和实践这里讲授的东西。

请看附图 5-2，这是“直接进攻+间接进攻”突破模式的基本模型，本来我是准备手绘这一基本模型的，让大家知道更为一般的形态是怎么样，但是后来一想：这会误导交易者，所以也就作罢。西方技术分析的理论大家知道的无非是迈吉和墨菲，迈吉的书基本以实例展开，而墨菲的书则恰恰相反。对于东方技术分析，特别是日本蜡烛

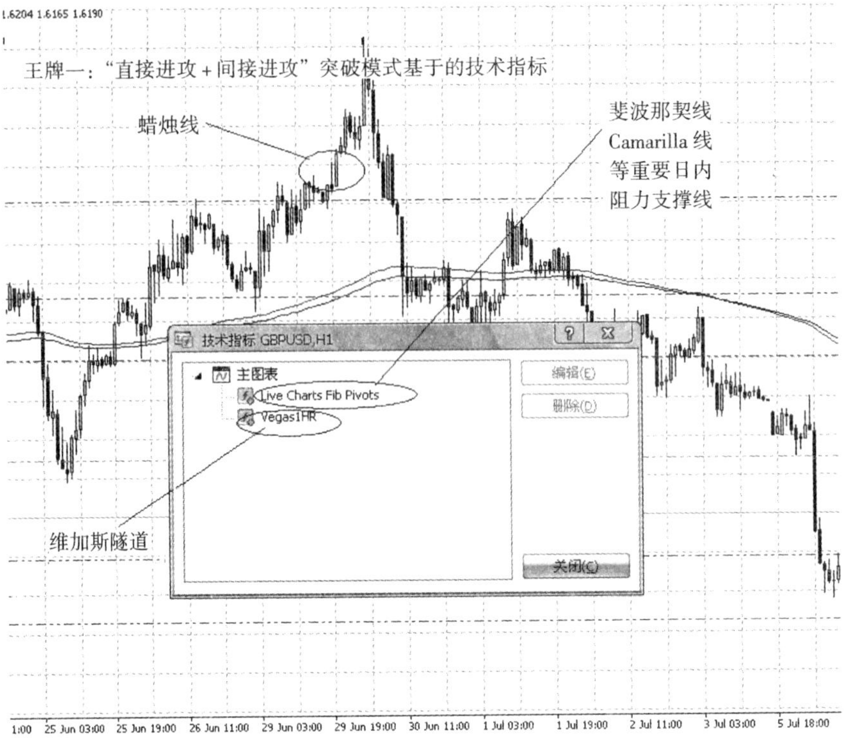

附图 5-1 "直接进攻＋间接进攻"突破模式基于的技术指标

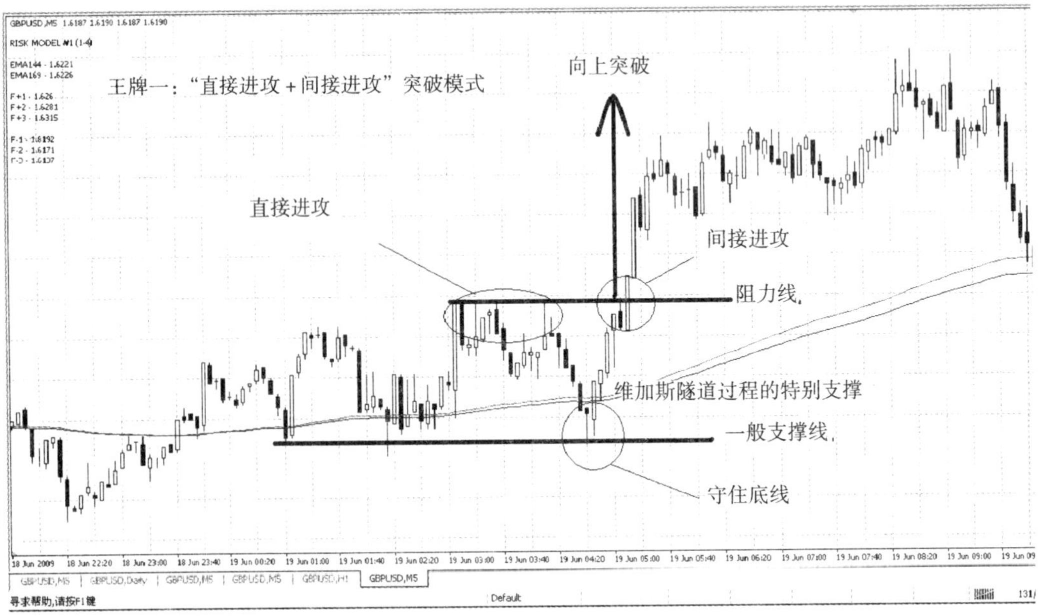

附图 5-2 "直接进攻＋间接进攻"突破模式的基本模型

图有全面深入总结的尼森也倾向于以实例来讲解抽象的理论和形态，这样做的好处是让读者一来就能够培养起对形态的正确和灵活态度，不会“死抠”，成为死板的交易理论家。

“直接进攻+间接进攻”突破模式的基本模型主要涉及汇价的两次运行，也就是汇价的直接进攻和间接进攻，这个模式有看涨情形和看跌情形，附图 5-2 是看涨情形，看跌情形可以反推，一样的道理。“直接进攻+间接进攻”突破看涨模式中汇价先会急速升至一个较为显著的阻力位置，通常是以流星形态来“攻击”这一阻力位置，此后汇价迅速回落，但是回落程度很浅，不久之后就止跌然后再度上扬。止跌的位置一般是某一支撑位置，比如前期低点、维加斯隧道、斐波那契混合轴心点指标构成的日内支撑等。“直接进攻+间接进攻”突破模式主要是让交易者能够识别一种日内交易中“第一次假突破，第二次真突破”的机会。

这种突破其实是一种向上N字结构，回档是因为短线获利回吐，继续上扬是因为更加有眼光的中线交易者低吸所致。

“直接进攻+间接进攻”突破模式的一般模式我在附图 5-2 中已经“一图顶万语”地介绍了，你可以自己拿着这幅实例图去揣摩其中的市场力量和市场意图变化之道。下面，我们则更深入一些介绍这个模式的一些研判和操作细节，这些

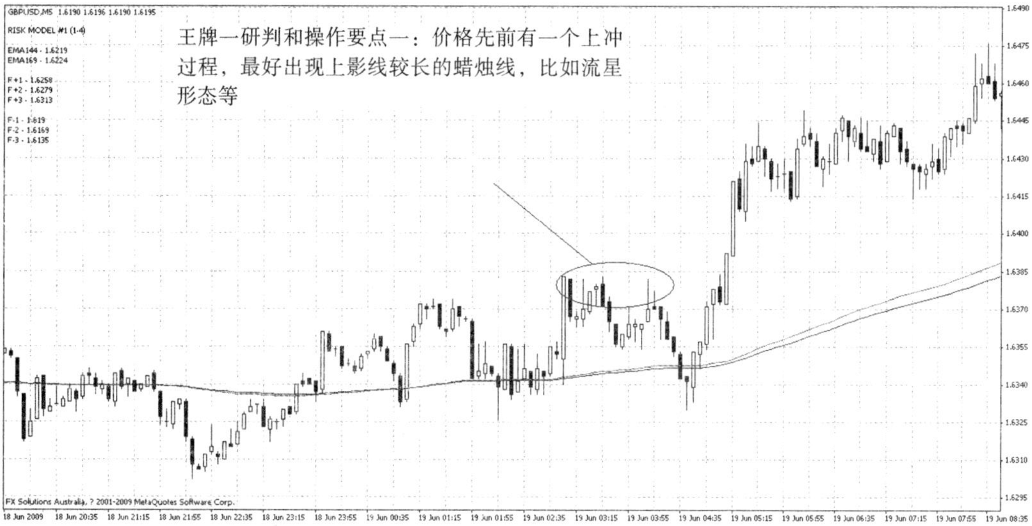

附图 5-3 “直接进攻+间接进攻”突破模式研判和操作要点一

细节往往是你在实际运用中容易忽视的关键要点。

第一个研判和操作要点请结合附图 5-3 来理解，汇价在第一次冲击关键的过程中，应该有一些速率和形态上的特征，具体而言就是：在上涨情形中，汇价应该以接近陡直的速率冲击阻力位置，同时应该在冲击的顶部留下流星形态，也就是上影线很长的一类蜡烛线（对于蜡烛线实体大小的要求则没有什么要求，这并不符合流星形态的标准定义）；在下跌情形中，汇价应该以接近垂直的速率冲击支撑位置，同时应该在冲击的底部留下流星形态，也就是下影线很长的一类蜡烛线，这里也不对这根蜡烛线的实体大小进行要求。

蜡烛线属于微观信号，与震荡指标类似，所以不能作为趋势指标来使用。

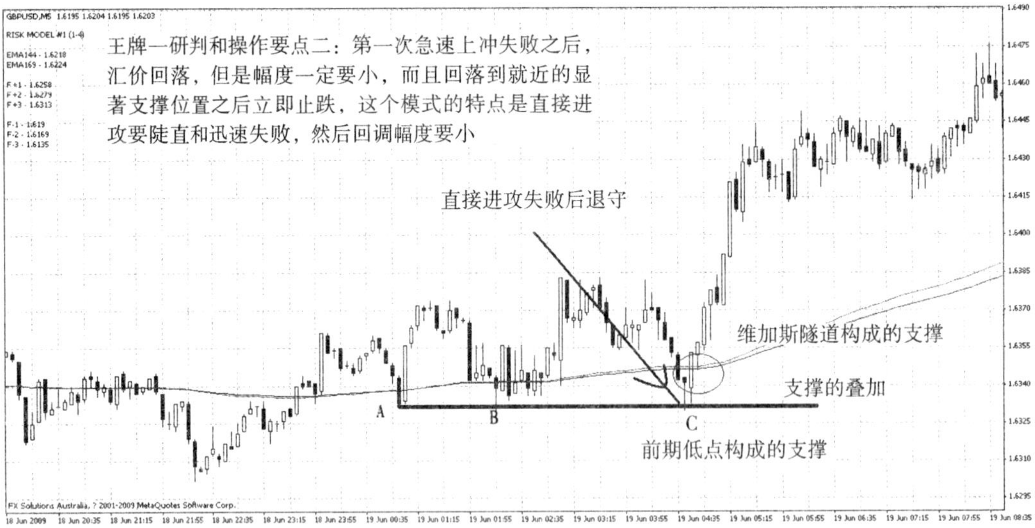

附图 5-4 “直接进攻 + 间接进攻”突破模式研判和操作要点二

“直接进攻 + 间接进攻”突破模式的第二个研判和操作要点请结合附图 5-4 来掌握，第一次急速发展之后，汇价应该立即退回来，在上涨情形中则是回落到某一支撑线附近，这个回落的幅度一定要小，这个小并不是针对此前一个波段，而是针对绝对幅度而言。

较小的回撤幅度表明市场的反向敌对筹码的实力并不很强大，也表明我方进攻力量是在“避其锐气，击其惰归”，而不是真的力量不行。上升情形中的回撤立足点是某一具体的支撑，这里的支撑来源不作具体要求，你应该能够从行情走势图中一眼看得出来。

区分对手盘的动机和能力非常重要，到底是没有动机，还是缺乏实力，这个区别要搞清楚。

“直接进攻＋间接进攻”突破模式研判和操作的第三要点请结合附图 5-5 掌握，在上升行情中，第二次汇价上升是一个逐渐消磨“守军”力量的过程，但是突破时必须以一根实体较大的实体蜡烛线完成，这就是攻方力量在阻力位置压倒守方力量的典型表现。

阻力线/支撑线是温度计的刻度，帮助我们监控驱动因素的强弱。

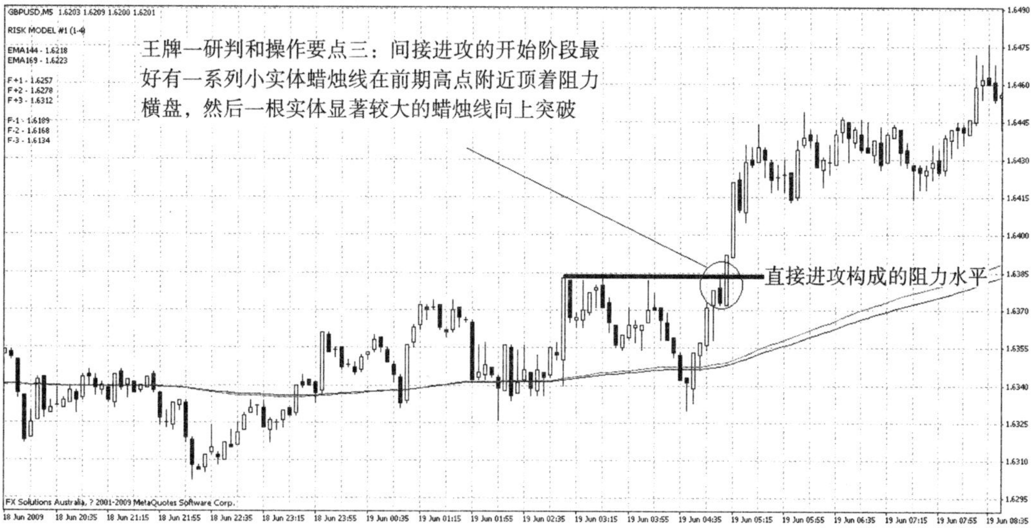

附图 5-5 “直接进攻＋间接进攻”突破模式研判和操作要点三

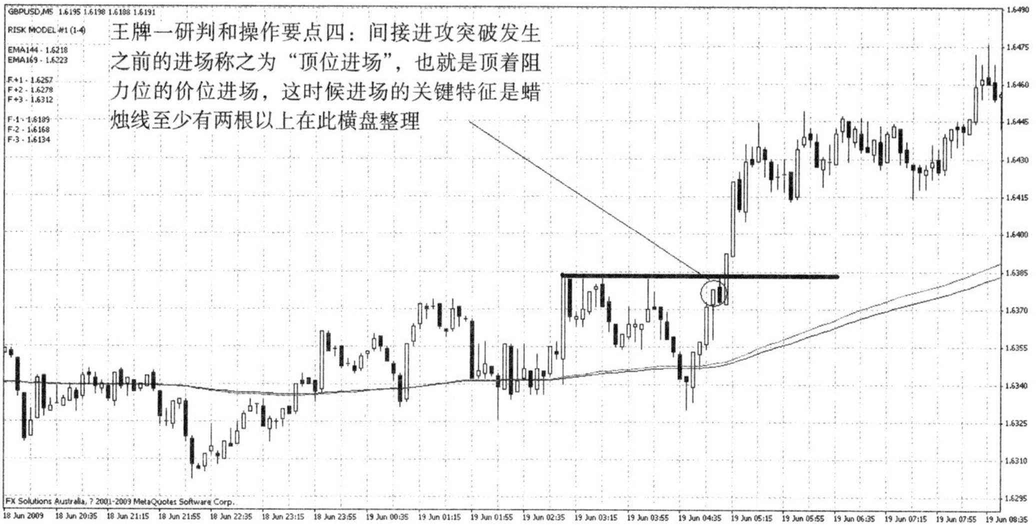

附图 5-6 “直接进攻＋间接进攻”突破模式研判和操作要点四

"直接进攻+间接进攻"突破模式研判和操作要点四请结合附图 5-6 掌握，在上升情形中，当汇价升至第一次拉升的顶点时，应该出现若干小实体蜡烛线，这些小实体蜡烛线顶着第一次拉升的高点运行，这就是我们总结的"顶位"，对于他人来说是一种进场位置，对于我来说则是一种进场的待确认信号。

小实体代表一种犹豫，意愿不明确或者实力均衡。

"直接进攻+间接进攻"突破模式研判和操作的第五个要点请结合附图 5-7 掌握，上涨情形中汇价第二次进攻时在高位或短或长时间横盘之后再以较大实体的阳线突破，这种一般是少有可靠的日内突破进场信号，相对于那种**缺乏突破前横盘的**走势，这类走势之后的突破更为可靠。

突破前有充分的调整则突破后持续性更强，而且不太容易出现空头陷阱或者多头陷阱，也就是 2B 顶底出现的可能性下降了。

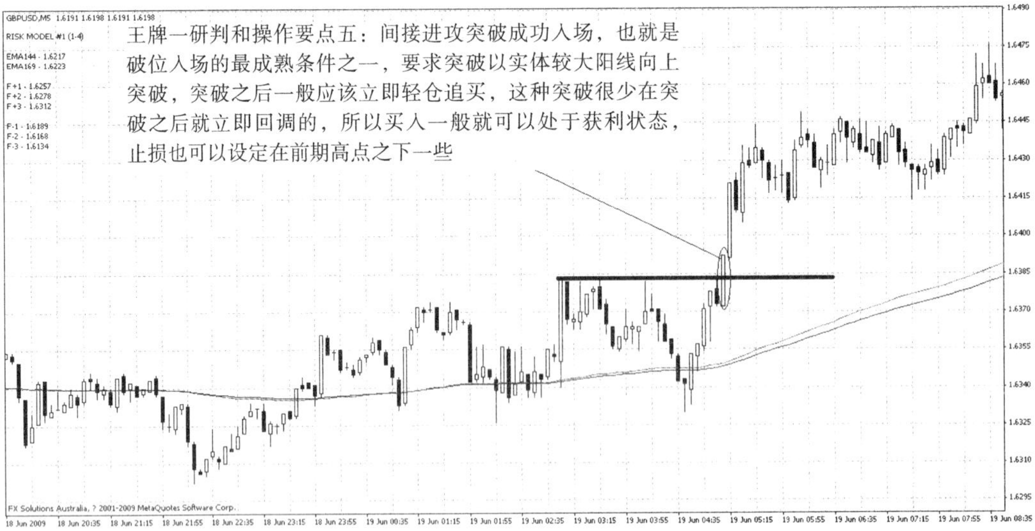

附图 5-7 "直接进攻+间接进攻"突破模式研判和操作要点五

（本文摘选自：《外汇狙击手：短线制胜的十五张王牌》（第 3 版））

附录 6

进场的常见策略

进场的策略从来没有人系统归纳过，我们斗胆尝试一下。

——魏强斌

看见机会是一回事，及时进场又是一回事。进场时，很多人会变得战战兢兢，而另一些人则又显得过于草率，时机未到，他们就匆忙入市，他们从不研究如何找到最好的进场价位。你需要为进场做个计划，尽量做到最有效地利用资金。你不必找到最好的进场价位，但是要尽量避免糟糕的进场价位。如果你错过了进场的机会，那么你就必须为下一次进场机会制订新的计划。

——Marcel Link

进场相对于交易系统的其他方面受到大多数人更多的关注，这种关注很大程度上是一种错位，经常是以忽视系统中最关键的方面为代价。

——Van.K.Tharp

具体的进场位置在哪里？这是任何一个交易者必须首先搞清楚的问题，但是市面上所谓的经典交易理论又有几个将进场位置讲得清清楚楚的呢？交易落实于“买卖”两字，这是常识，但是这个常识只停留在口头上，并没有深入绝大多数交易者的潜意识中。

我们在《外汇交易圣经》中提到所谓的交易最高秘诀离不开“进出加减”四个字，为什么这样说呢？其实，**交易无非就是做好进场和出场，如果你不从这两个方面入手，而去琢磨其他的东西，那就走偏了。**

为什么不少研究江恩理论和艾略特波浪理论的人不适合从事交易？为什么外汇分析师的“嘴上功夫”经不起实践检验，并不是他们不厉害，而是因为他们努力的方向不是“进出加减”，而是市场涨跌的方向，看对市场方向与看错市场方向是分析师能力评价的标准，但是交易却与具体的进场和出场直接挂钩。

选择格局，就选择了一个潜在的风险报酬率—胜算率的概率分布。仓位管理则是在这个概率分布中选择具体的一个点。

不少交易者经年累月不得门径而入，最为关键的一点是他们从来没有仔细思考过具体的进场和出场问题。进场出场为什么重要？因为交易是概率游戏，而概率游戏的关键就在于仓位管理，而仓位管理的具体步骤就是“进出加减”，你不在这方面下功夫，难成正果。

进场的方法和出场的方法令人眼花缭乱，层出不穷，怎样才是有效的进场方法呢？估计这是绝大多数交易者没有考虑过的问题。如果你对所谓的进场方法嗤之以鼻，认为看对方向哪里进场都能赚钱，那我们不是同道中人，你大可按照你的观念去赚钱，我们没有必要吃力不讨好，我们也没有必要来迎合你的需求。“忠言逆耳利于行，良药苦口利于病”，**你不要期望用老办法做出新成绩来**，何不试试新思维和新行为呢？

本课的主要内容是进场方法，比起下一课的出场方法而言稍显次要。不过，我们可以这样向你描述大众这方面的盲点：大众关注的是市场的涨跌，而不是进出的位置，位置相对于方向就是盲点；大众关注的是进场的位置，而不是出场的位置，出场相对于进场就是盲点。**“盲点即利润！”**

进场点怎么去找？这是绝大多数交易者忽略的问题，更别说有全面的总结性认识。对于进场点比较重视的交易者和分析师都是有一定经验和独立思考能力的市场人士，**如果一个多年从事外汇交易工作的人还执迷于所谓必涨必跌形态，执迷于所谓的高胜率预测，则肯定是连外汇交易的门都还没有进过。**

形态没有必涨必跌的，形态背后的原因才是涨跌的决定性因素。

进场点是经过一段时间实际操作的外汇短线交易者首先提出自己看法的范畴，也是外汇交易者入门的界碑。如果你从事了几年外汇交易，但从来没有系统思考和总结关于进场点的策略和要点，则你真的很可怜。

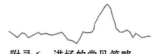

可怜的人未必认为自己可怜，无知者无畏，勇气是可嘉的，但是勇气在外汇市场是毫无用处的，不是你指天发誓明天赚 100 点，就能真的赚到 100 点的。**思路决定出路，心外无物**，外汇交易中真的是这样的道理，**如果你能够把你的焦点从其他绝大多数人那里转过来，那么路也就在你的脚下了。走上歧途，在交易界是司空见惯的情况，走上正路才是不正常的事情。只有不正常的交易者才有可能找到持续的盈利之路**，而关注进场位置的交易者比关注下一步涨跌的交易者更容易成功。

思路而非性格决定一个人的幸福与成功。思路是可以学习的，可以提高的，可以证伪的。而性格则是一个似是而非、大而不当的概念。

进场点不是说见到什么具体的形态之后就该买入（或者做空），市面上太多的书让交易者认为进场点等于看涨（或者看跌），你看涨还是看跌无关乎交易的最终结果，也不关乎交易的实际启动。你看懂这句话没有？如果你还没有看懂，那你真应该静下来直到读明白这句话为止。

进场点不关乎具体的行情，它背后站着的是概率思维和可证伪哲学，当然进场点一定是落实到具体行情中的抽象概念。资深的交易者一般听过“左侧交易”和“右侧交易”的说法，这种说法一般用来诠释和区分“逆市交易”和“顺市交易”，注意不是“顺势交易”和“逆势交易”，严格意义上没有交易者愿意从事“逆势交易”。“顺势而为”是每个交易者都想做对的事情，也是绝大多数交易者无力做对的事情。这其中的关键原因有两个：第一，不知道如何顺势（不是 what，而是 how）；第二，将趋势和方向完全等同。

如何顺势，我们的丛书中不少地方都有提及，大家自己可以逐渐形成自己的顺势策略。如何甄别趋势和方向呢？首先大家要从认识上搞清楚趋势是整体的，方向是局部的，方向可以顺趋势，也可以逆趋势。

顺趋势的方向往往是突破进场的时机，逆趋势的方向往往是见位进场的时机，什么是破位进场，什么是见位进场，本课都会提到。“逆市交易”和“顺市交易”的“市”也可以理解为方向，你能不能从这个角度来理解左侧交易和右侧交易呢？我们下面直接来解释左侧交易和右侧交易，请看附图 6-1，如果市场趋于下降，则 A 点一般是左侧介入位置，也就是市场在没有完全企稳迹象的时候介入做多，这种做法比较危险，在某些方面与见位交易类似，但是又不全是，这个需要下来后自己体会。

其实，见位交易的入场可以在 A 点，也可以在 B 点，所以从这个角度来分析，左侧交易和右侧交易其实只是见位交易进场的两种细化方式。如果市场处于上升走势，而你认为趋势向下（无论从哪个角度出发，市场的回调都不是值得你去交易的）则可以选择在 C 点介入做空或者是 D 点介入做空，C 点就是左侧交易，而 D 点就是右侧交易。

所谓左侧交易和右侧交易基本上可以这样来简单理解：在市场还未企稳的时候你反向介入（不是反势），就是左侧交易；在市场已经企稳并反向的时候，你顺向介入（主观上你是认为方向与趋势一致的），就是右侧交易。

这里说深一点：如果你从我们“势、位、态”理论的角度出发去理解左侧交易和右侧交易的区别，则可以总结出三点：第一，左侧交易对于近期走势确认趋势不太重视，右侧交易则比较重视近期走势对趋势的确认；第二，左侧交易有可能忽视具体的进场点位是否处于关键水平附近，也就是支撑阻力附近，而右侧交易则相当较重视在关键水平附近介入，具体而言就是支撑之上一些做多，阻力之下一些做空；第三，左侧交易倾向于忽略形态对关键水平的确认，进场的胜率要低些，而右侧交易则相对较为重视形态，比如通过 K 线反转形态确认关键水平的有效性。这三点分别是从“势、位、态”三个角度来剖析的，从我们的剖析中，你应该看得出我们比较倾向于“右侧交易”，这也是我们遵从“势、位、态”三要素技术分析的必然结果。

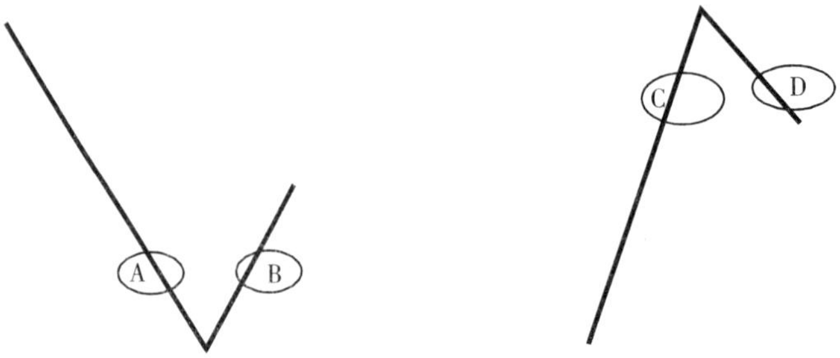

A　C　左侧交易
B　D　右侧交易

附图 6-1　传统的进场二分法：右侧交易和左侧交易

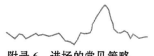

附图 6–1 呈现的传统进场二分法，**也就是右侧交易和左侧交易，基本上不能完整概括整个交易进场的范畴**，更为重要的是对于实际操作的帮助可能不大，因为两种进场方法都不涉及如何控制风险的问题。但是，在全面介绍我们的进场体系之前，先对传统二分进场法给予实例呈现。请看附图 6–2，这是英镑对美元的 1 小时走势图，交易者认定趋势在 1.5050 附近会转而向下，或者认为 2009 年 4 月 15 日 21 点之后市场的趋势是向下的，则可以采取两种进场策略，第一种是当走势上并没有出现明显向下反转时进场做空，这就是左侧交易，属于激进策略；第二种是当走势上出现反转向下时再进场做空，这就是右侧交易，属于保守策略。这就是做空交易中关于左侧交易和右侧交易的大致情况。

对于重量级参与者而言，左侧变右侧是完全可能的，这就是资金体量的影响。

附图 6–2　上升趋势转为下降趋势中的左侧交易和右侧交易示范

我们再来看下做多交易中的左侧交易和右侧交易，请看附图 6–3，这也是英镑对美元的 1 小时走势图。当交易者认为趋势转而往上时，可以选择在价格走势继续向下的时候介入做多，这就是左侧交易；当交易者认为近期价格向上走势已经确认趋势向上时，这时候介入做多，这就是右侧交易。

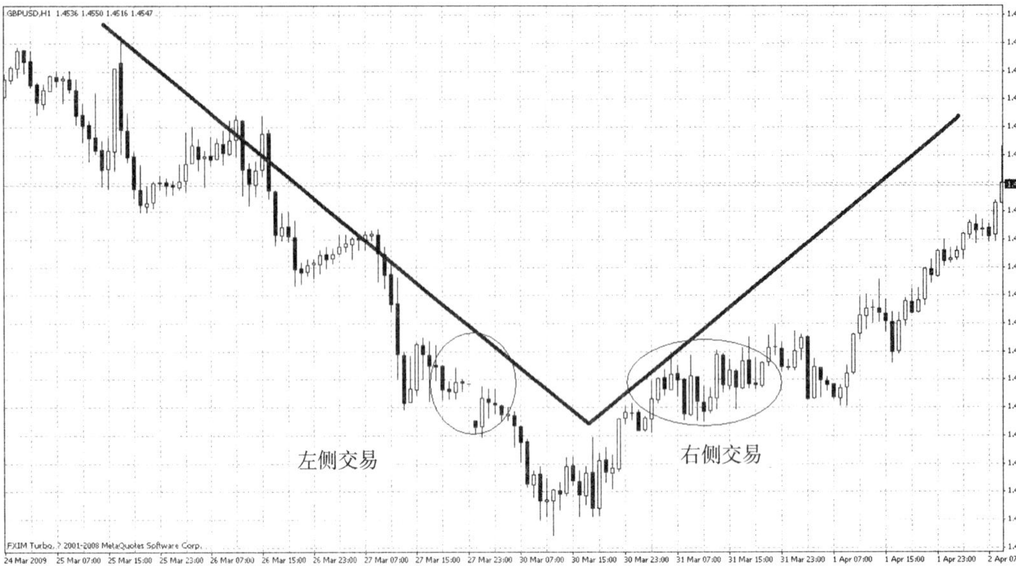

附图 6-3　下降趋势转而上升趋势中的左侧交易和右侧交易示范

下面是我们本课的主角出场的时候了，这就是我们对于进场点，准确说是进场方法的四分法（通常情况下我们采用其中的两种方法，但是绝对不会采用最后的一种方法来进场，因为它是属于“盲点”交易者采用的方法，是我们需要了解，但是不能运用的进场方法），我们命名这四种进场方法为“帝娜进场方法”。请看附图 6-4 和附图 6-5，这两个图分别呈现了所有四种进场方法。

下面我们一一介绍，先来看附图 6-4，这是上升趋势中的四种进场点的关系图。见位进场点是新手比较偏好的方法，但却是最难掌握的一种方法，上升趋势中 A 点和 E 点都是见位进场点，你还记得上面提到的“左侧交易”和“右侧交易”吗？你可以放到见位进场点中去思考。做多见位进场要求两点：第一，市场“回调”到支撑水平附近；第二，市场又重新从支撑水平附近回升一小段距离。

B 点附近的位置属于间位进场做多，也就是两条关键水平线之间的空间入场做多，这种进场点不能为交易者提供证伪策略的界限，说直白一点就是缺乏放置恰当止损的天然位置。C 点是顶位做多点，这种策略非常新颖，在外汇日内交易中得到的重视不多，但是效果却非常好，这是一项还未被大众注意的进场点，后面会详细介绍。D 点是突破进场做多点，也就是破位进场做多点，这个想必大家一定有不少直观的认识了，留待下面详细剖析。

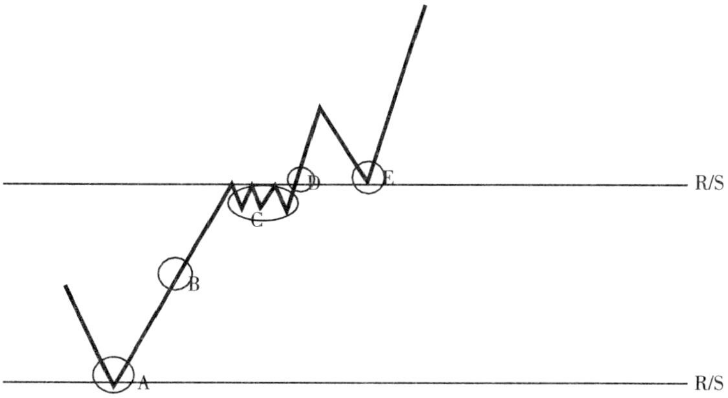

上升趋势中的四种进场位置
见位进场点 A、E　　破位进场点 D
顶位进场点 C　　间位进场点 B

附图 6-4　帝娜进场方法：上升趋势中的四种进场位置

附图 6-5 中的四种进场位置或者说方法与附图 6-4 中的基本对应，只是现在换成了做空进场。A 点和 E 点都是价格“反弹”（如何确认反弹这又是一个需要量化和个性化的任务）到关键水平附近，并且出现了回落（准确说应该是反转，但是行情没有完全展开之前，你也拿不准是反转还是回调），然后你介入，这就是做空见位进场。B 点离上下的关键水平，也就是支撑主力都很远，这种“前不着村后不挨店”的位置进场很难进行风险管理，但是却有不少人偏偏在这种位置进

李默佛的方法有时代局限性的地方，也有超越时代性的地方。照搬他的方法是行不通的，全盘否认他的方法也是不对的。

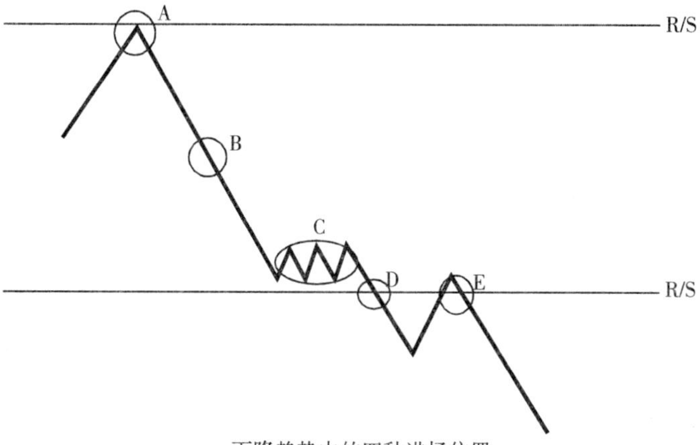

下降趋势中的四种进场位置
见位进场点 A、E　　破位进场点 D
顶位进场点 C　　间位进场点 B

附图 6-5　帝娜进场方法：下降趋势中的四种进场位置

场，因为见位和破位他们都怕。C 点是顶位进场做空点，而 D 点就是杰西·利弗摩尔毕生实践的“突破而作”点。

下面我们逐一对帝娜进场方法进行解构，并对其使用进行全面指南。第一个要解构的方法是见位交易进场。首先，我们来看上升趋势中的见位交易进场法，请看附图 6-6，严格来讲图中的两个 B 点是一样的，但是为了能够在以后借用这个框架来演绎其他进场点，比如间位进场点，我们一般采用两根关键水平线（R/S 就是阻力支撑线，但是由于支撑阻力是相互转化的，所以我们统一标注为 R/S，而不是区别标注为 R 或者是 S）。见位进场要等待汇价跌到某一支撑线，至少有企稳迹象（这是最低要求），或者是小幅回升（这是一般要求）后，交易者介入做多。

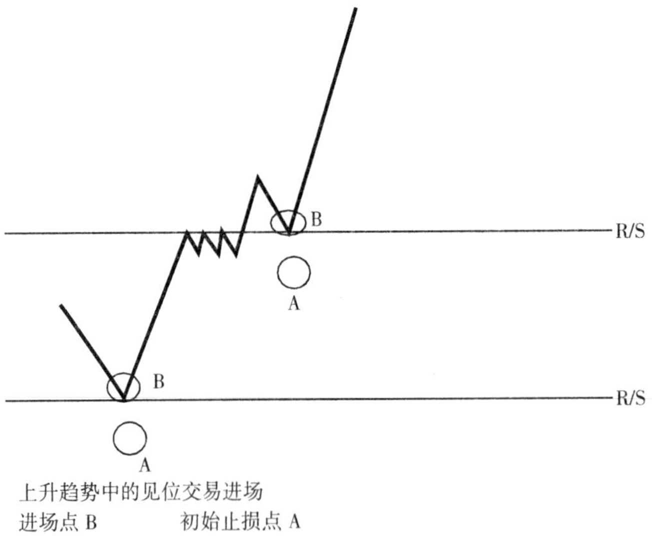

附图 6-6　上升趋势中的见位交易进场模型

纯粹的见位进场要求可能很少，它只要求价格跌到支撑线附近，然后就可以扣动扳机，这种进场策略的胜算率太低，有可能经常被市场击穿止损点。说到进场，一定要提到止损点，止损点设置是为了让自己的交易具有可验证性，也就是可证伪性，否则你无法准确知道自己当初的交易计划是否恰当和正确。见位交易进场做多的止损点放置在进场点之下的支撑水平之下，这是一个最基础最重要的观点。为什么选择在支撑线之上进场做多，原因很简单，因为支撑线为放置止损提供了很大的“便利”，便于我们管理风险。

说白了，选择怎么进场，主要是为了出场更高效。输家让出场来适应进场，赢家让进场来适应出场，立场不同，结果不同，不要站错队了。你应该学会从出场的角度来考虑进场怎么安排，这也符合博弈论的反向演绎找出最优策略的方法。

进场和出场再怎么设计巧妙都离不开一个“趋势”。但是，如何精准判断趋势，并且要获利，都需要“落地”。落地具体体现在进场和出场。

下面我们来看两个具体的见位进场的简单例子，第一个例子是英镑对欧元，时间框架是 1 小时，请看附图 6-7。从 1.4180 开始，英镑对美元就处于 N 字上升的情况，这使得聪明的交易者倾向于寻求做多的机会，当然你也可以不管这么多，“活在当下”。当价格升到 1.4700 附近小幅下跌然后又从 1.4585 附近（前期高点构成的支撑水平）“弹起”时，习惯于见位进场的交易者应该警觉到这是一个见位进场的机会，具体怎么决策和安排，还需要分析更多的内容，比如这样的交易机会是否符合你的资金调拨要求。

N 字是趋势的最基本单位，具体参见《黄金高胜算交易》的相关介绍。

附图 6-7 上升趋势中的见位交易进场示范 1

我们再来看第二个例子，这也是英镑对美元，时间框架也是 1 小时，请看附图 6-8。汇价从 1.4700 附近的双底拉升，过了双底的颈线（1.5045 附近）之后价格出现小幅回落，跌到颈线后逐步企稳，对于见位交易者而言，这是一个进场良

阻力被突破后转化为支撑，理论是这样的。

机，如果你能够结合形态来操作见位交易，则更是“锦上添花”。

附图 6-8 上升趋势中的见位交易进场示范 2

许多 A 股交易者对下降趋势中的见位进场交易不太适应，他们老是问为什么可以做空呢，而且是反弹的走势中做空？这个不在本书的解答范围之内，也不在我们所有书的解答范围之内，因为这可不是有价值的“大众盲点”，只是你的“盲点”。

从事外汇交易的人绝大部分不会对此感到不解。下降趋势中的见位做空依赖于交易者就行情当前的发展确认至少一条关键的阻力水平，然后等待汇价反弹到此阻力水平，这是见位做空最基本的条件，交易者为了提高自己进场有效性，可以增加一些额外的条件，后面我们会提到一些我们经常用到的附加条件，帮助你“拓展思路，找到出路”。见位进场做空，甚至可以为那些做回调的逆势交易者提供指南（我们不会去做逆势的回调交易，也就是做空市场趋势上涨过程中的回调），帮助他们设定恰当的止损点。

如何提问，决定了你观察事物的深度和角度。

从附图 6-9 中，你可以看到见位做空交易者的止损应该放置在阻力位置之上，这个我想至少 50%的外汇日内交易者都不会作为规则去遵守，他们做空时根本不会管太多的止损合理设置的问题，他们关心的都是“我做空之后会不会跌啊?”从来不想“如果进场之后不跌反升怎么办?”**问了错误的问题，你就会亏钱；问了正确的问题，你就会赚钱，这就是外汇市场的奇妙之处。**

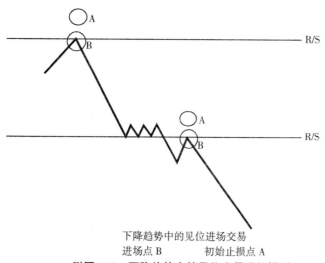

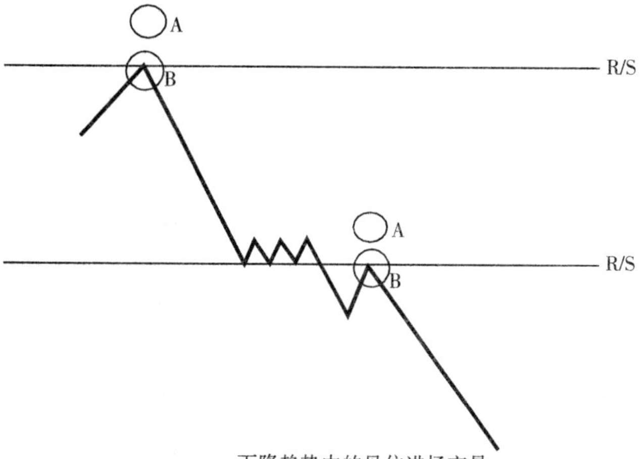

附图 6–9　下降趋势中的见位交易进场模型

如何进行见位做空交易，我们来看两个具体的例子。这两个例子都是基于下降趋势的交易策略，当然你也可以用于“逆势”交易，无论你用在什么交易策略里面，你都可以大幅度提高你本身策略的效率和可靠性，本课中的进场方法都是如此。

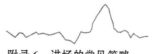

先来看第一个例子，请看附图 6–10，这是英镑对美元 1 小时图，汇价从 1.6145 附近大幅度下跌，然后在 1.5545 附近止跌回升，在 1.5880 附近形成了小双顶（行情展开之后可以发现是下降中继双顶），当左顶形成之后，我们会以此作为进场的参考线，说白了就是看价格怎么在这个顶附近运动，然后确定相应的进场思路。

价格从左顶下跌，然后回升到左顶附近，当有企稳迹象的时候，交易者就可以进场做空，并且止损放置在左顶形成的阻力水平之上合适的位置，什么是合适的位置呢?《外汇交易圣经》有提到过，我们在本课还有更全面和深入的传授，在本课后面的内容中会让你“打开”眼界，去除更多的“盲点”。

接下来，我们来看第二个见位进场做空的例子，请看附图 6–11，这是欧元对美元的 1 小时走势图。汇价从 1.5760 附近倾泻而下，在 1.5580 附近盘整，并形成局部高点 1.5615，整理一段时间之后汇价突破此高点创出新高 1.5702，之后再度下跌到 1.5515

附近，接着又是回升，到第一高点 1.5615 附近出现看跌吞没，这时候我们可以考虑见位进场做空，并且止损放置在 1.5615 之上恰当的位置。

附图 6-10　下降趋势中的见位交易进场示范 1

附图 6-11　下降趋势中的见位交易进场示范 2

见位进场的一般见解和思路，我们已经在上面作了模型加实例的讲解，下面我们则在此基础上，结合我们的操作经验进行更加精细化的技能传授。首先，我们还是从见位做多进场谈起，请看附图 6-12，这幅图详细地呈现了我们在利用见位进场法做多时所权衡的要素。

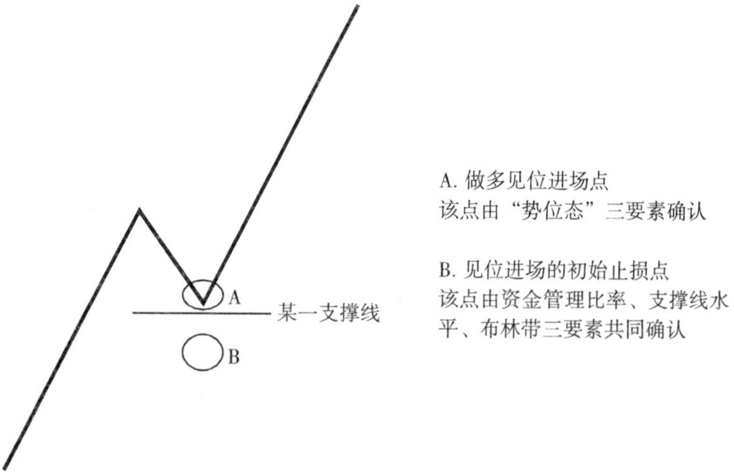

A

B
A. 做多见位进场点
该点由“势位态”三要素确认
B. 见位进场的初始止损点
该点由资金管理比率、支撑线水平、布林带三要素共同确认

图附 6-12　做多见位进场的深入剖析

等待价格跌到某一支撑线附近，这应该算得上是第二步了，**第一步我们会确认此前价格走势表明趋势是向上的，然后才会等待一个价格跌到支撑线企稳的机会。也就是说第一步，我们会寻找“势”上面的做多信号，然后是找到一个就近的潜在进场机会，这就是关乎“位”的东西，接着我们会等待价格在此潜在进场点附近出现止跌反转的信号，这就是利用“态”来确认位置的有效性，说白了也就是进场做多机会的可靠性。**

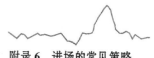

趋势预判靠驱动分析和心理分析，趋势确认靠行为分析。

从附图 6-12 中我们会发现其中的分析思维贯穿了“势、位、态”三要素，同时在进行见位进场的实际操作之前，我们还会检查在相应支撑线之下放置恰当止损的可能性，恰当地做多初始止损包括了三方面的要求：第一是必须让止损额控制在特定的资金比率之内，一般是 2%~8%，最好是能够符合凯利公式的要求，而这又要用到历史交易绩效的统计数据，通常情况下我们会进行酌情估算；第二是必须放置在支撑线下方；第三是必须考虑到过滤市场噪声的需要，通常我们会用布林带来完成此项任务，止损应该放置在布林带的外侧。当然你也可以利用其他工具来完成，比如理查德·丹尼斯就是利用所谓的N，也就是真实日均波幅值作为参数来过滤市场噪声，总而言之，过滤市场噪声的工具应该是基于统计学相关概念的。

在见位进场做多交易中，初始止损应该放置在布林带下轨的下侧。《外汇交易进阶》属于最初级的入门书籍，其中我们没有提到这些需要一定实操经验的人才能掌握的东西；《外汇交易圣经》着重介绍一些新思维、新理念和新手段，稍微提及了关于放置初始止损的方法；《黄金高胜算交易》更多侧重于贵金属交易的系统性思维和策略，具体方法是其关注的核心，对于一般性的进场止损并无太多涉及；本课可以说把进场策略透彻地讲解给了大家，也许你读后感觉不过尔尔。这跟我们小时候看《孙子兵法》一样，觉得其中的道理真的是不证自明，其实当你真正参与了实践，并且达到一定深度，你才能真正明白什么是“铁”，什么是“血”，什么是“真金”，什么是“绣花枕头”。

什么样的外汇书是一本好的外汇书（当然我们不敢说这本外汇书就是最好的一本）？我们的观点是：**当你看了不少外汇书之后，发现这本书与其他外汇书讲的完全不搭调，与其他股票书更是相去甚远，给你的观念，特别是给大家的观念造成非常大的冲击（甚至招来你的抵触），那么这本书绝对是不可多得的好书**。为什么？**原因很简单，“盲点就是利润”，大众的焦点往往是陷阱**。又扯到交易哲学上去了，我们也算尽心给读者一个交代，给读者提个醒，怎么去寻找好的交易书籍，本书算条驴，甘愿为你“骑驴找马”提供便利。

有什么别人看见，你没有看见的？有什么你看见，别人没有看见的？预期差是产生利润的源泉。

下面我们接着正题展开，做多见位进场之后，交易者往往会认为交易决策完成了，其实这仅仅是开始，也许是最不重要的一部分，但也是最为重要的一部分。说它不重要是因为从客观的交易绩效角度来讲，**最终决定整个交易绩效的都是出场点的抉择**，长期整体来看都是这样；说它重要是因为从主观情绪来讲，开局的好坏往往会让交易者要么处于主动，要么处于被动，要知道交易结果往往受到交易者心理变化的

落地略等于出场点。

直接影响，交易者可不是机器人，有血有肉，所以从这个角度来讲，进场也关乎交易最终的执行，**如果你进场位置差了，进去就处于浮动亏损，或者进去半天价格都不动，你心理上已经处于劣势了，精力上也处于疲乏状态了，说不定再下一笔交易的决策就完全被非理性的大脑接管了。**而且，小资金对于进场点的要求很高，因为资金少，所以止损要求小幅度设定，承受不了市场较大幅度的波动，自然就要求一个好的进场位置。那些白天赚大钱，晚上熬通宵，结果一晚上把钱赔出去的交易者就是因为心理上和精力上处于劣势导致的。

所以，选择好的进场点很重要，这就要从如附图 6–12 所示的两个方面，六个要素入手了：分析进场点要从“势、位、态”三要素入手，设定初始止损点要从“资金要求、支撑水平和噪声过滤”三要素入手。我们结合一些具体的例子来演绎这些要诀，请看附图 6–13。

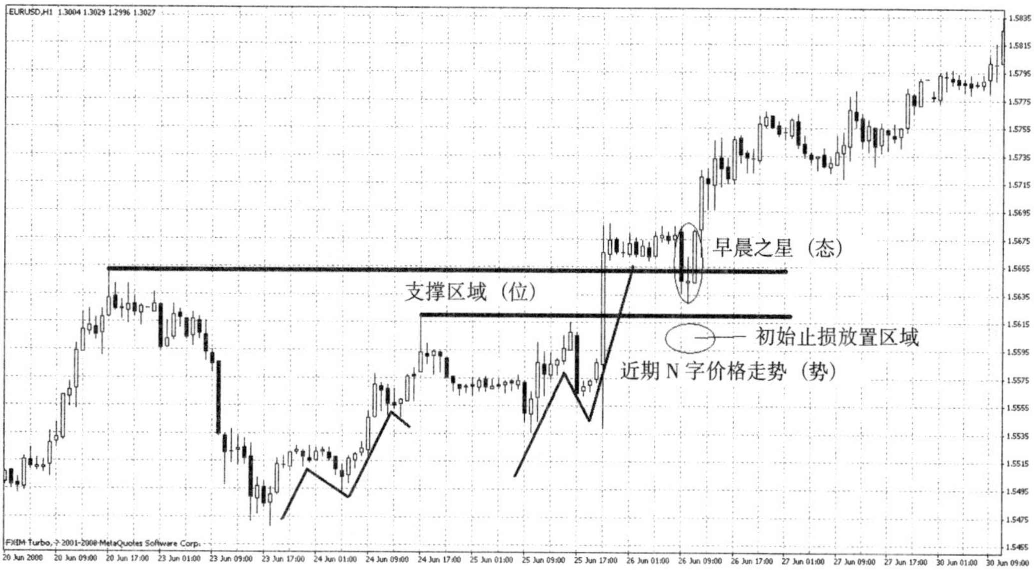

附图 6–13　做多见位进场的深入示范 1

附图 6–13 是欧元对美元的 1 小时走势图，当价格从 1.5470 附近呈现 N 字形上升的时候，我们就对趋势做出了初步的判断，就是上升！

此后，汇价升到 1.5615 附近时出现较长时间的震荡，稍微回落之后再度上扬，创出新高后价格再度进入盘整，此时趋势仍旧是向上的，我们寻找回调见位做多的机会，以图中 1.5614~1.5655 两个前期高点构筑的支撑区域作为潜在进场位置，然后等待汇价形态确认此区域支撑的有效性，不久之后汇价在此区域出现了早晨之星的局部看涨反转形态，于是我们通过此“态”确认了“位”和“势”的有效性，进一步我们可以分析止损点的设置，这就是放置在支撑区域偏下的位置，或者是支撑区域之下，如附图 6–13 所示。

我们再来看第二个例子，附图 6–14 是英镑对美元的 1 小时走势图，汇价从 2.0310 附近爬升，到达 2.0400 附近后出现了回落，**然后再度大幅拉升，形成一个标准的 N 字上升结构，按照我们其中一种趋势定义，我们将此时的趋势方向假设为向上，**并通过其他技术因素和仓位管理措施来验证这一假设。汇价升高到 2.0550 附近时出现了回落，在前期高点附近出现了看涨吞没，这无疑确认了向上的趋势和前期高点构筑的支撑有效，于是我们可以见位进场做多，并且将止损设定在相应的支撑线之下恰当的范围之内，在本课我们不会去涉及出场方法的具体问题，所以大家专注于进场方法的学习。

这里对趋势的分析是简化了的，只是从行为的角度去分析。

不久之后，汇价升到 2.0550 附近后再度下跌，在前期低点附近形成看涨吞没形态，确认了前期低点附近的支撑有效，这又是一个见位进场做多的机会，我们可以把初始止损点设定在支撑线之下。这里的见位进场涉及两个方面的问题，第一是具体进场点的确认，第二是具体初始止损点的设定。在确定具体进场点的时候，我们第一步会进行趋势分析，这里主要是通过 N 字方法，这是最简单的趋势假定方法；第二步是找到最近的潜在支撑线，这可能有好几条；第三步则是等待价格自己去确认某一条支撑线有效，然后扣动扳机入场，确认支撑线有效的方法就是 K 线形态，当然你可以利用西方技术图表形态，这就要复杂一些了。确认具体进场点的三个步骤其实就是确认**“势、位、态”三要素的三个步骤，**大家再根据附图 6–14 进行更为深入的揣摩和消化吧。

其实，不仅势要分析驱动面和心理面，其实位和态也可以结合数据公布来分析。

在前面简单介绍的基础上，下面我们对做空见位进场进行深入的剖析，目的是帮助读者在具体采用见位进场步骤的时候能够有条不紊地进行，不出纰漏。

请看附图 6–15。价格之前有一段下跌（按照我们的要求，最好是能够在此段走势进行中或者完成后确认趋势是向下的），然后出现了反弹，反弹到某一阻力线，**并出现确认此阻力有效的 K 线形态（反转看跌的 K 线形态，比如做看跌吞没或者是黄昏之星）**。

如果这个时候公布了一个经济数据，差于预期，你是不是又增加了胜算把握？

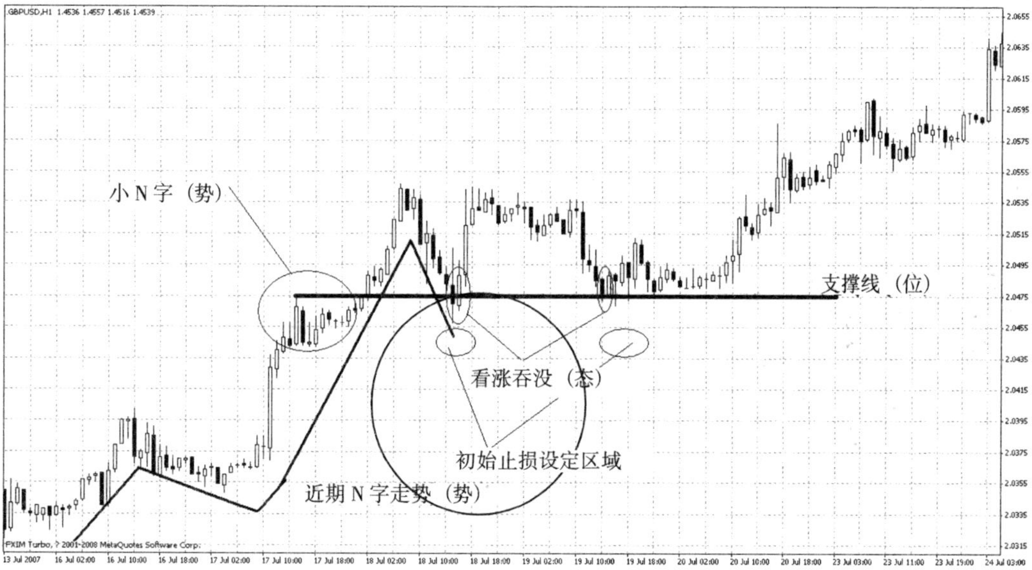

附图 6-14　做多见位进场的深入示范 2

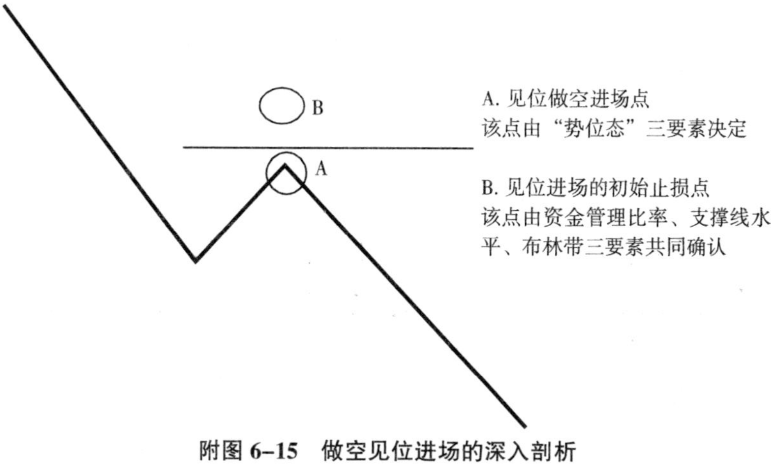

附图 6-15　做空见位进场的深入剖析

上述过程其实要求进场做空之前，必须趋势看空，价格反弹到某一阻力水平，某一 K 线形态看跌反转形态出现在此阻力水平附近。一旦这三个要素齐全，则交易者可以选择入场见位做空，当然最终的进场一定还要考虑止损点是否能够恰当被设定，如果因为超出允许的亏损比率，则再好的进场点也不能实际进行操作。初始止损点放置在阻力水平之上，阻力水平就是止损点放置在最低基准，而资金亏损比率规定了止损放置的最高标准，另外止损放置还需要考虑过滤市场噪声，我们的具体做法就是在做空交易中将止损放置在布林带上轨之上。

价格形态与及时信息结合起来观察，你会很有心得。

关于什么是看跌的K线反转形态，就一般的K线分类体系而言，就是诸如**看跌吞没、流星、吊颈、黄昏之星等形态**，按照更严格的分类则是《黄金高胜算交易》提到的“正向发散—反向发散”或者“正向发散—收敛—反向发散”等，按照我们体系要求单独的流星，吊颈形态是不太适合作为高效工具用来确认阻力存在的，因为这些是纯粹的收敛形态，只能作为提醒信号，不能作为确认交易信号。

下面我们来看两个见位进场做空的实例，请看附图 6-16，这是美元对日元的1小时走势图，汇价从 108.00 附近下跌，跌至 105.10 附近的时候出现了较长时间的横盘震荡走势，汇价两次反弹到 106.80 附近，此价位水平恰好是前期下跌一波小反弹的高点，无论汇价怎么反弹都没有创出新高，从一种

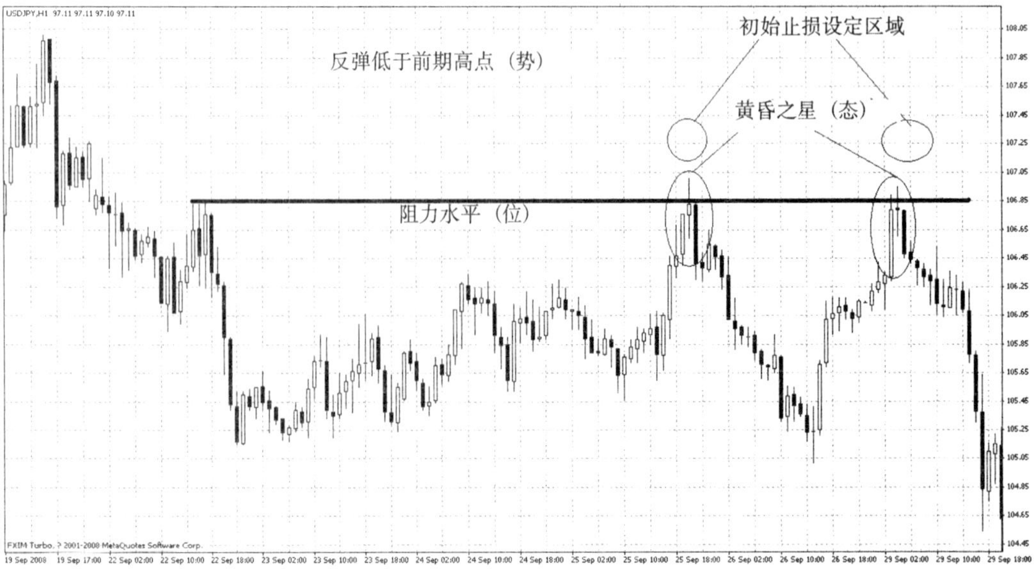

附图 6-16　做空见位进场的深入示范 1

较常用的趋势定义出发这也可以认为趋势是维持向下的，至少不是向上的。当汇价两度反弹到 106.80 附近时，都出现了黄昏之星，这就确认了此处的阻力有效，于是我们都可以见位进场做空，并将初始止损设定于此区域和布林带外轨之上（当然也要受到资金管理条例的限制）。

接着看第二个实例（见附图 6–17），这是美元对日元的 1 小时走势图，汇价从 108.20 附近一路辗转下跌，到了 106.15 附近以早晨之星形态展开反转回升走势，但是升至前期高点 107.90 附近又再度展开跳空下跌。向下跳空后不久急剧回补缺口，反弹到 106.80 附近出现了流星形态，然后汇价再度展开大跌，形成一个下降 N 字，我们以此假定趋势向下，并进而寻找做空进场的机会。

106.15 和 106.80 两个关键点位都可以作为潜在的进场位置，因为这两处价位都可以构筑关键阻力水平，于是我们可以等待汇价自己来告诉我们到底哪个位置是进场做空点。汇价从 106.80 附近展开下跌，跌至 104.60 以看涨吞没表明局部低点，然后回升，在 106.15 附近出现看跌吞没，于是确认前期黄昏之星低点构成的阻力有效，于是这个见位进场做空点被确认。然后，我们要根据阻力水平，布林带上轨水平和资金管理要求确定可能的止损范围，最后才能实际进场（其实，还需要对出场点进行预估，这样可以测算这次交易的风险报酬率，从而计算出合适的仓位）。

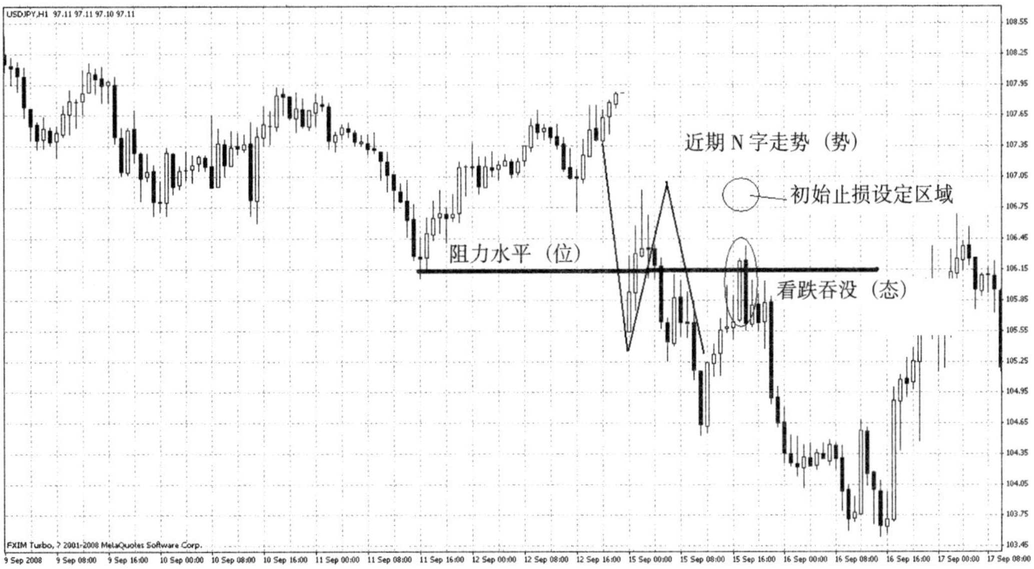

附图 6–17 做空见位进场的深入示范 2

也许你觉得见位进场显得很抽象和空洞，与实际交易的关系不大，或者你觉得见位进场太简单了，这样简单的东西也用得着长篇累牍地介绍吗？这点上你就错了，试想在你没有学完上述东西之前，你对进场点有过科学的分类和研究吗？你想过将自己用过的交易策略中的进场点类型进行过归类吗？你能够在具体的交易机会中选择合理的进场方法吗？

另外，见位进场不存在于虚空中，也不是我们理论中的一种进场方式，本书介绍过的许多知名外汇即日交易策略，以及更多本书无法囊括的外汇交易策略中都时常见到见位进场的影子。

FXovereasy 交易系统采用的就是见位进场法（见附图 6–18），这里的“位”基本是由隧道来界定的，同时通过两个指标来确认具体的“位置”有效，隧道的作用有两个：第一是确认趋势，第二是提供参照位置。所以，在这个交易系统中，你也可以看到“势、位、态”三要素的完美结合（其实，高效的分析和交易系统往往都是囊括了“势、位、态”三要素的系统）。

在附图 6–18 中，隧道向下，这时候交易者寻找做空机会，同时会选择价格处于隧道上沿，但是还未突破的时候，这就是典型的见位交易，此处是见位做空进场。那么 FXovereasy 交易系统的隧道上沿相当于阻力线，而隧道下沿相当于支撑线，这种阻力支撑线不是水平的，而是倾斜的，所以兼顾了趋势侦测和位置侦测两方面的作用。

附图 6–18　FXovereasy 交易系统与见位进场法

在《外汇交易进阶》中，我们简单介绍了斐波那契回调介入法，在《高级斐波那契交易法》中我们进一步地展开了这一理论。那么斐波那契回调介入法让你获得了什么样的“感觉”呢？有点“火中取栗”的快感，是不是？其实，这种“火中取栗”的感觉是所有见位交易者经常出现的一种感受。请看附图 6-19，这是美元对日元 5 分钟走势图，汇价先是从 98.20 的高位下跌，跌至 97.60 附近出现了双底（右底稍低，一个变异的早晨之星预测了局部低点的形成）。

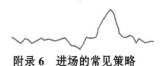

附图 6-19　斐波那契回调介入策略与见位进场法

汇价一路上扬到 98.10 附近，然后展开回调。前面的小双底就是价格不创新低的意思，一般可以假定为趋势向上，于是在 98.10 附近的回撤，我们也可以伺机寻找进场见位做多的机会。何时入场呢？这里面有技能的成分，也有预期的成分，我们可以对上涨波段进行**斐波那契分割**，获得斐波那契回调点位谱（对于波幅较小的日内走势，我们采用不超过 3 条的点位，除了 0 线和 1 线之外），汇价跌到 0.5 附近出现了“正向发散—收敛—反向发散”的早晨之星，于是我们确认该水平支撑有效，可以见位进场做多。当然此前 0.382 回调点位也

表象是多，本质是一。当你沉迷于表象的时候会感到迷茫，无所适从。当你专心于本质的时候则会感到踏实和安心。但是，不可割裂现象与本质，否则就落入了形而上学的境地。将价格表象与驱动本质结合起来观察和思考，这就是交易的辩证法。

发挥了支撑作用，但是由于缺乏经典的反转 K 线形态确认，所以一般不介入（如果你发现该水平出现的 K 线形态经常是局部低点，则你可以将此形态看作是确认形态，用于确认支撑有效，交易是灵活的，“因地制宜”才最重要）。

期货交易大师茨威格喜欢三种介入点：第一是前期高点做空、前期低点做多（这其实就是见位进场法）；第二是底部箱体上边沿出现旗形可以进场做多（这其实是顶位进场法，后面会详述）；第三是前期高点突破回落的多头陷阱出现之后进场做空，前期低点跌破回升的空头陷阱出现之后进场做空（这其实就是破位进场的一种特例，突破之后再反过来突破，针对第二个突破进场）。我们这里介绍茨威格的第一种进场法，这就是前期高点做空、前期低点做多。请看附图 6-20，这是美元对日元 5 分钟走势图，汇价在 97.80 附近形成了一个显著低点（以变异的早晨之星形成了这个低点），然后汇价再度跌至这一显著低点的时候，我们就可以寻找进场做多的机会了，这就是典型的见位进场交易法。根据我们的经验强调两点：第一，在显著低点而不是任意低点择机进场做多；第二，需要利用蜡烛线或者其他工具来验证此前期低点形成的支撑有效，在本例中我们是利用蜡烛线形态来验证其有效性，具体而言是变异的早晨之星（“态”）确认了前期显著低点支撑（“位”）的有效性。

附图 6-20　前期低点买入法与见位进场法

见位进场的历史比破位进场的历史要短，主要是两个原因导致的：第一，股票市场和期货市场是最早的交易市场，这两个市场的交易一般在日间水平上进行，所以区间走势较少，自然破位进场就比较适合跟随趋势的要求，而见位交易主要出现于日内交易中，避免了突破而作遭遇频繁假突破的尴尬局面，这类新兴的日内交易市场，比如外汇保证金市场，一般都处于区间市场较多的状况下；第二，破位交易是最容易理解的进场方式，除了心理上不容易接受外，其技术要件传授和掌握起来都相对容易，所以属于简单的进场方式，而见位交易的技术要件复杂得多，虽然交易者心理上容易接受，但是掌握起来很费精力和时间，同时容易因为交易者的天性而走偏，走入误区，变成"逆势进场法"，而且随着突破而作策略的广泛传播，这种策略的有效性已经不如杰西·利弗摩尔采纳的那段时期，假突破太多了，以致一次真突破赚的钱还不够假突破亏的钱。

我们之所以把见位进场放在进场法介绍的第一顺序位，主要是为了适应交易者"抓顶兜底"的天性，只不过我们主要是让交易者学会通过"抓小顶兜小底"去捕捉趋势的中间段。**采用见位进场法**的交易策略在最近十来年获得了飞速的发展，这是因为传统破位进场的策略开始受到公众的质疑和挑战。不过，不管怎样，市场只要受强大驱动因素的影响向某一方向运动就必须以 N 字的方式前进，这使得突破而作具有符合市场根本结构、永不过时的特性，只是具体的实现形式多了不少噪声，让传统突破而作的交易者信心受挫。

结合数据公布来筛选见位进场点是非常有效的。

下面我们介绍第二种进场方法或者说进场点，这就是破位进场，请看附图 6-21，这是上升趋势中的破位进场模型。当价格突破前期成交密集区或者是前期高点构成的阻力水平时，我们进场做多，这就是破位进场做多法，B 点就是进场破位做多的大致位置，而 A 点位于阻力线（突破之后一般当作是支撑线）之下，是进场做多放置初始止损的大致位置。这里需要明白的一点是所谓汇价突破的阻力线，有可能是很多因素构成的阻力线：前期高点、前期成交密集区、斐波那契关键点位、前期低点等都有可能。你知道如何找阻力线，就知道如何确定破位的一般标准。附图 6-21 是一般破位进场

通过增加技术要求来过滤突破，不如叠加驱动面和心理面要求来过滤突破。

的模型，我们采用的破位进场标准更复杂一些，**为的是过滤一些日益增加的假突破**，你也可以根据自己的交易实践来增加一些独特而有效的过滤标准。

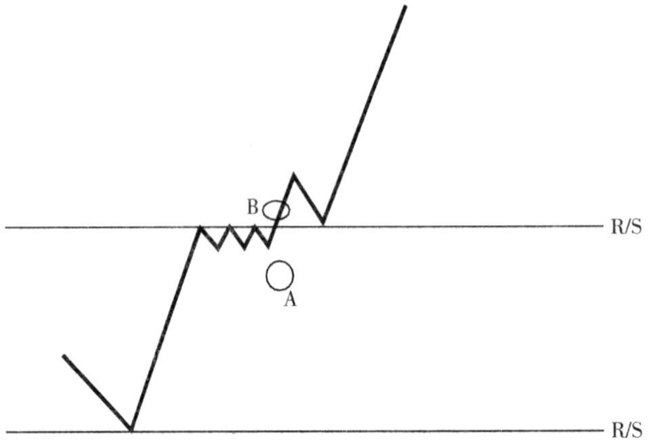

上升趋势中的破位交易进场
进场点 B　　初始止损点 A

附图 6-21　上升趋势中的破位交易进场模型

下面，我们来看两个破位进场做多的简单例子，先来看第一个例子，请看附图 6-22，这是美元对瑞郎的 1 小时走势图。汇价从 1.1300 上升，呈现标准的 N 字上扬，汇价在升至 1.1500 附近后回落整固，形成小双底，1.1500 附近构筑了一个阻力水平，当价格此后突破此水平时，传统意义上的破位

附图 6-22　上升趋势中的破位交易进场示范 1

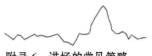

进场点就形成了。

我们再来看第二个破位进场做多的例子，请看图附 6-23，这也是美元对瑞郎 1 小时走势。汇价从 1.1010 附近开始上涨，之后以 N 字形式前进，趋势明显，升至 1.1220 附近时出现了回调，跌至 1.1120 附近再度拉升，并且突破 1.1220，突破之后合理的范围之内就是破位进场做多点。

附图 6-23　上升趋势中的破位交易进场示范 2

接下来我们将对下降趋势中的破位进场进行介绍，请看附图 6-24，这是下降趋势中的破位交易进场模型。在破位之前价格处于下跌走势，然后来到一支撑水平处，价格最终以跌破此支撑水平线收场，破位交易者就在跌破支撑线的合理范围之内进场做空，大概就是图中的 B 点附近。如何设定初始止损呢？一般也就是在跌破的支撑线之上设定初始止损，大概就是模型图中的 A 点。这里需要明白的一点是，支撑线并不一定是前期低点构成的，支撑线的定义也不限于本书提供的范畴，你完全可以根据自己的定义来确定支撑线，只需要接受市场检验即可，这就是说**"交易市场没老师，只有赢家和输家"，我们也只能与你分享，很难代替你的成长和自我教育。**

复盘是自我成长和自我教育的关键。

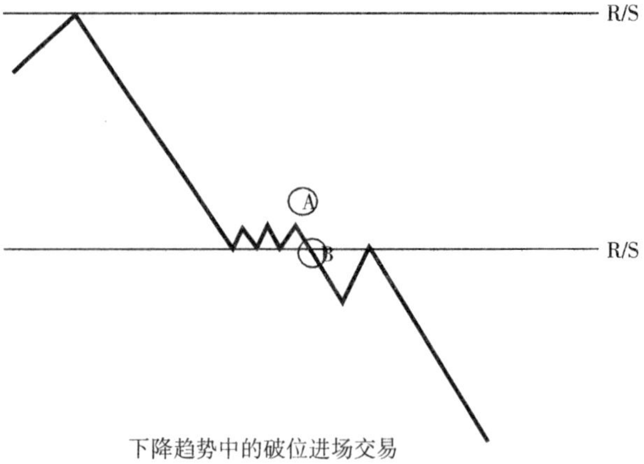

附图 6-24　下降趋势中的破位交易进场模型

下面我们就来看两个下降趋势中破位进场做空的实例，请先看第一个例子，这是美元对日元 1 小时交易的例子，如附图 6-25 所示。汇价从 107.50 附近的横盘区域下跌，到了 105.65 附近止跌回升，反弹不过前高，再度下跌，跌破前期低点 105.65 构成的支撑水平，破位进场做空机会来临，大概在 105.40~105.65 区域内，初始止损则设定在 105.65 之上恰当的位置。其实，破位进场不用从之前的走势中得出关于趋势的假定，毕竟破位本身就是 N 字形成，也就是所破位进场研判中本身就包含了对趋势的假定，这就是 N 字。在本例中价格跌破此前的低点，创出新低，这就构成了一个 N 字，破位时 K 线为大阴线，这也是一个比较好的确认信息。

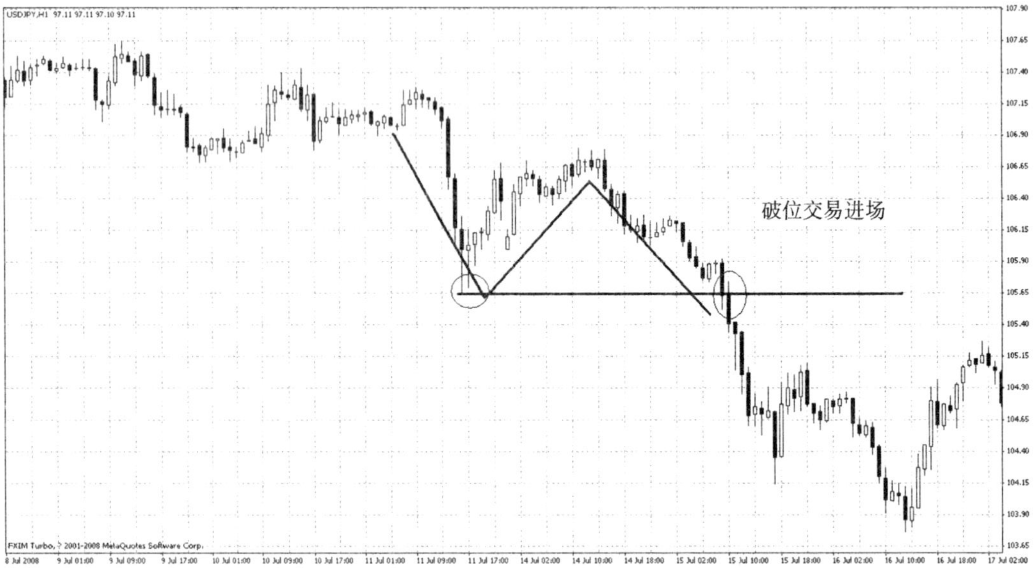

附图 6-25　下降趋势中的见位交易进场示范 1

我们再来看第二个实例，请看附图 6–26，这也是美元对日元 1 小时破位做空交易的例子。汇价跌破横盘区的底边之后一直下跌到 106.65 附近，汇价展开小幅反弹，高度仅仅达到 107.05 附近，然后再度下跌，并以大阴线跌破前期低点构筑的支撑线，这就是“态”（大阴线）对于破“位”（前期低点构成的支撑线）的确认。破位进场做空之后，交易者应该将初始止损放置在 106.65 之上恰当的空间。

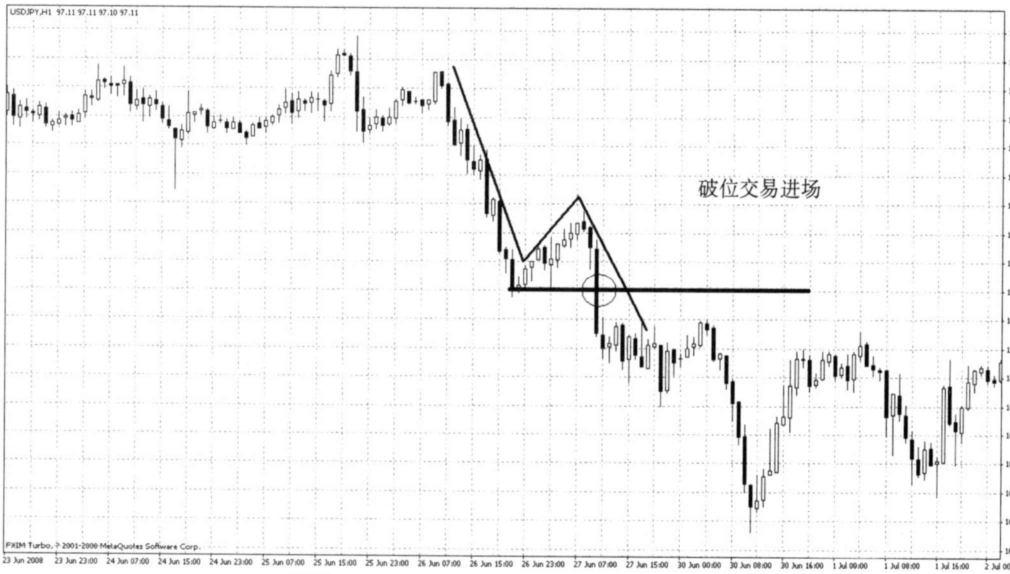

附图 6–26　下降趋势中的破位交易进场示范 2

在前面一般破位进场法的基础上，我们再进一步介绍我们所采用的破位进场法。毕竟，大众所采用的一般破位进场法，还是基于传统模式的方法，基本上都是来自 20 世纪 60 年代出版的某些经典西方技术分析著作，这些著作奠定了破位进场法的业界地位，同时也是前面介绍的一般破位进场的原型。

随着金融市场的发展，特别是近 40 年来外汇市场的出现，传承自较早时代的破位进场思想已经让交易者有“削足适履”之嫌。**传统破位进场的附加条件基本是为了提高股票破位交易的效率，比如成交量适度放大才接受破位信号，突破 N%才接受破位信号，突破 3 日才接受破位信号等，在外汇**

矛盾的特殊性决定了解决矛盾方法的特殊性。

市场中很多这样的附加条件都是不适用的，所以我们这里做进一步介绍的目的是让破位进场方法更适合现代短线，特别是外汇日内交易的需要。请看附图 6-27，该图深入剖析了破位进场做多的细节层面，特别是通过在基础破位进场法上附件条件来提高破位进场的效率。

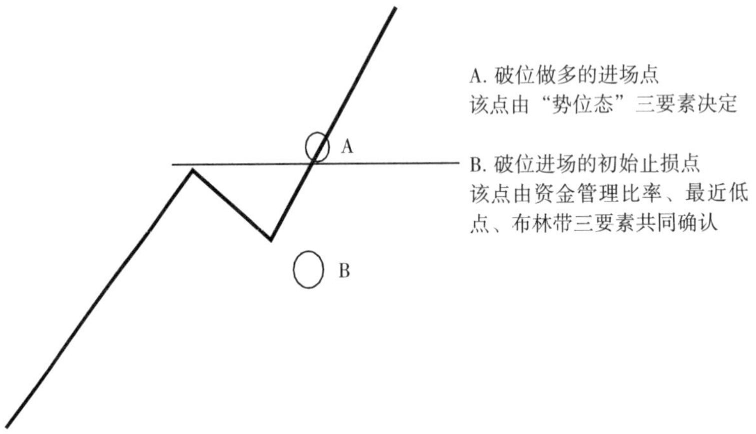
A
B
A. 破位做多的进场点
该点由“势位态”三要素决定
B. 破位进场的初始止损点
该点由资金管理比率、最近低点、布林带三要素共同确认

附图 6-27 做多破位进场的深入剖析

做多破位进场之前价格处于调整中，这种调整可以是横向的，但是大多是纵向的，而且调整之前价格一般也处于上升趋势之中，但这并不是必要条件，因为当价格向上突破创出新高本身就能确认趋势向上，所以破位进场本身就可以确定趋势，而不像见位进场需要之前的走势来确定趋势。

做出假定最好有驱动面和心理面的证据。

向上破位之前的走势如果能够提前确认向上的趋势，则对于趋势的确认更有效率，如果破位之前市场走势不定，甚至是向下的，也无所谓，因为一旦向上突破（特别是显著的阻力水平，且有一些其他确认突破有效的信号，比如特别的蜡烛形态则更好）就表明趋势向上的可能性较大，**在交易中则可以假定趋势向上，并以此制定令交易可证伪的止损点。**当价格向上突破阻力线时，“位”就是该阻力线标注的价位水平，而价格在突破时的形态就是“态”，我们倾向于实体较大的 K 线位于突破界面上，在向上突破的情况中，应该是中阳线和大阳线最好。

下面，我们来看两个具体的实例，第一个例子是美元对瑞郎的 1 小时破位做多交易，请看附图 6-28，汇价从 1.0000 附近大幅上升（像这种大级别的整数关口往往是反转交易者最为关注的地方），以 N 字筑底。这里需要注意的是这个 N 字底本身就是一个破位做多的交易对象，你可以把这个 N 字底看成是变形的 W 底，对前期高点或者说 W 底颈线突破是传统意义上的交易规则，这里需要注意的突破是以长阳线完成的，这就是说“态”确认了破“位”的有效性。当然你还可以在此基础上附加其他确认条件，而这些需要你自己具备至少一年以上的交易经验才能做到，否则你附加的条件往往是不恰当的，顾此失彼的问题严重。

在小时图上很多币种的反转都是以 N 字筑底开始的，筑顶则往往是横跨三日的横盘，这些可以从我们英镑交易员小何的《外汇狙击手》一书中了解到。

在本例中，你在进场做多之后的初始止损点应该设定在阻力水平（颈线）之下恰当的范围，我们一般要求在布林带下轨之下，2%亏损比率以内。这个破位进场交易中，我们仍旧秉持了一贯的“势、位、态”三要素分析思维，这是我们行为分析的主题思路。当然每个交易员也有自己的独立见解和独特方法，只是“势、位、态”浓缩了几乎所有技术分析的精髓。何不“拿来主义”？**“势、位、态”哲学用在人生规划上也是非常高效的，你首先要确定社会和行业……**

陈胜、吴广和项羽，刘邦都看对了趋势，但是在位和态的选择上却存在天壤之别。

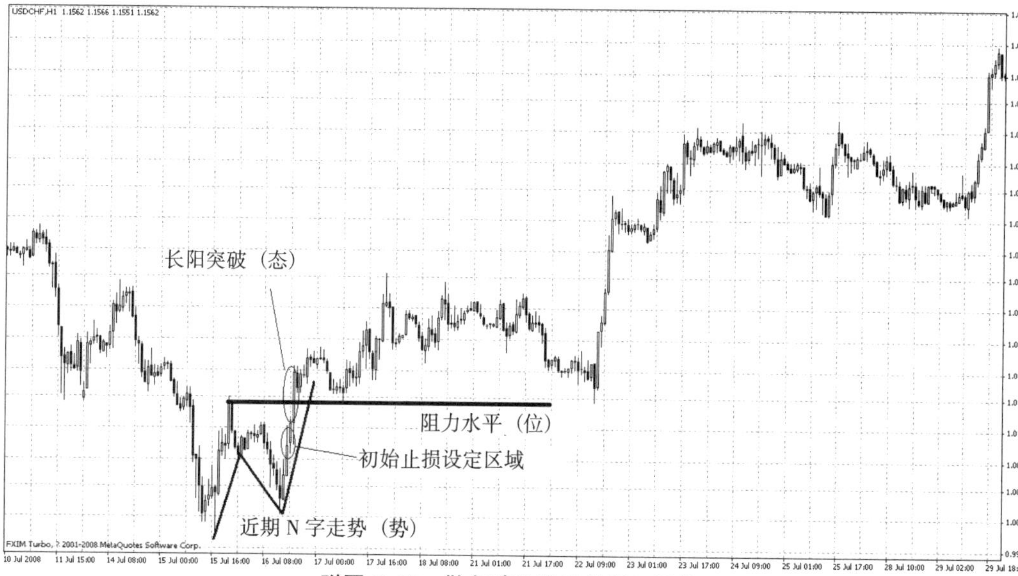

附图 6-28　做多破位进场的深入示范 1

下面我们再来看破位进场做多深入示范的第二个实例，这是美元对日元1小时交易实例，请看附图6–29。汇价从92.40附近开始拉升，不久便回调，然后再大幅拉升，其走势有点像艾略特波浪的5浪结构，只是5浪真的是太长了（1浪、2浪、3浪、4浪但就形态而言都很符合，5浪就不像了，这是题外话，真正的艾略特波浪交易需要极其严格的前提条件，所以不太适应日内交易高周转率的需要）。

上升走势开始阶段就是一个N字底，然后再度拉升（仿佛飙升的第3浪），接着进入调整（仿佛是第4浪），这个调整也像是空中双底，此后汇价以长阳（“态”）向上突破了前期高点（“位”），破位做多的基本条件（“势、位、态”三要素）都具备了，勘察好初始止损设定位置，我们就可以进场做多了。

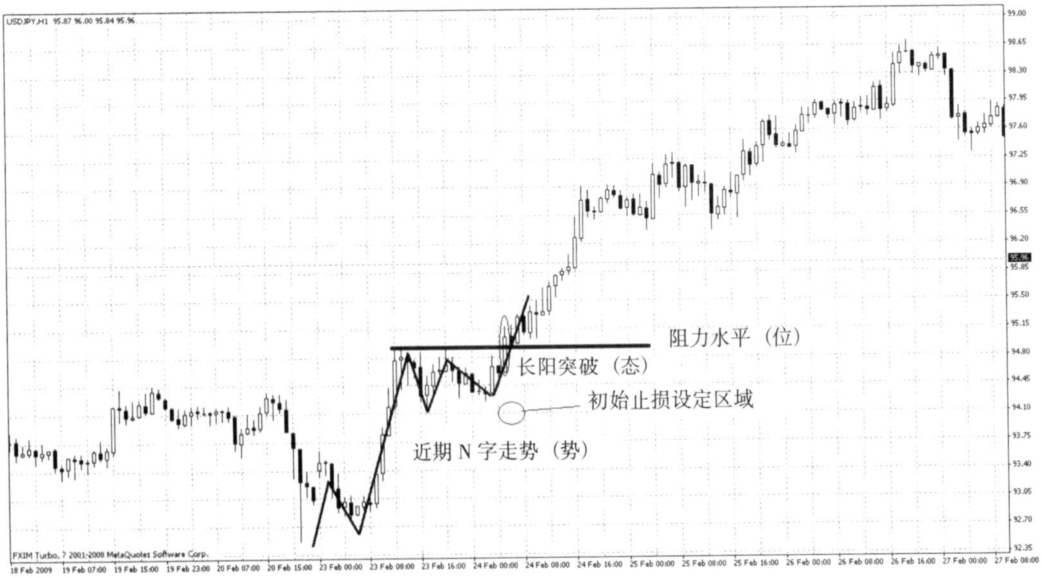

附图6–29 做多破位进场的深入示范2

第一次利空出现或者最后一次利多兑现会导致趋势向下格局。

那么，我们破位进场做空又是如何具体操作的呢？请看附图6–30的做空破位进场深入剖析图。破位进场的时候也要求三点：第一，趋势向下；第二，支撑线被跌破；第三，以持续下跌K线形态跌破支撑线。这里的持续下跌K线可以简单地理解为中阴线或者是大阴线。进场做空之后，初始止损设定在支撑线（此时转化为阻力线）和布林带上轨之上，同时符合资金管理要求。

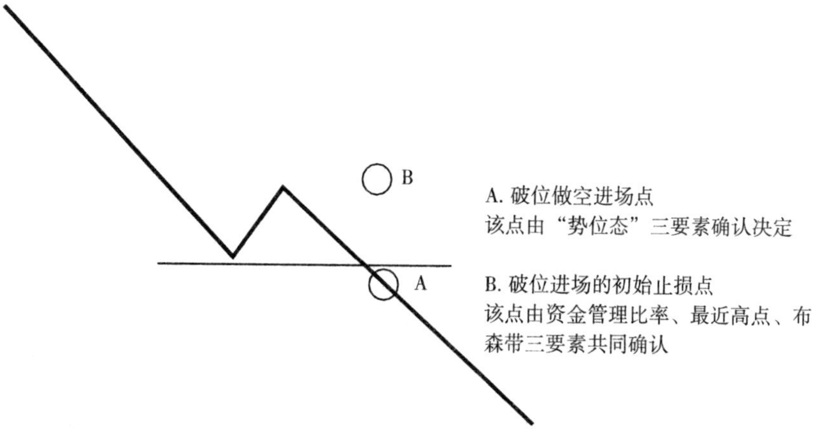
B
A
A. 破位做空进场点
该点由“势位态”三要素确认决定
B. 破位进场的初始止损点
该点由资金管理比率、最近高点、布森带三要素共同确认

附图 6–30　做空破位进场的深入剖析

下面我们来看利用我们破位进场策略的实例，第一个实例是美元对日元 1 小时交易实例，请看附图 6–31。汇价在 100.75 构筑了一个变异的双顶之后开始下跌，跌到 99.85 之后出现“反弹”（事后定义），反弹不过前高（根据传统的趋势看法，这就是趋势向下的标志之一），于是我们寻找进场做空的机会；此后价格以中阴线跌破 99.85 附近的支撑线，“态”确认了破“位”有效，于是我们可以进一步考虑能否恰当设定止损，最后再迅速入场做空并设定止损。

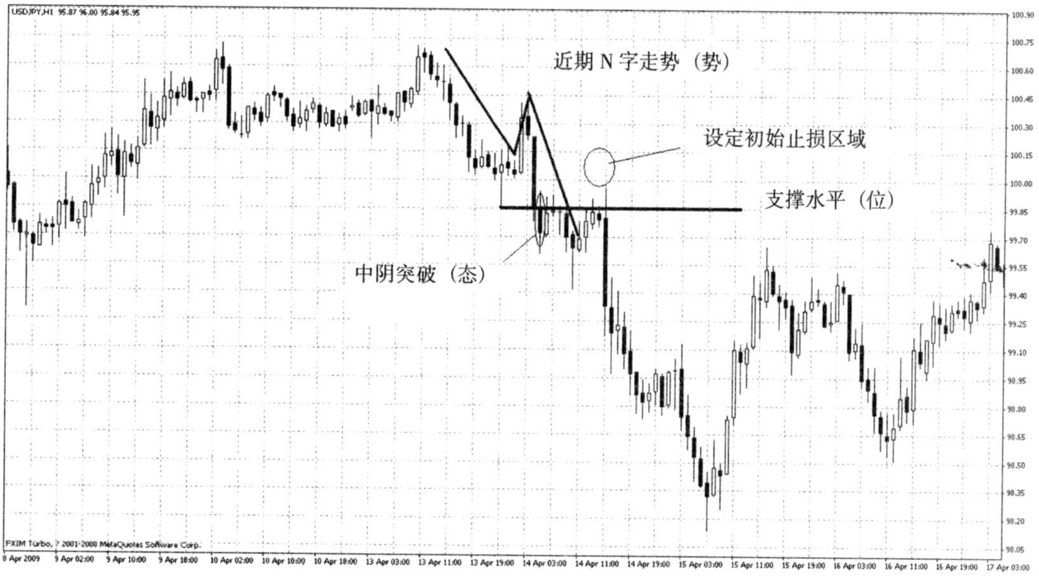
近期 N 字走势（势）
设定初始止损区域
支撑水平（位）
中阴突破（态）

附图 6–31　做空破位进场的深入示范 1

下面我们再来看第二个例子，这也是美元对日元的 1 小时破位做空交易，如附图 6-32 所示。汇价从 99.15 下跌，这个价位附近形成了不显著的小双底，然后汇价跌至 97.90，回升但是没有创出新高，继续下跌，形成 N 字，以长阴线下破前期支撑水平，“态”确认破向下破“位”有效。止损怎么设置呢？还是照我们的老规矩去操作，三个要素：关键水平外侧、布林带外侧、资金管理比率之内。

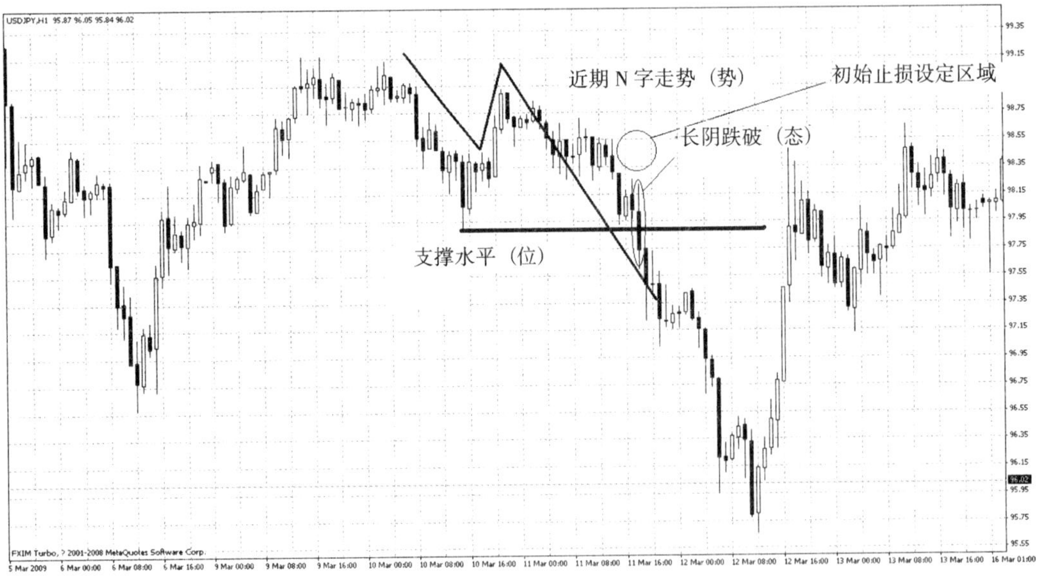

附图 6-32　做空破位进场的深入示范 2

破位进场很老，几乎在投机作为一门营生出现的时候就存在了。杰西·利弗摩尔和罗伯特·江恩都非常重视破位进场。大家可以去查查江恩的手稿，最有实战意义的部分就是所谓的十二条买卖法则，其中大部分涉及破位进场和趋势确认方面的问题。

江恩将天文历法运用于金融市场，这是一个有研究意义的领域，但是仍旧不能脱离驱动面，否则就落入了空谈玄学的境地。

杰西·利弗摩尔是投机史上值得大书特书的人，而理查德·丹尼斯则是第二人，至于江恩，现有的材料看来他算得上是很好的理论家和营销家，真实交易方法还很欠缺，**但是他的确是从统计角度研究市场的第一人**。破位进场在这三个投机巨擘那里都得到了最高规格的重视，下面我们谈到的一些破位进场策略就与他们密切相关，要知道破位进场与投机的年纪一样大。“家有一老，如有一宝”，你应该好好“侍奉”这一“老人”。

分形是混沌数学上的一个概念，比尔·威廉姆以价格走势中的波段端点来定义市场中的分形，并发明了大名鼎鼎的分形指标（Fractual），这个指标在很多国外交易软件上都能找到，比如 metastock 和 metatrader 等。其实比尔·威廉姆的分形与杰西·利弗摩尔的 Pivot 点基本一致，就是波段高点和低点，只不过杰西·利弗摩尔的定义没有比尔·威廉姆那样明确。无论是杰西·利弗摩尔的“试探—金字塔加仓”操作法，还是比尔·威廉姆的混沌操作法都基于分形或者说 Pivot 点被突破，**“突破而作”是他们典型的进场方法，**请看附图 6-33。

突破而做成不成功的关键在于有没有趋势。有没有趋势的关键在于驱动面。

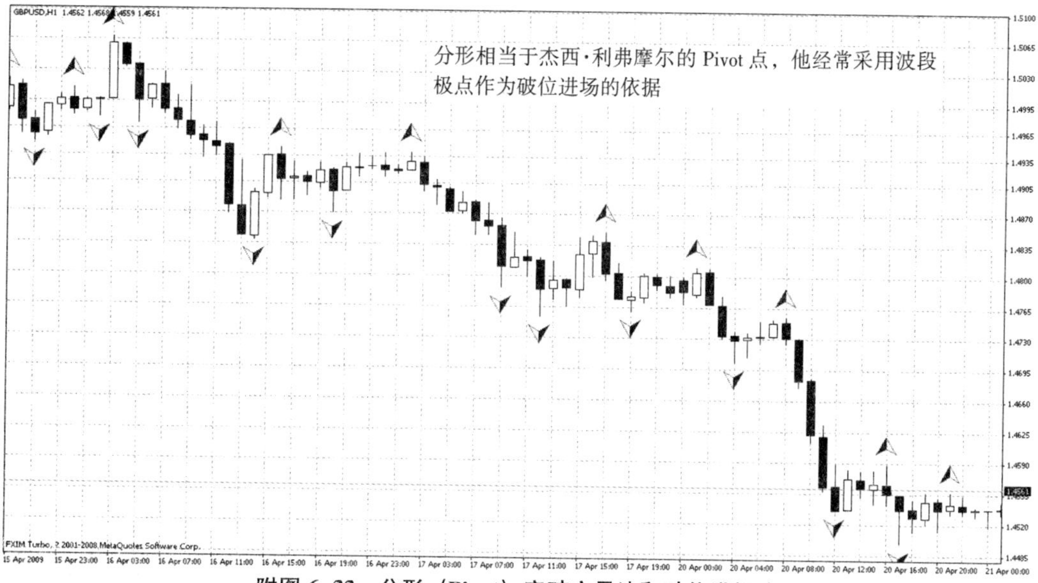

分形相当于杰西·利弗摩尔的 Pivot 点，他经常采用波段极点作为破位进场的依据

附图 6-33　分形（Pivot）突破交易法和破位进场法

突破交易法无处不在，从最古老的 Pivot 突破法到现代的混沌操作法都利用了突破进场技术。在外汇市场上备受关注的汉斯时区波幅交易法采用的也是突破交易法，只不过这一策略基于的阻力/支撑水平来源于特定时间内走势的高点和低点（见附图 6-34）。突破进场是汉斯交易方法的关键构建，其出场方法则是前位出场法。

附图 6-34　汉斯时区波幅突破交易法和破位进场法

汉斯交易法也是本书强烈建议读者实践和完善的方法，在本书前面课程和附录都有较大篇幅的涉及。毕竟这是一个不可多得的“系统样本”，对其的研究从指标到智能交易程序，从理论框架到绩效检验都有全面翔实的材料作为支持。这就好比编电脑操作系统的软件人员可以参考现成的 Linux 源码一样，你要想做出自己的好交易系统，也需要汉斯时区突破交易法这样好的“源码”。

顶位进场法你很少看到，但是不少成功的“少数派”交易者都在默默使用这种进场策略，比如茨威格和华鼎·格里夫。他们认为除了见位和破位进场方法之外，还存在顶位这种极好的进场方法。这个方法需要形态上的确认，而不单单是价格突破或者靠近某一关键水平。

请看上升趋势中的顶位进场法的模型，见附图 6-35。价格从低位上升，然后触及一条阻力线，价格并没有立即下跌，而是紧贴着此阻力线运行，这就是关键的地方了，说明阻力线并不是真的阻力，而是引力，表明市场力量“蓄势待发”。这里顺便告诉大家一个小诀窍：真正的阻力和支撑，一旦价格触及之后很快就会离开，如果沾着不放，往往都要突破，不信你去看主要货币的日内走势。正是这种“紧贴”走势给予了我们一种新的进场机会，这就是“顶位进场点”。茨威格估计是最先发现这种进场点的交易界人士，但是他没有明确定义它，而仅仅是当作期货投机中少数几种可靠的进场机会。

请看附图 6-35，汇价升到阻力线附近后开始紧贴横盘，上下幅度很小，也就是 B 圈内的走势，在 B 圈内你可以择机进场做多，并将初始止损放置在盘整区下方一定距

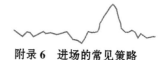

离之下，大致是模型中的 A 点。

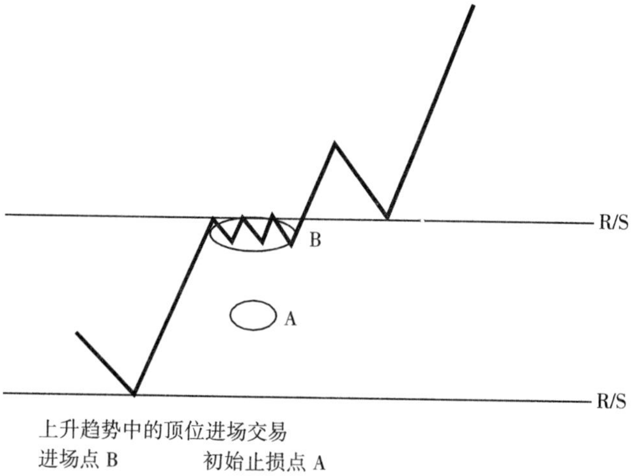

附图 6–35　上升趋势中的顶位交易进场模型

下面我们来看两个具体的顶位进场做多的实例，请看附图 6–36，这是黄金 1 小时走势图。金价从 864.0 附近上升，升至 894.8 附近后调整，止跌于 879.0 附近，然后再度上升，紧贴前期高点构筑的阻力线运行。当有连续三四根水平排列的 K 线出现之后，交易者就可以顶位进场做多了，并在恰当位置放置初始止损（**以后一般需要移动止损，以便恰当控制风险和报酬之间的比率**，关天豪的《5 分钟动量交易系统》就采用了仓位减少和移动止损来动态改变风险报酬率）。

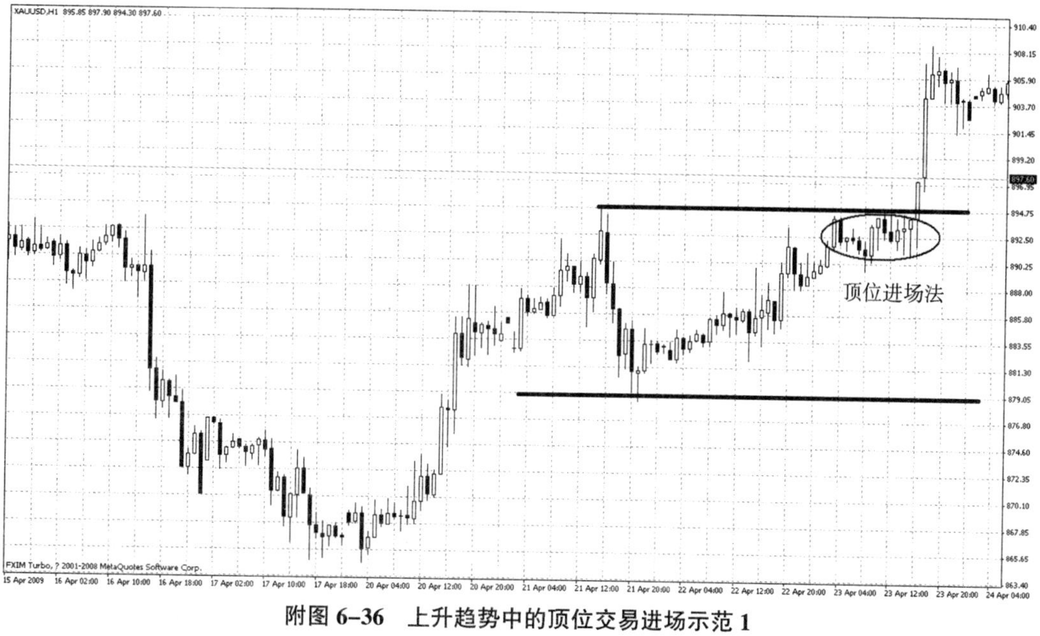

附图 6–36　上升趋势中的顶位交易进场示范 1

第二个上升趋势中的顶位进场法实例是美元对日元的 1 小时走势图，请看附图 6-37。汇价开始的时候一直在 88.60 到 89.95 之间呈现茨威格所谓的“低位盘整运动”，震荡一段时间之后，汇价开始上扬到箱体上边缘，并“紧贴”箱体上边缘运动，这就是典型的顶位进场做多的机会，止损点可以放在紧贴运动部分的下方恰当位置，具体的放置点还需要考虑资金管理比率和噪声过滤要求。本例中介绍的这种情况是经典的茨威格进场情景。

附图 6-37　上升趋势中的顶位交易进场示范 2

这个时候市场往往在等待某一重要数据的公布。

做多交易的顶位进场着重于寻找市场紧贴阻力线的行为，因为紧贴阻力线往往表明阻力线其实已经不是阻力线了，变成了引力线，**也可以看作是市场蓄势待发，准备突破此阻力线。**而做多交易的顶位进场则着重于寻找市场“紧压”支撑线的行为，因为紧压支撑线往往表明支撑线已经不是支撑线了，化为了引力线。

密集的成交表明市场交易双方在此附近获得暂时的一致性，也可以看成是市场主力蓄势待发准备跌破此支撑线，如附图 6-38 所示。汇价从高位下跌，跌至某一支撑线时开始横向运动，价格运动出现停滞，“紧贴”支撑线的价格行为出现恰好就是顶位进场做空的机会，做空点在 B 处价格窄幅运动的末端，初始止损点放置在 A 区域附近（应当注意的是“初始”止损放置在 A 区域，随着价格的变化，交易者面临风险报酬结构也在变化，自然也应当相应变化其仓位）。

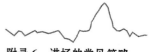

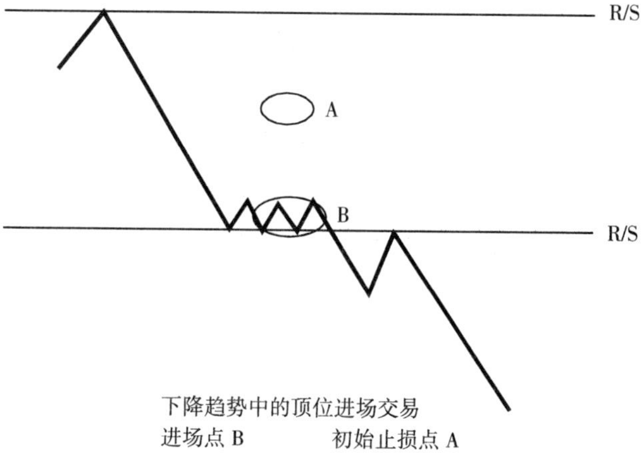

附图 6-38　下降趋势中的顶位交易进场模型

下面我们来看两个具体的顶位进场做空的实例，第一个实例是英镑对美元的 15 分钟做空交易，请看附图 6-39。汇价从 2.0025 附近构建顶部后逐步下跌（顶部好似双顶，又更像是头部直角三角形，这个大家可以对照传统的西方技术分析教科书去判断，

附图 6-39　下降趋势中的顶位交易进场示范 1

这里只是随便提一下，比如约翰·墨菲和爱德华等写的技术分析教科书）。汇价跌到前期众多低点形成的支撑线附近时不是像此前一样立即弹起，而是压着此支撑线“横着走”，这就是典型的顶位进场做空点。初始止损的设定比见位进场和破位进场要复杂些，毕竟此时的“位”（支撑线）不能为交易者提供“天然的屏障”，**交易者需要另找关键位置来设定初始止损**，同时考虑布林带上轨位置和资金管理要求。

顺势是提高止损效率的关键。如果不注重顺势，则止损触发概率会很高，这样就相当于慢性自杀。

第二个顶位进场做空的例子涉及美元对加元 1 小时走势，如附图 6-40 所示。汇价从 1.3000 附近的整数关口暴挫，到 1.2450 的位置企稳，然后汇价回升，1.2450 成为一个可供参照的支撑位置（要注意的是虽然价格下跌到这个位置时出现了横向运动，但是由于此前并没有合理的支撑线位于此水平，所以这并不是顶位进场做空的机会），此后汇价又跌到此支撑点附近，然后迅速弹起，最后当汇价压着（最明显的还有一根类似流星的 K 线压着支撑线）此支撑线时，顶位进场做空的机会就来临了。本例中的初始止损应该放置在什么地方呢？仁者见仁，智者见智！这就是交易个性化的一面。

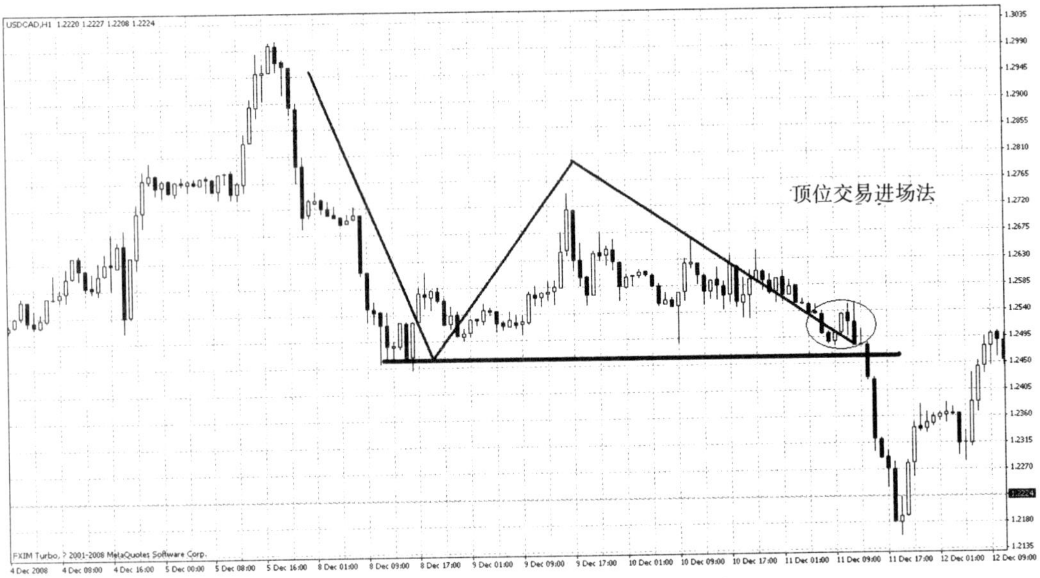

附图 6-40　下降趋势中的顶位交易进场示范 2

你了解了最古老的进场方法——“突破而作”，破位进场法，也基本知道了什么是 30 年来最受关注的进场方法——见位进场法，甚至对最近少数交易者才掌握的经常方法——顶位进场法有所知悉。四种进场法中你已经知道了三种，这三种方法是你可以去不断实践和完善的进场策略，还剩下一种进场方法。这种方法是你要避免的，因为绝大多数菜鸟都在运用这种方法。这种方法的特点就是：“在没有天然壁垒的情况下贸然发动进攻。”

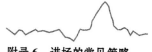

“先立于不败之地，而后求胜”，这是《外汇交易圣经》中的开章之句，你别以为是在摆弄“文字游戏”，故作“假大空的哲学”，其实这里面涉及进场位置选定的问题。除了顶位进场法的初始防御条件不明晰外，破位进场和见位进场的初始防御条件都简单有力，这就是邻近的“位”，而**新手的进场往往考虑的是“不要错失盈利的行情”了，而不是着手于建立最有利的进攻形势。“致人而不致于人”，把握主动权，构筑有利于己方的态势，这才是伟大外汇交易者的风格。**本书的作者们离此标杆还有很远的距离要走，大家一起分享和共勉。

选择什么样的格局决定了主动权在不在你的手中？

但是，我们在进场上经历了太多血的教训，因此比那些“初生牛犊不怕虎”的新手要更加敬畏市场这个对手，“因势利导”去面对市场的“催眠”，进攻（进场）前我们必定选择“有利的地形”（位）布置防守（初始止损）。如果以后有时间和精力，我们想结合《孙子兵法》和外汇交易的实际案例来写一本《基于孙子兵法的外汇短线交易》。当然这是后话了，我们的目的是想让大家对我们选择进场策略的标准有所体察，这就是“便于防守的进场”（也可以理解为可以证伪的进场，当然这又可以延伸出《基于卡尔·波普哲学的外汇短线交易》了，我们可没有太多精力和机会来透露太多的交易哲学，毕竟大家都喜欢“短平快”的速成交易技巧，这也是大众的盲点所在），而**间位进场法**的最大特点就是“忽略防守”，说更透彻一点就是“没有防守”。

缺乏耐心，怕错失行情，情绪化交易是触发间位进场的关键。

我们首先来剖析上升趋势中的间位交易进场，请看附图

6–41，这是“上升趋势中的间位交易进场模型”。间位的意思就是在两个关键位置（R/S）之间，对于上升趋势中的间位而言，就是价格处于上面的阻力和下面的支撑之间，离两者都较远，处于“上下悬空”的位置。新手进场的时候往往本能地选在这种位置，因为价格跌到支撑的时候他们认为市场还会下跌，每次价格达到一个关键位置，他们都有疑虑，反而是价格进入行云流水上涨的时候，他们眼前的上涨“催眠”了，于是生怕踏空行情，兴冲冲地杀进去，根本不考虑放置初始止损点是否有恰当的空间。

当交易者距离关键位置（R/S）过远的时候进场则只能把初始止损设定在较远的地方，从而使得这笔交易的风险报酬比一开始就处于非常糟糕的状态。注意：这是几乎所有新手的通病，因为新手从来不关注“位”要素，当然对于“势”和“态”要素，他们也不太关心。

如附图 6–41 所示，上升趋势中，交易者选择了类似 B 点这样的位置进场做多，则它的初始止损点必然要放在 A 点附近，也就是下面最近的支撑线之下。这样的止损设定一般都会符合资金管理比率的要求，**因为交易者为了获利承担了过分的潜在风险，以不必要的多余风险追求相对不变，甚至较少的潜在利润。**

最大（潜在）风险报酬率是由驱动面决定的，现实风险报酬率是由仓位管理决定的。

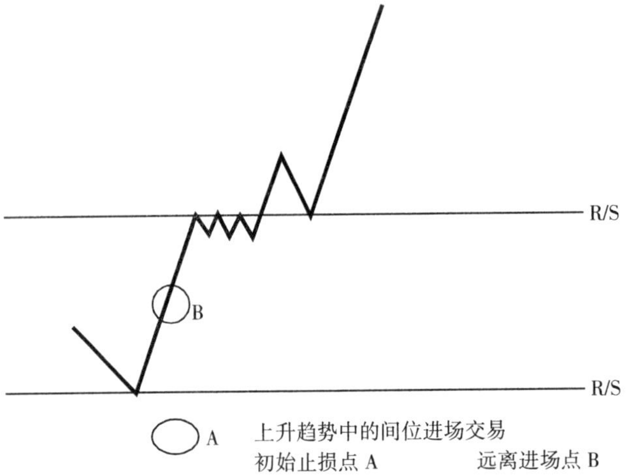

附图 6–41　上升趋势中的间位交易进场模型

从上述文字和模型图示中，你大概已经知道了什么是“间位进场”做多，下面我们来看一些具体的见位进场做多的实例，请看附图 6-42，这是美元对加元的 1 小时走势图。汇价从 1.9670 开始上升，在 1.2175 和 1.2355 两处形成了关键位置。这里需要注意的是 1.2355 处关键位置是当交易者没有在 1.2175 附近做多时需要等待出现的一个“未来关键位置”。当交易者在错过了 1.2175 关键位置做多的机会之后，必须等待下一个关键位置的出现，否则在缺乏较近关键位置的依托下入场做多就是间位进场，犯了初学者（其实，至少 1/3 的老手也会经常犯这种毛病，老手并不一定是好手，外汇市场不会实行“年功序列制度”，不会“论资排辈”，只有输家和赢家，英雄不问出处）经常会犯的错误。

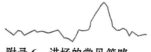

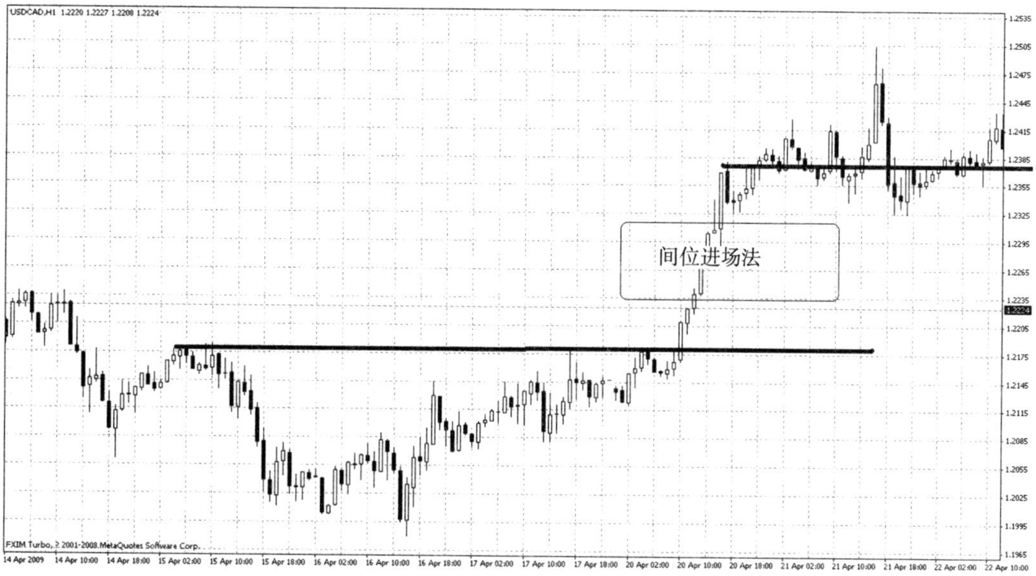

附图 6-42 上升趋势中的间位交易进场示范 1

轴心点线谱是日内短线交易者经常采用的交易指标，轴心点混合斐波那契分割线谱属于轴线点线谱的一种（注意：杰西·利弗摩尔的 Pivot 点与现在外汇交易中经常用到的 Pivot Points 指标不是同一个东西，虽然两者都可以用于设定关键位置），独立黄金交易员欧阳傲杰曾经在《黄金高胜算交易》一书中的“黄金 1 小时交易系统”中应用这个指标。下面我们就基于轴心点混合斐波那契分割线谱演示所谓的“上升趋势中的间位进场做多”，请看附图 6-43。

所谓上升趋势是交易者本身的假定，进场之后市场真实的走势未必与此一致，所以交易者必须为自己的假定留下证伪手段，这就是初始止损。在轴心点混合斐波那契分割线谱中，做多的初始止损点应该放置在特定水平线的下方合理位置。当交易者在两条水平线之间，距离上下两条水平线较远的地方进场做多时，间位进场就发生了。

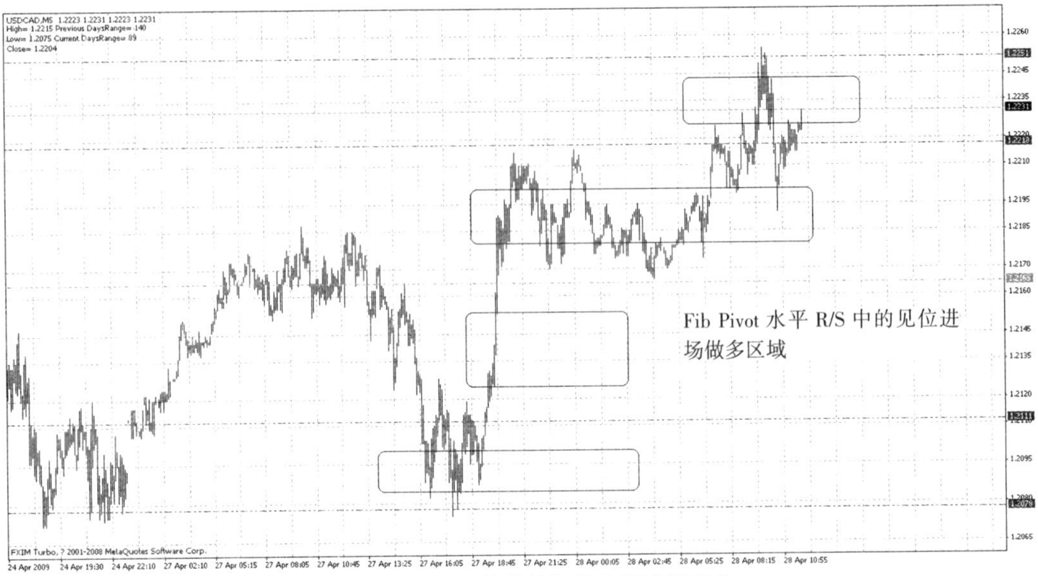

附图 6–43　上升趋势中的间位交易进场示范 2

接下来我们来看下降趋势中的间位进场，请看附图 6–44，这是下降趋势中的间位交易进场模型。

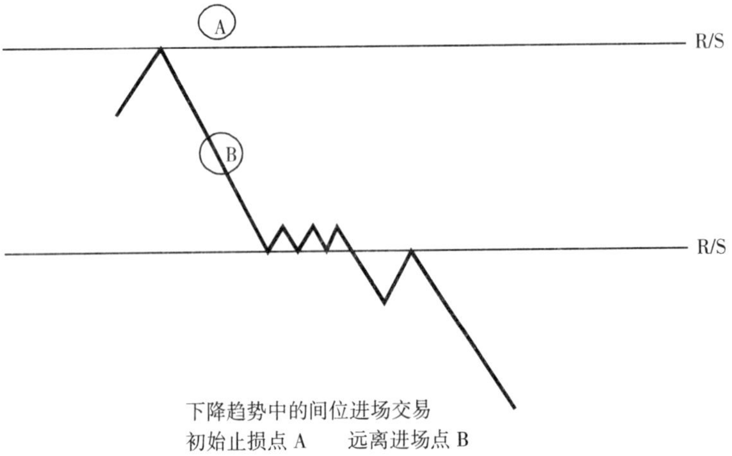

附图 6–44　下降趋势中的间位交易进场模型

当汇价从高处跌落时，交易者预判汇价会进一步下跌，于是在“上下不靠近关键位置”的情况下进场做空，如图 6–45 所示也就在 B 点附近做空，而止损只能设定在较远的 A 点附近，这样的交易付出了过多的“成本”，风险报酬率不必要地恶化了。A 点设定的初始止损往往使得交易者承担不必要的过分风险，也使得交易者势必违反资金管理比率，当然这并不能阻止交易新手屡屡以此方式进场。

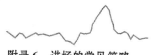

下面我们来看两个具体的实例，请看附图 6-45，这是美元对加元的 5 分钟走势图。我们的交易员当中有好几位偏爱 5 分钟走势交易，比如关天豪，当然他的系统也在不断地完善当中。我们这里主要以 5 分钟走势图演示下降趋势中的间位进场。当美元对加元从 1.2365 附近下跌时，出现了很好的破位进场机会，但是交易者没有把握住（可能是心虚了，可能是手不够快，当然有很多其他原因），之后价格者并没有等待下一个良好进场位置出现，就“冒失”地入场做空，这就是图中圈注的“间位进场法”区域。

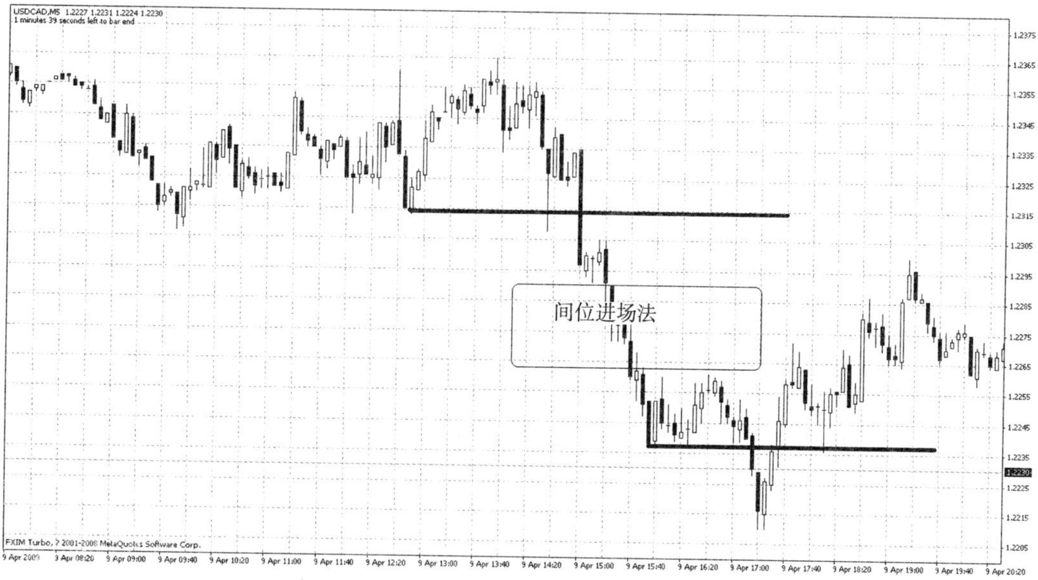

附图 6-45 下降趋势中的间位交易进场示范 1

第二个下降趋势中的间位进场例子是基于轴心点混合斐波那契分割线谱，请看附图 6-46，这是美元对日元的 5 分钟走势图。汇价从上往下跌的时候，一路上有三条关键水平线，但是交易者就是不在这些线附近合理的位置入场，非得在两条线之间距离两线较远的中间地带入场，这就是间位进场做空。这种操作使得交易者设定的止损幅度过大，不符合资金管理的根本原则。

本课是本精品教材的倒数第二课，也是顺数第二重要的内容，如何入场。以前我们为了便于与读者沟通，表述为交易手法，现在我们则更进一步地告诉读者这其实不是单纯手法的问题，这是交易兵法和策略的问题，涉及的是合理的风险报酬率获得和胜算率掌控。如果你入场的时候不从这个角度去思考和控制，则你的交易必然是一塌

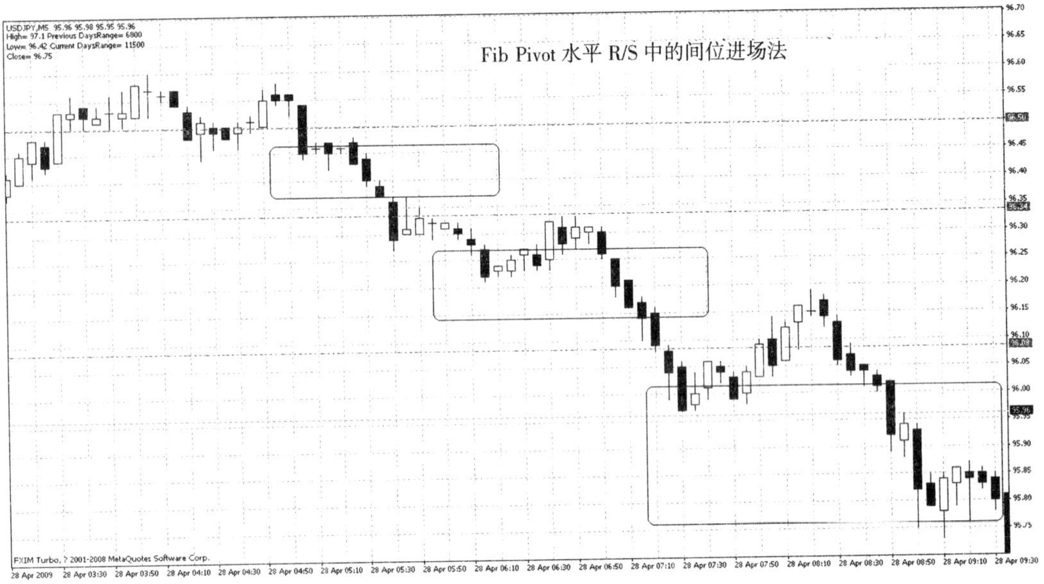

附图 6-46　下降趋势中的间位交易进场示范 2

糊涂。稀里糊涂地入场，这是交易失败的第一步。

其实，**无论你采用什么样的“高科技含量”交易系统，无论你是什么样的交易风格偏好，这都不是重要的问题，重要的问题是你如何进场。**你如何出场，这涉及根本的三率：风险报酬率、胜率和周转率。你的交易系统也是围绕进场和出场展开的，一旦你能够把进场方式和出场方式恰当搭配起来（这要求你熟练掌握三种正确的进场方式和三种正确的出场方式），要达到**“以无法为有法，以无限为有限”的境地不无可能。当你掌握任何交易系统中最根本的要素之后，你真的不用在意具体的招式了。**你能变化出让其他交易者眼花缭乱的策略也很正常，因为你已经“得意而忘形”了，超脱了具体形式的束缚，你不再执迷于“圣杯指标”和“高胜算交易系统”了。

截短亏损，做足利润。八个字的实现就是落地的过程。

进场三式，你一旦达于化境，交易在你眼里不过尔尔。当然亏损是获利交易必然伴随的一部分，胜率未必让你满意，但是累积的利润足够你开销。进场三式只是我们交易体系中共享的较低层次部分，在本书最后一课，我们会与大家分享较高层次部分的出场三式。无论是“进场三式”还是“出场

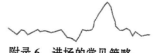

三式”，对于你交易技能的终生提高都是威力无穷的，简单高效在这里得到了最大的彰显。让我们一起进入本教材最简单而最有用的部分，打开你的眼界，去除你的枷锁！

（本文摘选自：《外汇短线交易的 24 堂精品课：面向高级交易者》（第 2 版））